财政部规划教材
全国财政职业教育教学指导委员会推荐教材
全国中等职业学校财经类教材

统计基础知识

主编　钟秉盛

中国财经出版传媒集团
中国财政经济出版社

图书在版编目（CIP）数据

统计基础知识／钟秉盛主编．—北京：中国财政经济出版社，2018.1

财政部规划教材　全国财政职业教育教学指导委员会推荐教材　全国中等职业学校财经类教材

ISBN 978－7－5095－7985－5

Ⅰ．①统…　Ⅱ．①钟…　Ⅲ．①统计学－中等专业学校－教材　Ⅳ．①C8

中国版本图书馆 CIP 数据核字（2017）第 325709 号

责任编辑：樊　闽　　　　　　责任校对：刘　靖

封面设计：构远设计

中国财政经济出版社出版

URL：http：//www.cfeph.cn

E－mail：cfeph＠cfeph.cn

社址：北京市海淀区阜成路甲 28 号　邮政编码：100142

营销中心电话：010－88191537　北京财经书店电话：64033436　84041336

北京鑫海金澳胶印有限公司印刷　　各地新华书店经销

787×1092 毫米　16 开　18.5 印张　300 000 字

2018 年 4 月第 1 版　2018 年 4 月北京第 1 次印刷

定价：42.00 元

ISBN 978－7－5095－7985－5

（图书出现印装问题，本社负责调换）

本社质量投诉电话：010－88190744

打击盗版举报热线：010－88191661、QQ：2242791300

编写说明

本书是财政部规划教材、全国财政职业教育教学指导委员会推荐教材，由财政部教材编审委员会组织编写并审定，作为全国中等职业学校财经类教材使用。

当前，人类正进入信息社会，面对“信息爆炸”和“大数据”的时代。毋庸置疑，信息的一种最常见的形式就是数据。人们在日常的工作和生活中，不时地要从这些大量的、综合的、纷繁复杂的数据中发掘出事物的规律，以便做出正确的分析判断，并据此制订合适的行动计划。可以说调查、搜集、整理和分析数据有关的统计工作能力如何，成为衡量一个人聪明与否、社会或企业管理是否到位的一个极为重要的外现指标。曾经有这样一副对联“统天统地统社会（世界）包揽五洲，计山计水计经济（乾坤）囊括四海，横批：天下归一统”就充分说明了统计工作的重要性，可以说“统计无处不在，统计无人不用”。

统计工作是通过调查、搜集、整理和分析统计资料来反映事物在规模、结构、速度、发展水平、比例效益及发展趋势的特征与内在规律的活动，它与经济社会发展、企业生产经营、人们的生产生活密切相关，是开展科学研究、政府宏观调控、企业经营管理和人民日常生活做出科学、合理、分析、判断及决策的重要工具。对于企业而言，统计工作的重点是服务，服务的重点是统计分析，通过分析寻求规律，通过分析发现本质，通过分析找出企业内外诸要素之间的联系，把企业发展现状、特点、存在的问题、影响的因素、发展的趋势和前景等预测分析出来，进而成为企业制订生产经营决策和计划的重要依据，监督整个企业活动的重要手段，为企业创造良好的经济效益和社会效益，这也是企业统计工作的主要任务。

为了更好地实现财经类中等职业学校培养目标，满足中职财经类专业的岗位需求，我们根据教育部颁布的财经类专业教学指导方案及多年来“统计基础知识”的教学经验，在结合有关职业教育教学专家、一线教师建议和企业统计工作岗位所需知识技能的基础上，编写了这本教材。本教材具有如下特点：

一、按照岗位业务流程和学生职业生涯发展规律构建教材内容

统计工作的岗位业务流程一般分为统计资料的搜集→资料整理→资料分析→分析报告撰写四个步骤；而通过岗位群的分析，作为财经类中职学生，对统计知识技能在岗位运用的职业生涯发展可分为以下几个阶段：（1）根据企事业组织的实际需要，从事设计统计调查方案，运用一定的资料搜集方法，为企事业单位搜集与生产经营活动有关的统计资料工作；（2）运用计算机等资料整理技能，对资料进行审核、编码、录入、编辑、筛选，并通过统计图、表的形式显示统计数据的工作；（3）运用统计分析方法，结合了解和掌握的有关党和国家的方针政策、企业市场内外运动情况、相关的经济理论知识，对统计资料进行分析研究，揭示统计资料中隐含的有关规模、结构、比例、发展水平、速度、趋势等工作；（4）辅助或实际撰写统计分析报告，为企事业单位的领导进行决策提供正确的咨询意见。基于对岗位业务流程与学生职业生涯发展规律的认识，在教材的组织结构上，按照统计工作程序及技能点的安排顺序，遵循纵向组织原则，先简后繁，循序渐进；同时在编写教材的过程中，努力将技能的展开顺序与学生的职业生涯发展顺序结合起来。

二、体现职业教育本质，努力贯彻“学以致用”原则

当前，中等职业技术学校毕业生的就业岗位已被确定为培养在生产、服务、技术和管理第一线工作的高素质劳动者，这就要求在教学中，无论在教学内容还是教学方式上，都要围绕专业岗位培养要求，以利于培养既掌握一定知识技能，又能动手操作的“应用型人才”这一中心而进行。为此，在本教材的编写中，我们尽量避开繁杂的理论推导，强调统计知识技能的工具性和实用性，做到内容新、方法新、数据新，使读者通过各项目的学习，循序渐进地掌握开展统计工作所需要的相关知识和技能，并使学习目的指导用，项目内容学习用，EXCEL工具帮助用，案例分析强化用，关键术语理解用，技能训练与应用突出巩固用。

三、遵照中职学生的认知心理特征

一般来说，中等职业技术学校学生的思维形式多趋于表象性，他们的抽象思维能力、逻辑推理能力和综合归纳、举一反三的能力相对较弱。因此，在编写教材时，我们应充分考虑中职生的认知特点，了解哪些知识是他们完全能够掌握的，哪些知识是他们可以掌握的，而哪些知识是他们的认知能力达不到的，采用怎样的方式能够使学生理解并掌握，这与过去传统的教材编写方法有所不同。总之，应以学生能够学会和掌握为原则。教材中也尽可能安排简洁直观的插图和简单易行的实践，通过“知识拓展、议一议、做一做、想一想”等小模块，在激发学生学习兴趣的同时，还注重发挥学生的表象思维能力和掌握动手技能方面的能力；

对于以定义形式出现的概念，尽可能用经验（实例）来加以验证，以帮助他们理解和掌握。

教材采用项目任务的编写模式，共分9个项目和32个任务。各项目内容按学习目标、重点难点、案例导入、任务内容、EXCEL在统计中的运用、案例分析、关键词、技能训练与应用的顺序编写。每项目先给出学习目标、重点难点，案例导入引出本项目涉及的任务内容；任务内容讲授注重直观实用，避免过多的理论及公式推导；每一项目末尾都有与本项目内容相关的应用案例分析和关键词，这些案例力求取材于实际生活，体现通俗、生动、有趣味性和吸引力，给人以统计信息就在身边的亲切感；技能训练与应用则侧重于应用能力的训练，增强应用统计知识技能方法的能力，强化学生对统计实践工作的处理技巧；同时有助于参加统计上岗证的考试。这样来编写教材能充分体现职业教学特点，以学生为主体，方便学习和掌握。

本教材还为任课老师制作了电子课件，如有需要，请访问cjjc.cfeph.cn下载。

本教材由广东省财政职业技术学校财经高级讲师钟秉盛编写，可作为职业院校财经商贸类专业基础课教材、统计上岗证考试辅导教材或其他专业知识技能学习应用的辅助教材。在教材的编写过程中，编者参考了很多一线教师多年的教学资料，同时借鉴和参考了一些统计学和统计调查等方面的教材、教学案例等资料。这些资料对本教材的形成提供了极大的帮助，在此向这些一线教师及教材相关资料文献的提供者和编者表示诚挚的感谢！

由于水平有限，书中难免有不妥或错误之处，敬请各教学单位和读者批评指正。

编者

2018年2月

教学目标与教学建议

一、教学目标

《统计基础知识》的教学目标是：学生通过对统计调查、搜集、整理、分析等基本知识、基本方法和基本技能的学习，以提升学生在企事业单位生产经营等活动中解决相关统计工作问题的能力，并为进一步学习和掌握统计知识技能在实践中的应用打下坚实的基础。在开展实践教学中，要注意渗透职业道德教育，培养学生的综合职业能力和开拓创新精神，塑造学生良好的职业素养。

（一）知识目标

1. 理解统计工作中的基本概念、基本方法、基本特点。

2. 掌握统计数据的调查、搜集、整理、分析的基本原理、方法和技能。

3. 熟练掌握统计资料分析应用的基本内容和方法，理解掌握撰写统计分析报告的方法。

（二）能力目标

1. 能正确使用统计调查、资料搜集的各种方法。

2. 能利用统计资料进行多种形式的统计分组，编制分布数列、汇总等整理。具备熟练运用EXCEL软件对统计数据进行加工整理和处理的能力。

3. 熟练掌握总量指标、相对指标、平均指标、标志变异度指标，时间数列水平、速度与趋势和指数分析的基本方法。具备熟练运用EXCEL软件进行总量分析、相对分析、总体分布分析、时间数列分析和指数分析的能力。

4. 初步具备能结合实际案例独立完成从数据的调查、搜集、整理、分析及分析报告撰写的全过程的统计工作能力。

（三）态度目标

树立统计职业意识，明确统计在企事业单位生产经营等活动中的重要地位和作用，促进养成良好的职业素养。

二、教学建议

1. 教学方法：在教学中要根据中等职业学校学生的特点，在其认知规律、职业生涯发展、岗位业务流程及专业知识学习的基础上，充分调动学生学习的兴趣和主观能动性，强调学生在课程学习中的主体地位。

2. 教学手段：在课堂中要多采用教具、幻灯、投影、电子计算机，多引入案例教学、情景教学、项目教学、任务引领教学、讨论式教学等多种教学模式，激发学生学习兴趣。

3. 教学内容：教学内容的讲授重在突出实用性、技能性，注重与EXCEL等统计软件结合。EXCEL等统计软件可以穿插在各有关章节中实践，也可以安排在全部课程内容讲授完毕集中实践。

4. 考核方法：考核方法和考核手段灵活多样。通过平时作业、课堂提问、测验、模拟操作、笔试、面试等手段综合评定学生成绩。

5. 学时分配表

序号	课程内容		学时数		
	项目	任务	合计	讲授	实践
1	认识统计	什么是统计	2	2	
		统计工作中常用的基本概念	2	2	
2	统计资料的搜集	资料搜集的种类及质量要求	1	1	
		资料搜集的组织形式	1	1	
		资料搜集的方法	3	2	1
		资料的质量控制（误差与控制）	1	1	
		统计调查方案设计	3	2	1
3	统计资料整理	资料整理的作用与内容	1	1	
		资料的审核与编码	2	1	1
		资料的分组与分配数列的编制	3	2	1
		资料的汇总	1	1	
		资料的显示	1	1	
		Excel 在资料整理中的应用	3	1	2
4	统计资料分析——总量指标与相对指标	总量指标分析	2	1	1
		相对指标分析	3	2	1
		Excel 在总量指标和相对指标分析中的应用	3	1	2

续表

序号	课程内容		学时数		
	项目	任务	合计	讲授	实践
5	统计资料分析——平均指标和标志变异度指标	平均指标分析	3	2	1
		标志变异度指标分析	3	2	1
		Excel 在评价指标和标志变异度指标分析中的应用	3	1	2
6	统计资料分析——时间数列的水平、速度与趋势	时间数列的作用与种类	1	1	
		时间数列的水平分析	3	2	1
		时间数列的速度分析	3	2	1
		时间数列的趋势分析	3	2	1
		Excel 在时间数列分析中的应用	2	1	1
7	统计资料分析——统计指数	统计指数的作用与分类	1	1	
		总指数与平均指数的编制	3	2	1
		指数体系及因素分析	4	3	1
		Excel 在统计指数分析中的应用	3	1	2
8	统计资料分析应用——分析的主要内容及方法	分析的主要内容	1	1	
		分析的主要方法	3	2	1
9	统计分析报告的撰写	分析报告的基本格式	2	2	
		分析报告的撰写步骤	2	2	
总　计			72	49	23

目录

目录

目录

项目一 认识统计

【学习目标】

本项目主要学习统计的含义、研究对象和方法、职能、工作过程、常用的几个基本概念及其应用等。这些知识点的学习既是学习者对“统计”有一个基本认识的前提，也是后面各项目任务内容学习的基础。学习时要着重理解统计的含义、统计工作过程、几个常用概念及其在社会经济生活中的应用，掌握运用总体、总体单位、标志、指标、变量、变异等基本概念来认识社会经济生活中的具体事例的能力。

【重点难点】

- □ 统计的含义及工作过程
- □ 统计实践中常用的几个基本概念
- □ 统计在社会经济生活中的应用

【案例导入】

在社会生活中，我们经常会耳闻目睹到各种各样的数据。如李克强总理在2017年政府工作报告中指出，2017年中国经济社会发展的主要预期目标是国内生产总值增长6.5%左右，居民消费价格涨幅3%左右，城镇新增就业1100万人以上，城镇登记失业率4.5%以内，进出口回稳向好，国际收支基本平衡，居民收入增长与经济发展同步；打开电视，你会看到电视歌曲大奖赛正在举行，歌手们正焦急地等待着自己的最后得分；翻开报纸，社会调查机构在向你介绍15～18岁的青少年们，最喜欢什么，最不喜欢什么；职业院校的哪些专业最受家长、学生欢迎，哪些专业的就业率最好；当对所在班某一门科目的成绩分析报告，你会看到该科目的平均分、优良率、及格率及各位同学的排名等情况；在企业的统计报表中，经常出现企业的生产计划、产量、采购量、入库量、出库量、报废量、出勤人数等。所有这些事项都应用到了统计数据，那么究竟什么是统计？它主要研究什么内容？它的工作过程包含哪些内容？它应用在哪些方面？我们将在本项目一一揭晓答案。

任务一

什么是统计

看了上面的数据资料，你能说出什么是统计吗？你能否体会到统计已是人们在社会经济生活中必不可少的工具，是人们认识世界、探索现象数量差异的本质及其规律的基本方法，是人们在工作、学习、生活、管理中进行明智决策的一门艺术吗？事实上，随着人类社会进入信息和大数据时代，统计作为一种方法和工具变得越来越重要。

一、统计的含义

在日常生活中，我们经常会接触到“统计”这一术语。一提到统计，也许有的人会说，前面提到的数据事实就是统计；也有的人会说，调查、搜集、整理、分析等工作才是真正的统计。这些理解都是不全面的。那么究竟什么是统计呢？《不列颠百科全书》中指出：“统计学是搜集、分析、表述和解释数据的艺术与科学。”然而，学术界对“统计”一词的含义比较趋于一致的解释是：统计包含统计工作、统计资料和统计学三个方面的含义。

1. 统计是一种社会调查活动，是一项具体工作。不论是宏观社会的整体调查研究，还是微观企业或事物的观察分析，都需要统计工作的开展。例如，开学时，辅导员要统计一下到校的学生人数；篮球比赛中教练员要统计每个队员的投篮命中率、犯规的次数；企业在生产过程中要统计原材料的消耗量和产品完工率；农户在农作物收获后统计其产量等。这里“统计”是一个动词，我们一般称其为统计工作，它是指调查、搜集、整理和分析数字资料的工作。这是“统计”的一个含义。在我国，各级政府机构基本上都有统计部门，如统计局，它们的职能主要就是从事统计数据的搜集、整理和分析工作。

2. 通过统计调查活动，我们形成了一系列的数字资料，即统计工作的结果，也称统计资料或统计数据。这是“统计”的另一个含义。例如，我们班的学生人数60人，女生占30%，男女生的比例为2∶1.5等；我国陆地国土面积约为960万平方千米，约占亚洲陆地面积的1/4，约占全世界陆地面积的1/15，仅次于俄罗斯和加拿大，居世界第三位。国家统计局每年出版统计年鉴，反映国家的经济、文化教育以及科技发展等情况，这些都是在这个意义上的统计。这些由文字和数字共同组成的数字化的信息就是统计资料，是统计提供数据信息的基本表现形式，是统计工作的直接成果。

统计资料包括原始资料和整理后的资料，即次级资料。例如企业各车间的统计台账、人口普查时初次登记的资料就是原始资料；而统计公报、调查分析报告等现实和历史资料就是次级资料。统计资料的表现形式有统计表、统计图、统计分析报告、统计公报和统计年鉴等。

知识拓展

3. 除了上面所讲的两个方面的含义之外，“统计”还有另外的含义，即作为一门科学的统计学，它是研究客观现象的数量方面的科学，是系统论述统计理论和方法的科学，是长期统计工作实践的经验总结和理论概括。

“统计”一词虽有上述三方面的含义，但它们之间又具有密切联系。首先，统计工作和统计资料是统计活动与统计成果的关系。一方面，统计资料的需求支配着统计工作的开展，另一方面，统计工作的好坏又直接影响着统计资料的数量和质量。其次，统计工作与统计学是统计实践与统计理论的关系。一方面，统计学来源于统计实践，只有当统计工作发展到一定程度，才可能形成独立的统计学；另一方面，统计工作的发展又需要统计理论的指导，统计科学研究大大促进了统计工作水平的提高，统计工作的现代化和统计科学的进步是分不开的。总之，三者中最基本的是统计工作，没有统计工作就不会有统计资料，没有丰富的统计实践经验就不会产生统计科学。

议一议

下列资料中“统计”一词的含义是什么？

（1）小明是学统计的；

(2) 老李已经搞了几十年统计；

(3) 据统计，工业废气排放量与空气污染程度有直接的关系；

(4) 请找统计登记一下；

(5) 请统计一下今天商品的销售量。

二、统计工作对象和方法

统计的研究对象是什么？有什么特点？用什么方法来研究？这些问题是我们做统计工作时首先要认识清楚的问题。

（一）统计工作对象

由统计学的发展史可知，统计学是从研究社会经济现象的数量开始的。由此可见，统计的研究对象是客观现象的数量方面。早期统计所研究的问题有人口调查、出生与死亡的登记等，后来又扩大到社会经济和生物实验等方面。目前不论社会的、自然的或实验的，凡是有大量数据出现的地方，都要用到统计。也就是说，凡能以数量来表现的均可作为统计的工作对象。所谓数量方面是指研究对象的数量特征、数量关系及数量界限，通过对这些数量方面的研究，表明所研究现象的规模、水平、速度、比例和效益等，以反映客观现象发展变化的规律性，反映客观现象的本质。

【例1－1】 2013年，北京市旅游总人数24739万人次，同比增长9.3%；旅游总收入3666.3亿元，同比增长11.1%。全市共接待入境旅游者450.1万人，同比减少10.1%；旅游外汇收入47.95亿美元，同比下降6.9%。这些数据说明：北京市旅游经济运行稳中有升，保持较快增长。但入境旅游者的人数及所创造的收入均同比减少等情况。

【例1－2】 2015年对某中职学校的问卷调查结果显示，被调查学生人数中全部都拥有手机，上学以前就买了手机的人数占拥有人数的33.3%左右，在一年级买手机的人数高达100%。在拥有手机的群体中，月花费主要集中在20～50元，50～100元之间，也有部分同学的月消费在100元以上。可见，该学校学生手机的普及率很高，在手机消费方面，存在着一些不理性、高开销的情况。

【例1－3】 2014年12月份，全国居民消费价格总水平同比上涨1.5%。

其中，城市上涨1.6%，农村上涨1.3%；食品价格上涨2.9%，非食品价格上涨0.8%；消费品价格上涨1.4%，服务价格上涨1.8%。2014年，全国居民消费价格总水平比上年上涨2.0%。这些数据说明全国居民消费商品的价格普遍在上涨，但上涨幅度不大。

从以上例子中可以看到，利用各种统计数据说明社会经济客观现象的发展状况，发扬成绩，揭露矛盾，预测未来，不仅生动形象，而且具有较强的说服力。所以在我们国家各行各业都离不开统计，要用好统计信息资料，便要学习统计。

（二）统计工作对象的特点

统计的工作对象具有数量性、总体性、变异性等特点。

1. 数量性

统计工作对象的最基本特点就是以数字为语言，用数字说话，即数量性。具体地说，就是运用规模、水平、速度、结构和比例关系等，去描述和分析社会经济现象的数量表现、数量关系和数量变化，揭示事物的本质特征，反映事物发展的规律，推测事物发展的前景。但应注意，统计工作对象的数量性特点有别于数学研究中抽象的数量关系，它是以现象质的规定为基础，反映现象在具体时间、地点、条件下的数量表现、数量关系和发展变化趋势。

【举例】 要了解广东省财经类中职学校的教学设施情况，首先要明确什么是广东省财经类中职学校，财经类中职学校教学设施的含义和统计口径以及广东省有哪些中职学校属于财经类，这些都是质的规定。在此基础上，还要解决怎样搜集、整理和汇总教学设施情况的资料，最后才能得到广东省财经类中职学校教学设施的具体数值情况。

2. 总体性

统计工作对象的着眼点是大量社会经济现象总体，而不是少量或个别现象，它是通过对个别事物大量观察，占有丰富材料，加以分析综合，来反映现象总体的数量特征，揭示现象的本质和规律性。统计研究并不排除从个别现象入手，但统计研究个体是为了综合个体而认识总体，是手段而不是目的，其最终目的是要认识总体。可见，从总体着眼，从个体入手，恰恰体现了统计工作中总体和个体之间的辩证关系。

【举例】 2014年12月份全年居民消费价格总水平同比上涨1.5%，这个数量反映的是550多种消费商品及服务项目价格总的平均上涨水平，而不是指哪一种具体消费商品或服务项目的价格上涨水平。而要对这550多种消费商品及服务项目的价格上涨情况进行调查，就必须先对每一种个别消费商品及服务项目的价格情况进行调查，然后进行汇总综合，从而达到对550多种消费商品及服务项目价格的总体认识。

又如：2010年11月1日进行的第六次全国人口普查，逐一登记了全国大陆31个省、自治区、直辖市（不包括香港特别行政区、澳门特别行政区、台湾省）的每个人的性别、年龄等特征，但人口普查的目的并不是要了解关于某个人的特征，而是为了通过对全国人口情况进行汇总计算，得出关于我国人口总体的特征资料，从而达到对全国人口现象总体的认识。

3. 变异性

统计工作对象的变异性又称差异性。统计研究同类现象总体的数量特征，它的前提是总体各单位的特征表现存在着差异，而且这些差异并不是由某种固定的原因事先给定的，而是客观存在的。

【举例】 全国各地区的居民人口有多有少，居民的文化程度有高有低，住户的生活消费水平有升有降等等，正是各地区居民之间这种差异的存在，才需要研究全国的人口总数、居民文化结构、住户平均生活消费水平等统计指标。

如果各地区不存在这些差异，也就不需要进行统计，如果各地区之间的差异是按已知条件事先可以推定的，也就不需要进行统计调查研究。从这个意义上讲，统计就是对客观现象变异的统计。

请思考

1. 统计研究的总体性排斥对个别典型事物的深入研究吗？
2. 统计数据与数学中的数字有什么区别？

（三）统计工作的基本方法

统计学作为一门方法论科学，具有自己完善的方法体系。统计工作的具体方法有很多，从大的方面看其基本工作方法有：

1. 大量观察法

这是统计工作活动过程中搜集数据资料阶段（即统计调查阶段）的基本方

法，即要对所研究现象总体中的足够数量的个体进行观察和研究的方法，以期认识具有规律性的总体数量特征。大量观察法的数理依据是大数定律，大数定律是指虽然每个个体受偶然因素的影响作用不同，在数量上也存有差异，但对总体而言可以相互抵消且呈现出稳定的规律性，因此只有对足够多数的个体进行观察，观察值的综合结果才会趋向稳定，建立在大量观察法基础上的数据资料才会给出一般的结论。例如，早在300多年前，人口统计学家就从大量的统计资料中发现男女婴儿出生比例为105:100。统计调查中的许多方法，如普查、抽样调查、统计报表等都是通过对总体中的全部或足够多的单位进行观察，来掌握社会经济现象的现状及其发展变化规律的。

2. 统计分组法

统计分组法是指根据统计工作对象的特点和研究目的，将对象按不同类型或不同性质划分成若干个组成部分的统计方法。由于统计所研究对象本身的复杂性、差异性及多层次性，需要我们对所研究现象进行分组或分类研究，以期在同质的基础上探求不同组或类之间的差异性。例如，在全国人口这一统计研究对象中，就存在着年龄、籍贯、学历、职业、收入和消费特点等方面的差别。然而，统计分组法是统计整理阶段的专门方法，也是贯穿统计工作全过程的方法。通过对总体各个不同组成部分及其相互关系的分析，可以补充、丰富和深化对总体的认识。

3. 综合指标法

统计研究现象的数量方面的特征是通过统计综合指标来反映的。所谓综合指标法，是指根据整理好的统计资料，计算出一系列综合指标来分析研究总体的数量特征和数量关系的方法。常见的综合指标有总量指标、相对指标、平均指标和标志变异指标等。它们可以从动态和静态上反映社会经济现象的总规模、水平、速度等数量特征。例如，我们要认识班级成绩的总体情况，既要考虑课程成绩的总分，又要分析平均分、及格率、不及格率，相比是进步还是退步等综合情况。综合指标法在统计学、尤其在社会经济统计学中占有十分重要的地位，是描述统计学的核心内容。在统计研究中，只有综合运用这些指标，才能做到从多角度、全方位、科学、公正地认识现象总体的特征。

此外，还有统计模型、统计推断等方法。各种统计方法之间是互相联系、互相配合的，共同组成了统计学方法体系。在实际运用时，还必须注意根据实际情况，按照需要与可能，分别采用不同的统计研究方法，要善于把多种统计研究方法结合运用，做到相互补充。

议一议

这些方法中你以前运用过哪几种呢？

三、统计的职能及工作过程

（一）统计的职能

统计是在质的规定的前提下，对客观事物进行量的研究。它既可以观察量的活动范围，又可以研究质的数量界限，还可以观察现象之间相互影响的数量关系。因此，统计具有信息、咨询、监督三大职能。

统计信息职能，是指统计具有信息服务的功能，也就是统计通过系统地搜集、整理和分析，得到统计资料，在统计资料的基础上再经过反复提炼筛选，提供大量有价值的、以数量描述为基本特征的统计信息，为社会服务。

统计咨询职能，是指统计具有提供咨询建议和对策方案的服务功能，也就是指统计部门利用所掌握的大量的统计信息资源，经过进一步的分析、综合、判断，为宏观和微观决策，为科学管理提供咨询建议和对策方案。统计咨询分为有偿咨询和无偿咨询两种。

统计监督职能，是指统计具有揭示社会经济运行中的偏差，促使社会经济运行不偏离正常轨道的功能，也就是统计部门以定量检查、经济监测、预警指标体系等为手段，揭示社会经济决策及其执行过程中的偏差，使社会经济决策及其执行过程按客观规律的要求进行。

统计信息职能是统计最基本的职能，是统计咨询和统计监督职能能够发挥作用的保证，反过来统计咨询和统计监督职能的强化又会促进统计信息职能的强化。统计的三种功能相辅相成，相互作用，构成了一个有机整体，故又称为整体功能。

请思考

试从统计职能的角度说明统计的现实意义；结合具体企业的统计工作，了解企业统计的职能主要体现在哪些方面？

（二）统计工作过程

一个完整的统计工作过程一般要经过统计设计、统计调查、统计整理和统计分析四个阶段，才能完成由定性认识到定量认识再到定性认识与定量认识相结合这一完整过程。

统计设计，是对统计活动各个方面和各个环节所做的通盘考虑和合理安排。如确定调查对象、设计指标体系、编制分类目录、制定调查、整理和分析方案等。优良的统计设计是科学、有效地组织统计活动的前提。

统计调查，就是根据一定的目的，通过科学的调查方法，搜集社会经济现象的实际资料的活动。从统计工作的全过程来看，统计调查是搜集资料获得感性认识的阶段，它既是认识客观经济现象的起点，也是统计整理和统计分析的基础环节。

统计整理，是对调查来的大量统计资料加工整理、汇总、列表的过程。通过统计调查取得的原始资料只能反映总体各单位的具体情况，是分散的、零碎的、表面的，而且精粗并存，真伪混杂，不能说明事物的全貌。要说明总体情况，揭示出总体的特征，还需要对这些资料进行去粗取精、去伪存真、由此及彼、由表及里的加工整理，以便对总体做出概括性的说明。统计整理处于统计工作过程的中间环节，起着承前启后的作用。

统计分析，是将加工整理好的统计资料加以分析研究，采用各种分析方法，计算各种分析指标，来揭示社会经济过程的本质及其发展变化的规律性。通过统计分析阶段，对事物由感性认识上升到理性认识。

统计工作过程的四个阶段并不是孤立、截然分开的，它们是紧密联系的整体，其中各个环节常常是交叉进行的。例如，小规模的调查，常把调查和整理结合起来；在统计调查过程中就有对事物的初步分析；在整理和分析过程中仍须进一步调查。

议一议

企业的统计工作可能有哪些？作为一个企业的统计工作人员，可能要做好哪些工作？

任务二

统计工作中常用的基本概念

统计工作中所涉及的概念很多，为了叙述方便，有利于以后各项目内容的学习，本任务先集中介绍几个常用的贯穿于全书的基本概念。

一、统计总体和总体单位

我们先来看这样一个问题，为了研究某市各广告公司的经营情况及存在的问题，我们应该研究“谁”呢？显然，要解决这些问题，必须对全市广告公司进行研究。那么，该市所有广告公司就成了我们的研究对象，它是由全市每一个广告公司组成的一个集合体，即根据一定的研究目的所确定的研究对象的全体，我们也称之为“统计总体”，简称“总体”（调查对象）；而组成全市广告公司的每一单个广告公司就成了我们的研究单位，它是研究对象所包含的具体单位，即构成总体的各个个体单位，就称为“总体单位”（调查单位）。

构成一个统计总体一般来说必须具备以下三个基本特征：

1. 同质性。同质性就是要求构成总体的各个具体单位在某一方面要有共同的性质。

【举例】 上面所提到的由某市各广告公司构成的总体，该总体各单位的共性是“从事广告业务”（向社会提供广告服务），凡不是从事广告业务的公司，如建筑公司、百货公司等不能成为该总体的基本单位。

可见，同质性是构成总体的基础，如果没有这个基础和前提，资料的搜集、汇总和分析就没有了任何意义。

2. 大量性。统计研究总是以总体单位为基础的，通过搜集总体单位的资料开始，然后将每一个总体单位的资料进行汇总综合，以反映总体的特征。所以，总体一定要由大量的个体组成。

例如，我们不可能通过某市个别的广告公司的经营情况和存在的问题来说明全市广告公司的经营情况和存在的问题。

统计研究的精确性要求越高，调查或观察的总体单位数就越多。一个总体中所包括的总体单位数可以是无限的，这样的总体称为无限总体；也可以是有限的，则称为有限总体。在社会经济现象中统计总体大多是有限的。

3. 变异性。即构成总体的各单位除了同质性一面还必须有差异性一面，否则便不需要进行统计调查研究了。

例如，组成某市广告公司的每一个广告公司，除了具有“从事广告业务”的共同性质外，其他方面如经营规模、从业人员、业务收入、营业利润等表现是不相同的，也是不可能完全相同的。

总体和总体单位可以是个人，可以是群体，也可以是事件或现象。

例如，统计研究对象为某班全体同学的总体，该班每一名同学就是总体单位；研究某市交通事故，该市所有交通事故就构成了一个总体，该市每一起交通事故就是总体单位。

总体和总体单位是相对而言的，在一次特定范围、目的的统计研究中，统计总体与总体单位是不容混淆的，二者的含义是确切的，是包含与被包含的关系。但是，总体和总体单位不是固定不变的，而是随着研究目的和研究任务的变化而变化，范围有大有小，总体有可能转化为总体单位，总体单位也有可能转化为总体。

例如，在“普九”调查中，全国所有的中（小）学构成统计总体，每一所中（小）学都是总体单位。现在，如果要研究其中某所中（小）学的有关情况，则该所学校就是我们的统计总体，而总体单位可能是该校的每一个班或每一个学生等。

请思考

（1）要研究某企业职工的工资情况，其统计总体是什么？想一想这个总体是否同时具备统计总体的三个特征？

（2）总体和总体单位可以指单位也可以指人，请问可以指物吗？举例说明。

二、标志和指标

我们已经知道，统计研究是以总体单位为基础，通过先搜集反映总体单位的属性或特征的资料，然后对每个总体单位的这些资料进行汇总综合，来得到总体的综合数量特征。统计上把反映总体单位属性和特征的项目称之为“标志”，而把综合汇总后用于反映总体综合数量特征和数量关系的项目称之为“统计指标”，简称“指标”。

（一）标志

标志是用来说明调查单位的属性或特征的名称。这些属性或特征是总体各单位所共同具有的。例如，对班级学生调查中的每一个学生来说，有性别、年龄、民族、身高、体重、爱好等特征，这里的“性别”、“年龄”、“民族”等名称就是标志。

标志按其表现属性和数量特征的不同，可以分为品质标志与数量标志。品质标志表明总体单位属性的特征，如前面列举的每个同学的性别、民族、爱好等。数量标志表明总体单位的数量的特征，如前面列举的每个同学的年龄、身高、体重等。

标志还可以分为不变标志和可变标志。

不变标志是指所有的总体单位共同具有的特征。例如，在“某中等职业技术学校男生总体”中，每一位男生是总体单位，性别都是男性。此时，性别这个标志就是不变标志。

可变标志是指在总体单位之间存在差异的标志。例如，在“某中等职业技术学校男生总体”中，身高、体重、年龄等标志在每位男生之间都存在差异，则它们都是可变标志。

不论是品质标志还是数量标志都有可能是可变标志。统计学上把标志在各总体单位上所表现出来的差异叫作“变异”。

标志的具体表现是指在所属的标志名称之后所列示的属性或数值，它是某一共同品质属性或数量特征在总体各单位身上的具体体现。标志的具体表现，可以表明总体各单位之间在某个特征上的差别。

品质标志的具体表现是用文字来说明的。例如，“性别”这一标志有男、女之分；“民族”这一标志有汉、回、满、藏……之分。

数量标志的具体表现是通过数字来说明的。例如，“年龄”这一标志有10岁、20岁、30岁……之分；“身高”这一标志有140cm、150cm、160cm……之分；等等。

可见，总体单位是标志的承担者。标志名称是所要调查的项目，标志表现是调查的结果。例如，“年龄”是标志名称，“20岁”是标志表现；“性别”是标志名称，“男”、“女”是标志表现。

请思考

每一个学生作为总体单位具有哪些标志？指出其中的品质标志和数量标志。

（二）指标

指标是各种说明综合数量特征和数量关系的数字资料，用来反映总体现象在一定的时间、地点、条件下的数量特征的概念和具体数值，它是通过对总体各单位的数量标志值进行综合汇总而形成的。

例如，“我国2014年国内生产总值636463亿元”，其中：“国内生产总值”是指标名称；“636463”是指标数值；“亿元”是指标计量单位；“我国2014年”是指标条件，即指标的空间及时间范围。

可见，一个完整的指标要有名称、数值、计量单位、条件四要素构成。它们体现了指标的具体性、数量性、综合性的特点。

指标可分为数量指标和质量指标。

数量指标反映总体绝对数量的多少，也称为总量指标，用绝对数表示。

例如，全国人口总数、中等职业院校数、国内生产总值、销售收入、利润总额等这些指标要么是总体单位总量，要么是总体各单位标志总量，都反映了现象的总规模、总水平和工作总量。

质量指标反映现象相对水平和工作质量。它是总量指标的派生指标，是在总量指标的基础上通过一定的计算而形成，常用相对数或平均数表示。例如，人均国内生产总值、职工平均工资、产品合格率、劳动生产率、学生出勤率等。

数量指标与质量指标的区别：其一是其所反映的总体特征的性质不同。数量指标反映总体某一特征的绝对数量，这类指标主要说明总体的规模、工作总量和水平；而质量指标反映总体的强度、密度、效果、工作质量等。其二是数值表现不同，数量指标一般用绝对数表示，而质量指标则一般用平均数、相对数表示。

单个指标只反映总体某一个数量特征，说明现象某一侧面情况。然而，客观现象是错综复杂、相互联系的，要科学、全面地反映社会经济现象的数量特征，描述现象发展的全过程，需要将一系列有联系的指标有机地结合起来进行分析研究。由一系列相互联系的指标所组成的有机整体，称为指标体系。

例如，为了反映公司生产经营状况，需要设立产量、增加值、职工人数、工资总额、利润、产值、资产负债率、劳动生产率、产值利税率、成本利润率等一系列构成的指标体系；又如，反映一个国家实力的国民经济指标体系，就是由工业、农业、科技、人口、文教、卫生等诸多指标构成。

企业主要统计指标体系见图 1－1。

议一议

你平时对哪些统计指标体系有过了解？请举例说明。

三、变异与变量

统计中的标志与指标的具体表现各不相同，如品质标志的性别表现为男、女，年龄标志表现为不同的年岁，数量标志劳动生产率表现为不同的生产水平等，这种差别称作变异，而可变的数量标志和所有的统计指标称为变量。

（一）变异

变异是指标志的具体表现在总体各单位之间的差异，即标志在总体单位之间的不同具体表现。变异是普遍存在的，这是统计的前提条件，有变异才有统计，没有变异就用不着统计。

（二）变量

可变的数量标志和所有的统计指标称为变量。变量的具体表现称作变量值。如年龄这个数量标志，其标志值可以是 20，30，40，50 等。在这里把数量标志年龄称为变量，而把标志值 20，30，40，50 等称为变量值。某地区职工工资总额为指标（变量），其指标值 1200 万元为变量值。

- 企业生产经营统计指标体系
  - 企业资源投入
    - 全员劳动生产率
    - 单位产出原材料消耗量
    - 万元产值综合能耗
    - 固定资产动态指标
    - 固定资产更新系数
  - 产品生产经营质量状况
    - 产品综合质量系数
    - 优等品率
    - 市场销售率
    - 市场占有率
  - 企业负债水平和偿债能力
    - 流动资产负债率
    - 总资产负债率
    - 流动比率
    - 速动比率
  - 企业发展潜力
    - 总资产增长率
    - 净资产增长率
    - 固定资产净值率
    - 技术开发贡献率
  - 企业营运能力
    - 总资产周转次数
    - 流动资产周转次数
    - 存货周转次数
  - 企业生产经济效益
    - 资本收益率
    - 销售利润率
    - 资金利税率
  - 企业社会效益
    - 合同履约率
    - 贷款逾期率
    - 环境保护指数

图 1－1

变量根据其变量值的取值情况分为连续型变量和离散型变量。**连续型变量**在其取值范围内可任意取值，且任意两个变量之间可以有无穷多个具体值，变量值是连续不断的，取整数或取小数都具有经济含义。例如，人的身高、年龄、体重等，其数值要用测量或计算的方法取得。**离散型变量**只能取整数，相邻两个整数之间不能用小数连接。例如，企业的职工人数、设备台数，某地区的人口数、企业个数等，其取值只能用整数表示，因而均属于离散型变量，其数值的取得只能用计数的方法。

变量按其性质还可以分为确定性变量和随机变量。在一个统计总体中，如果某一变量的值能够被另一个变量或若干个变量（因素）的值，按一定的规律唯一地确定，则该变量就可以称之为**确定性变量**。例如，在销售价格 P 为一定的条件下，某商品的销售额 Y 的变动完全由销售量 X 所确定，Y 就成为确定性变量。所谓**随机变量**，其数值的变动受到许多种因素的影响，在相同条件下进行观测，由于影响因素的作用不同，其可能的实现值（或观测值）不只一个，数值的大小随机波动，带有偶然性，事前无法确定。例如，除了某种正常的、起决定性的因素外，影响某企业生产的同一批次灯泡的质量波动还有许多因素，如果抽取一部分灯泡进行检验，这种灯泡的寿命值不尽相同，数值的大小带有偶然性的波动，检验前是不能预先确定的，则灯泡寿命就是随机变量。随机变量具有随机性或偶然性，但它的数值变动却有一定的规律性，通过大量观察，应用统计技术方法，可以揭示和描述其数量特征以及变动的规律性。

请思考

1. 人的年龄是连续变量还是离散变量？为什么？

2. 抛硬币落地后出现正面和反面的情况是确定性变量还是随机变量？为什么？

案例

某中等职业技术学校对本省范围内的 40 所财经类中职学校在校学生的择业观进行了统计调查，以了解当前时期中职学生的择业对就业地及薪酬的倾向、择业心态及其成因。该校开展该项统计调查的主要目的是通过搜集相关统计信息，为财经类中职学校的学生择业观教育提供客观依据，为财经类中职学校的就业指导职能部门有针对性地做好中职学生的就业指导工作提供统计信息支持，也为增强教育部门加强中职学生就业宏观管理的科学性和针对性提供依据。

在本次统计调查活动中，该校的研究人员是如何确定统计总体、总体单位的呢？在统计活动中又出现了哪些统计概念呢？

事实上，本次统计调查活动的统计总体是该省 40 所财经类中职学校的所有在校学生，总体单位是每一位在校就读的中职学生。

当然，作为总体单位，每一位都具有很多标志，如用来反映学生品质属性的标志有姓名、性别、籍贯、城乡、专业、择业区域、择业影响因素、求职方式方法、对企业的就业环境期望、参加高职考试意愿等，这些都是品质标志，且都是可变标志。我们如果将这些品质标志在每个学生的信息反映进行汇总，就可以对该省财经类中职学校学生（及本次统计调查的总体）所涉及的相关情况有一个基本认识。另外，用来反映学生数量特征的标志有年龄、年级、身高、体重、月消费额、家庭成员人数、择业的期望薪酬、考取技能证书数量等等。这些用数字来反映的标志都是数量标志，且都是可变标志，都可以称为变量。并且在上述数量标志中，年级、家庭成员人数、考取技能证书数量是离散型变量，而其他都是连续性变量。如果对这些标志的数量表现（标志值）进行汇总做好，就形成该项统计调查总体的统计指标数值。

显然，我们对每一位学生的标志反映进行汇总，就形成了统计指标，如学生总人数、性别比例、城乡比例、平均身高、平均期望薪酬、平均月消费额、择业区域比例等。其中，学生总人数、城市学生总人数、农村学生总人数都是总量指标或数量指标，而男女性别比例、城乡学生比例、平均身高、择业区域比例、参加高职考的比重都是相对指标，平均身高、平均月消费额、平均期望薪酬是平均指标，其中相对指标和平均指标也是质量指标。

关键词

总体　总体单位　标志　数量标志　品质标志　指标　数量指标　质量指标　指标体系　变异　变量

技能训练与应用

1. 列出表 1－1 中各总体的总体单位、数量标志（2 个）、品质标志（2 个）。

表 1－1

总体	总体单位	数量标志	品质标志
中专生			
公司全体员工			

续表

总体	总体单位	数量标志	品质标志
8 月份生产的汽车			
寒假销售的电脑			
上半年发生的交通事故			
商业网点			
手机			
旅游景点			
“两会”代表所提的议案			
图书馆的藏书			

2. 指出表 1－2 中调查的调查对象、调查单位和填报单位。

表 1－2

调查内容	调查对象	调查单位	填报单位
手机质量调查			
网络用户年龄调查			
超市商品物价调查			
居民住宅调查			
中职学校调查			
中职生睡眠时间调查			
城市居民生活状况调查			

3. 在为某大型购物商场进行市场调查期间，我们在持有该公司信用卡的所有顾客中，随机挑选了 300 名顾客进行电话询问，搜集到了有关的信息。其中，有一个调查问题是这样的：在过去的 6 个月里，你是否购买过该商场的商品？购买金额为多少？被询问者中有 10% 回答“是”，且这些人在过去的 6 个月里，平均购买额为 1782.67 元。

（1）请指出本案例中如下概念：总体、总体单位、样本、样本量、品质标志、数量标志、数量指标、质量指标。

（2）如何区分总体与总体单位、品质标志与数量标志、标志与指标、数量指标与质量指标的区别？

4. 浏览网络或报刊等身边的数据资料，选出符合“统计工作中常用基本概念”的数据资料若干份，对比“总体和总体单位”“标志与指标”“变异与变量”等概念，将所选资料打印或摘录或剪下来，粘贴在作业本上，并结合资料中的相关内容，逐一列出涉及各个基本概念的具体内容。

项目二 统计资料的搜集

【学习目标】

本项目主要介绍统计资料来源的相关知识，包括统计资料搜集的意义、重要性、种类，各种统计调查组织形式的含义和特点，各种统计资料搜集方法的特点和应用，以及在资料搜集过程中可能存在的误差、控制方法和统计调查方案的设计。通过学习，要求掌握统计资料搜集的基本要求、区分和正确运用搜集资料方式、运用几种常见的资料搜集方法来搜集数据的能力，从而为以后统计资料的整理和描述打下基础。

【重点难点】

- □ 资料搜集的种类和质量要求
- □ 资料搜集的组织形式
- □ 资料搜集的方法应用
- □ 调查方案的设计

【案例导入】

中国社会科学院社会学研究所在《2011 年社会蓝皮书》中指出，2011 年中国城市居民普遍认为中国社会的整体道德水平呈下降趋势，城市居民对 20 世纪 70 年代、80 年代、90 年代以及当前这四个时期的道德水平的评价分值分别为 8.00 分、7.53 分、7.04 分、6.32 分。2013 年 12 月 20 日人民网强国论坛调查专栏——《态度》联合北京美兰德信息公司在全国范围内发起的一项调查显示，五成民众认为当下中国社会整体道德水平“一般”，七成民众认为“社会不公”对道德水平负面影响较大，在道德水平变化趋势方面，受访者态度趋于分散。近半数受访者认为当前社会道德状况与十年前相比“明显上升”或“上升一些”，近四成认为“有所下降”，仅 12.7% 认为“基本没变”。这些调查结果引发了一些争论，人们十分关心这些数据搜集的方式、调查方法的选用是否影响到数据的真实性和可靠性。所以，在开展社会经济调查工作中，统计资料的应用非常接近生活，我们不仅要让社会公众获得更多有价值的统计信息，而且还要使大家对调查资料搜集的过程及方法有所认识。

任务一

资料搜集的种类及质量要求

一、资料的来源

统计资料的搜集过程是根据统计研究的目的和要求，采用科学的统计资料搜集方法，有计划、有组织地向统计对象或统计单位搜集各种原始资料或次级资料的工作过程。

原始资料是指向总体单位直接搜集的，来源于直接的调查和科学实验的第一手统计数据。在进行宏观管理决策和科学研究时，必须掌握最新的人口，国内生产总值，第一、第二、第三产业基本情况及人民生活变化情况，这就需要组织专门调查以获得国民经济管理的基本数据；在市场经济体制下，面对市场经济激烈竞争的现实，各企业迫切需要利用统计调查方法，快速准确地掌握市场需求和居民消费等市场信息，越来越多的调查公司和网络中心等承担起专门组织调查的任务，搜集特殊的数据，满足管理和研究的需求。在自然科学和工程实际的各个研究领域，我们通常通过科学实验的方法获得统计研究资料。例如，在医学领域，可通过临床试验数据分析某种药物或治疗方案的疗效，在农业研究中可通过实验的方法选取最优品种和最佳的种植方式等。

次级资料是指已经经过某个部门或地区加工整理过的，即来源于别人调查和科学实验的第二手统计数据。对于社会上大多数的研究工作者和实际工作者来说，亲自去做直接的调查往往不可能或没必要，这时，可以通过各种渠道获取别人的调查或科学实验数据。例如，从统计年鉴、各种报表及报纸杂志上搜集资料，从因特网上搜集到世界各国有关资料等。随着网络技术的普及，次级资料的获得变得越来越方便。利用二手资料对使用者来说既经济又方便，但使用时应注意统计数据的含义、计算口径和计算方法，以避免误用或滥用。同时，在应用二手资料时，一定要注明数据的来源，以尊重他人的劳动成果。

议一议

举例说明身边有哪些原始资料和次级资料？

二、资料搜集方式的种类

统计资料的搜集可以从不同的角度，划分为不同的种类。

（一）按统计对象包括的范围不同，可分为全面调查和非全面调查

全面调查是指对统计总体中所有的单位无一遗漏地进行统计登记的一种资料搜集方式，如人口普查、工业普查等。通过全面调查可取得准确、全面详尽的资料。

非全面调查是对统计总体中的一部分单位进行统计登记的方式，如社会商品零售价格抽样调查。非全面调查的结果，有的只是所观察的部分单位的情况，有的可以推断总体的情况。

（二）按统计工作组织方式不同，可分为统计报表和专门调查

统计报表是按照国家统一规定的表格和内容要求，自下而上地逐级提供统计资料的一种统计资料搜集方式。这种方式在我国已经成为一种报告制度，如工业统计报表制度、农业统计报表制度等。

专门调查是为了研究某种情况或某项问题而专门组织的调查，可分为普查、重点调查、抽样调查、典型调查等多种类型。

（三）按统计资料登记的连续性不同，可分为经常性调查和一次性调查

经常性调查又称连续调查，是为了观察总体现象在一定时期内（通常是一年内）的数量变化，随着统计对象的发展变化，连续不断地进行统计调查登记。

例如，企业产品的生产数量、原材料的投入情况、能源的消耗情况等，都必须在调查期内连续登记，然后汇总起来。

一次性调查是间隔一个相当长的时间（通常是一年以上）所做的统计，一般是为了对总体现象在一定时点上的状态进行研究。

例如，生产设备拥有量、耕地面积等。这些指标的数值在短期内变化不大，不需要连续登记。

（四）按调查搜集资料的方法不同，分为直接调查、凭证调查、派员调查、问卷调查

直接调查是指由调查人员亲自到现场对调查单位项目直接查看、清点、测量和计量以取得资料的一种方法。**凭证调查**是指以各种原始和核算凭证为调查资料来源，按照统一的表格形式和要求，按照隶属关系，逐级向有关部门提供资料的方法。**派员调查**是指通过派调查员对被调查者询问、采访，提出所要了解的问题，借以搜集资料的方法。**问卷调查**是指为了特定的目的，以问卷形式提问，由被调查者自愿自由回答问题的一种搜集资料的方法。

三、资料搜集的质量要求

资料搜集必须保证质量，才能正确反映客观事物，作为预测未来、实施经济评价和经济管理的依据。因此，对资料搜集的基本要求是准确性、及时性、完整性、系统性和经济性。

（一）准确性

准确性是指所取得的各项统计资料必须真实可靠，符合客观实际，按事物的本来面貌如实反映情况。统计数据的真实性是统计工作的生命。统计资料的准确性不仅是技术问题，而且是涉及坚持统计制度、统计法规的原则问题。我国统计立法的核心就是保障各种统计资料的准确性、客观性。

（二）及时性

及时性是指在统计工作规定的时间内，尽快提供规定的统计资料，完成规定的各项任务。统计资料是进行管理决策不可缺少的依据，而客观经济现象又是不断变化的，因而统计数据具有很强的时效性，如果资料不及时，就成了“雨后送伞”，失去价值。统计资料的及时性也是一个全局性的问题。任何一个统计单位不按规定的时间提供资料，都会影响全面工作。因此，提高统计资料的及时性，必须要求各单位有全局观念，有团队协作精神，遵守统计制度和规律。

（三）完整性

完整性是指统计单位不重复、不遗漏，所列项目的统计资料搜集齐全。只有齐全的资料才能比较正确地反映所研究的社会经济现象的全貌。

（四）系统性

系统性是指综合资料中各项统计数据应该配套，要能从不同侧面，不同层次

上对统计对象的整体进行研究，能够从事物的内部结构和外部联系上进行对比分析。

（五）经济性

经济性是指在满足一定准确度的要求下，要以最小的经济成本取得所需的统计资料。通常对统计数据的准确性要求高，则所付出的费用就较大。而任何一项统计资料的获取总有一定的费用约束，因此，如果一味地强调资料的准确度，无视经济性要求，会造成不必要的人力、财力和物力的浪费。

统计资料质量的这五项要求是相互结合、相互依存的，在每一次统计资料搜集工作的实践中，要根据具体情况综合考虑。一般而言，要以准确为基础，力求在准中求快，以尽可能小的成本取得完整、系统的资料。

任务二

资料搜集的组织形式

由于统计工作研究的具体目的不同，所涉及的统计调查范围和统计对象以及所用的具体调查方法也不同，因而就有了不同的资料搜集的组织形式。统计资料搜集常用的组织形式有：普查、抽样调查、重点调查、典型调查和统计报表。

一、普查

（一）普查的意义和特点

普查，即普遍调查，是依据调查任务而专门组织的一次性的全面调查。它可以取得比较准确的全面统计资料，为搞清一个国家的主要国情国力、制定重要政策和长期发展规划提供重要依据。普查是一种重要的调查方式，世界各国在反映本国综合实力的国情国力调查中，都采用普查的方式完成。普查有以下三个特点。

1. 一次性

普查一般用来调查属于一定时点上现象的总量，这些时点现象的数量在短期内往往变化不大，不必做连续的登记，只需间隔一段较长时间进行一次性的调查。而且普查的规模大、指标多、任务重，耗费大量人力、物力和时间，不可能采用经常性调查，只能采用一次性调查。例如，人口普查工作，不可能年年搞，更不可能月月搞，我国2010年进行的第六次人口普查与2000年的第五次人口普查就间隔了10年。

2. 时点性

普查的对象主要是时点现象。所以每次普查都有标准时点。例如，2013年第三次全国经济普查的标准时点为2013年12月31日。

3. 全面性

普查对象范围广，调查内容详细，所以它比其他任何方式的调查更能掌握全面、详尽的统计资料，具有重要的分析价值。

例如，我国第一次全国经济普查仅不同种类的普查表就有近50种，涉及的调查指标近千个。内容包括了单位基本属性、从业人员财务状况、生产经营情况、生产能力、原材料和能源消耗、科技活动情况等，为国家制定国民经济和社会发展规划，为各级部门提高决策和管理水平提供了重要信息。

（二）普查的组织实施

普查的组织形式有两种：一种是自上而下组织专门的普查机构，配备一定数量的普查人员，对调查单位直接进行调查登记。例如，我国的人口普查都采用这种形式。另一种是自下而上由被调查单位填报表格逐级上报来实施普查。例如，我国的物资库存普查。但即使是后一种形式，也仍需组织普查的领导机构，配备专门人员对普查工作进行组织领导。

根据普查特点，在组织实施时应按系统工程要求，严把质量关，具体实施过程如下：

1. 建立普查的组织领导机构

普查范围广，调查单位多，花费时间长，要求必须建立各层次组织机构，安排专门人员参加普查工作，并且职责明晰、分工明确。

2. 确定统一的标准时间

这是指规定某一时刻或现象所属的某一段起止时间作为登记调查对象的标准时点或标准时期。这样才能保证所有调查单位的调查资料都是反映同一时间特征的，避免所搜集的资料因时间不同，汇总后不能反映客观事实而失去准确性。

例如，我国第六次全国人口普查规定的标准时点为2010年11月1日零时，而相差一天，我国的人口总量就会约有5万人的差异。

当今社会的高速变动性使得在普查时确定统一标准时间、严格保证调查资料从属这一时间至关重要。

3. 规定各阶段工作进度

有了工作进度，才能保证普查按计划同时开始、按期完成，使调查资料得以及时汇总，发挥统计调查的时效性价值。

例如，第一次全国经济普查工作分为五个阶段。2004年12月底前为准备阶段，2005年1月至5月为填报阶段，2005年2—8月为数据处理和上报阶段，2005年9月至2005年底为数据评估和发布阶段，2005年9月至2006年上半年为资料开发应用、工作总结和评比表彰阶段。

讨 论

如果你是某一企业的统计员或是某一统计调查工作的负责人，该如何来划分统计调查工作的阶段？

4. 规定普查的项目和指标

普查的项目必须统一，其内容、解释口径、计算方法等一经确定，不得任意增减改变，以免影响汇总综合，降低资料质量。同一种普查，每次项目和指标应力求一致，以便更好地进行历次调查资料的对比分析，观察某种现象变化发展的情况。

5. 制定严格质量控制方法

普查工作是一项庞大的系统工程，普查资料的质量控制是贯穿始终的重要工作。它包括普查前的质量控制、普查中的质量控制和普查后的质量控制，只有步步为营实施控制，才能保证普查资料的准确性，提高工作的质量。

（三）我国的周期性普查

普查作为获取有关国情、国力资料的重要统计方法，在我国已经纳入了规范化、法制化的轨道，我国政府也规定了“以周期性普查为基础”的整体统计调查方法体系。已有的重大普查工作的统筹安排为：人口普查，逢0年份实施，每

10年1次；农业普查，逢6年份实施，每10年1次；2004年将原定于2003年进行的第三次全国第三产业普查推迟，与计划在2005年开展的第四次全国工业普查和2006年开展的第三次全国基本单位普查合并，同时将建筑业纳入普查范围，在2004年开展了第一次全国经济普查。今后全国经济普查每10年进行两次，分别在逢3、逢8年份实施。

二、抽样调查

抽样调查是按照随机原则，从总体的全部单位中抽取一部分单位进行调查并用调查所得的数据资料推断总体数量特征的一种非全面调查方式。抽样调查的目的不在于了解样本本身的数量特征，而在于借助样本的数量特征，估计和检验总体的数量特征。在现实经济生活中，许多总体的数量特征往往是未知的或无法预先知道的，抽样推断为经济方法提供了一个利用样本的有限信息，了解和掌握总体未知数量特征的科学方法。

例如，我们到集市上去买花生、瓜子总是要抓几粒看看是否饱满；在家里做菜，做好后要尝尝咸淡如何；生病到医院看病时，医生抽一些血化验来检验病情，又如中国广东某企业与中东一进口商签订了一份出口5万条皮带的合同，中国商品检验局在交货时对皮带进行品质检查，检查合格方出具品质合格证书。质量检查员从1000箱（50条/箱）中随机抽取50条，对所抽取的50条皮带进行品质检查，据此推断这批货物的质量。这些调查方式都属于抽样调查。

（一）抽样调查的特点

1. 遵循随机原则抽取调查单位

抽样调查必须非常客观、毫无偏见地从总体中抽取调查单位，也就是严格按随机原则抽取调查单位，不受调查人员任何主观意图的影响，否则会带上个人偏见，失去对总体数量特征的代表性，这也是它与其他非全面调查方式的主要区别之一。

2. 用抽样指标推断总体数量特征

根据对部分单位调查所得的资料，整理计算抽样指标，再据以推算总体的指标数值，这是抽样调查既区别于其他非全面调查，也区别于全面调查的一个重要特点。其他非全面调查如重点调查、典型调查等，一般不具备推断的条件，所以不去推算总体的数量特征。虽然抽样调查与全面调查的目的都是要掌握总体的数量特征，但比较起来，抽样调查能够节约人力、费用和时间，且比较灵活。

3. 可以计算和控制抽样误差

抽样调查是根据部分单位所取得的资料来推断总体指标数值的，推断结果不可避免地会有误差。对于抽样误差，抽样调查方法既可以在调查推断之前事先估计出来，也可以根据调查目的和任务的要求，采取一定的组织措施加以控制，以保证推断的准确性和可靠性。

（二）抽样调查的作用

抽样调查是一种科学、灵活、实用的调查推断方法，在社会经济各个领域的应用越来越广泛。具体来讲，有以下几方面：

1. 对某些不可能进行全面调查又需要了解其全面情况的社会经济现象，必须应用抽样调查

例如，灯泡耐用时间试验，电视机抗震能力试验，罐头食品的卫生检查，人体白血球数量的化验等，都是有破坏性的，不可能进行全面调查推断，只能采用抽样调查推断。

2. 有些总体从理论上讲可以进行全面推断，但实际上办不到

例如，了解某森林区有多少棵树，城乡居民的家庭生活状况如何等。从理论上讲这是有限总体，可以进行全面调查推断，但实际上缺乏可操作性，也不必要。对这类情况的了解一般采取抽样推断方法。

3. 抽样调查可以用来检验和修正全面调查资料

全面调查的调查单位多、涉及面广，参加调查汇总的人员也多，水平参差不齐，因而发生登记性误差和计算性误差的可能性就大，使得资料的准确性受到影响。而抽样调查的范围下，工作量小、参与人员少并经过严格培训，较少发生登记性误差，故可据以对全面调查的结果进行检验和修正。

例如，我国历次人口普查，都同时组织人口抽样复查，根据复查计算差错率，来检查和修正普查数字。

4. 利用抽样调查方法可以用于工业生产过程的质量控制

在成批或大量连续生产的过程中，可以运用抽样调查法检验生产过程是否正常，及时提供信息，进行质量控制，避免成批出现不合格产品。

5. 利用抽样调查方法，可以对于某种总体的假设进行检验，来判断这种假设的真伪，以决定取舍

例如，新教学法的采用、新工艺新技术的改革、新医疗方法的使用等等是否收到明显效果，须对未知的或不完全知道的总体做出一些假设，然后利用抽样调查的方法，根据实验材料对所作假设进行检验，做出判断。

（三）我国的抽样调查实践

我国在 20 世纪 50 年代，在城市职工住户调查、农村经济调查中曾经采用过抽样调查，后中断。改革开放后，在借鉴国外抽样方法的基础上，结合我国实际情况，国家统计局在 80 年代组建城市经济调查总队、农村经济调查总队，在 1998 年企业调查总队，各地方也相应有城调队、农调队和企调队，他们为国家成功地进行了工业产品质量抽样检验、城市住户调查、市场抽样调查、人口抽样调查、农业产量抽样调查，等等。随着经济的迅猛发展，快速、高效地获取准确的统计资料已成为企业在激烈竞争中生存的重要手段，抽样调查在社会经济各部门得到了非常广泛的应用，许多人通过参与调查或被调查感受到统计就在我们身边。

三、重点调查

重点调查是在全部调查单位中选择一部分重点单位进行调查，借以了解总体的基本情况的一种非全面调查。所谓重点单位，是指这样一些单位，它们的数目在全部单位数中只占很小的比重，但它们的标志值的总和在总体的标志总量中却占很大的比重，通过对这部分单位进行调查，就能从数量上反映总体的基本情况。

例如，鞍钢、武钢、首钢、包钢和宝钢等特大型钢铁企业，虽然在全国钢铁企业中只是少数，但它们的产量却占全国钢铁产量的绝大比重。所以，要了解全国钢铁企业的生产状况，可以选择产量较大的少数几个企业，如鞍钢、宝钢、首钢等，作为重点单位进行调查，以便对钢铁产量有个大致的了解。

重点调查在实际应用时应注意以下两点：

其一重点单位的选择不带有主观因素，它只着眼于所研究现象主要标志的总量，而与平常所说的“重点单位”有区别。只要调查单位的主要标志总量不占绝大比重，仅因为技术创新、管理先进或特殊原因而被列为重点管理的，都不列为重点调查单位的范畴。

其二重点单位不能精确推断总体总量。重点单位是一种非全面调查，只有当调查任务只要求掌握总体基本情况，而部分重点单位又能比较集中地反映所研究的项目和指标时，采用重点调查比较适宜。

所以利用重点单位调查推断总体，只能了解总体基本概况，而不能精确推断总体总量。

四、典型调查

典型调查是根据调查的目的任务，在对研究的现象总体进行初步分析的基础上，有意识地选取有代表性的典型单位进行的非全面调查。

例如，为了研究大中型国有企业改革成功的经验和失败的教训，从全部大中型国有企业中选出若干先进的典型和失败的典型，分别进行调查比较，在此基础上，认识大中型国有企业改革的规律和本质。

典型调查能否取得良好效果，关键在于正确选择典型单位。所谓典型单位，是指在同一事物中能最充分、最突出地体现总体共性的代表单位。选择典型单位时应注意，要在对调查对象总体进行全面分析，对可供选择单位进行反复对比基础上选择代表性较强的单位。选取典型单位的方法可以灵活多样。

例如，为了研究获得成功的经验或总结失败的教训，应该选择调查对象中先进或落后的作为典型单位；为了了解总体的一般数量表现或一般发展趋势，可选择中等的带有普遍性的那部分单位作为典型单位。

若调查总体各单位发展条件较一致，彼此间差异小，可选一个或几个典型单位进行调查，即通常所说的“解剖麻雀”式典型调查；若各单位之间发展条件差异大，涉及问题较复杂，则应按一定标志，将总体划分为几个类型，从各类中按比例选取典型单位调查，即通常所说“划类选典”式典型调查。

典型调查在实际应用时要注意以下两点：

其一典型单位的确定是有选择的，如何确定取决于统计调查人员对调查对象全面分析基础上主观的判断选择。这与重点调查中重点单位的选取是不相同的。

其二典型调查的目的是发现问题、观察趋势，而不能不加限制地直接以调查结果推断总体。

议一议

要了解学校学习成绩比较好或成绩比较差、违反校纪校规严重的同学情况，宜采用何种组织形式？

五、统计报表

统计报表制度是各级各类统计部门依照国家或上级主管部门规定的统一表式、统一指标、统一报送方式、统一报送时间，自下而上逐级提供统计资料的一种调查组织形式。它是我国搜集工业、农业、人民生活、固定资产投资、财政、城市概况等方面基本资料的重要方法，对于科学地制订国家的发展计划，研究社会、经济发展规律等，具有非常重要的作用。

（一）统计报表的种类

统计报表按其性质和要求不同，分为以下几类：

1. 按照调查的实施范围不同，可分为国家统计报表、业务部门统计报表和地方统计报表

国家统计报表是国家统计局制定的统计报表，用来搜集国民经济和社会发展基本情况的数据，在全国范围内实施；业务部门统计报表是在各业务系统内使用的，用来搜集各业务主管部门需要的统计资料；地方统计报表是在各省、直辖市、自治区内使用的，用来搜集地方部门需要的统计资料。表 2－1 是国家统计报表示例，表 2－2 是业务部门统计报表示例。

表 2－1　　工业产销总值及主要产品产量

××××年××月

	计量单位	代码	本月	本月止累计
甲	乙	丙	1	2
（一）工业总产值（现行价格） 在总计中：新产品产值 在总计中：轻工业 重工业 在总计中：国有企业 集体企业				

续表

	计量单位	代码	本月	本月止累计
甲	乙	丙	1	2
股份合作企业				
股份制企业				
外商及港澳台商投资企业				
其他企业				
在总计中：国有控股企业				
在总计中：农村工业				
在总计中：大中型工业企业				
其中：国有企业				
（二）工业销售产值总计（现行价格）				
在总计中：出口交货值				
在总计中：对居民和社会集团消费品零售额				
在总计中：轻工业				
重工业				
在总计中：国有企业				
集体企业				
股份合作企业				
股份制企业				
外商及港澳台商投资企业				
其他企业				
在总计中：国有控股企业				
在总计中：农村工业				
在总计中：大中型工业企业				
其中：国有企业				
（三）主要产品产量				

表 2－2　主要工业产品生产能力

××××年

省辖市名称	××产品（　）		××产品（　）		××产品（　）		××产品（　）		××产品（　）	
	能力	产量	能力	产量	能力	产量	能力	产量	能力	产量
甲	1	2	3	4	5	6	7	8	9	10

单位负责人：　　填表人：　　报出日期：　　年　　月　　日

2. 按照报送周期不同，可分为定期报表和年报

定期报表包括日报、旬报、月报、季报、半年报。日报和旬报以日、旬为一个报送周期，由于其较强的时效性，因此又称为进度报表。月报和季报主要用于检查计划报表时使用，因为其报送周期不长也不短，在实际工作中使用也最多。表 2-1 是一张月报。年报的周期最长，包括的指标最多，统计范围最广。一般而言，报送周期的长短与调查要求有关，如果调查项目少，调查要求粗，可采用报送周期短的统计报表；如果调查项目多，调查要求细，应采用报送周期长的统计报表。为减少统计人员、调查经费等方面的投入，保证统计报表的数据质量，使用年报与半年报能够满足调查要求的，尽量不要用其他报表形式。表 2-3 就是一张年报。

表 2-3　　工业企业能源购进、消费及库存

××××年

能源名称	计量单位	代码	年初库存	购进量		消费量					年末库存
				实物量	金额（万元）	合计	1. 工业生产消费	用于原材料	2. 非工业生产消费	
甲	乙	丙	1	2	3	4	5	6	7	8
按《工业企业能源购进、消费及库存目录》填报										

单位负责人：　　　　填表人：　　　　报出日期：　　年　　月　　日

3. 按照报送的方式不同，可分为电讯报表和邮寄报表

电讯报表是采用电报、电话、传真、电子邮件等形式报送统计资料的报表。由于这种形式的报表报送速度快，时效性强，比较适合日报和旬报。邮寄报表适用于月报、季报、半年报和年报的报送。随着办公自动化的提高，电讯报表的使用将越来越多、越广泛。

（二）统计报表的资料来源

统计报表涉及的内容多、范围广，其资料的报送又是要求填报单自下而上逐级进行的，因此，填报单位必须建立健全各项统计制度，保证从原始记录经过统

计台账、企业内部统计报表到统计报表的数据质量。

1. 原始记录

原始记录是指基本单位通过一定的表格形式对其生产经营活动的最初直接记录。原始记录视基本单位的不同、生产经营活动的不同有各种各样，有数字的也有文字的。

例如，工业生产企业的收货单、发货单、出勤记录、生产记录等，商业企业的发票、收据等。表 2－4 是某工厂车间的产品入库单。

2. 统计台账

统计台账是基本单位根据填报统计报表的要求和实现本单位生产经营管理的需要而设置的，将原始记录按时间顺序设置的系统积累统计资料的表册。

表 2－4　　　　产品入库单

________车间　　　　年　月　日　　　　吨

组别 / 牌号	一组	二组	三组	四组	五组	六组	七组	八组	九组	十组	十一组	十二组	日计	月累
日　计														
月　累														

保管员________　　　　填报日期　月　日

例如，工业生产企业的设备台账、产品台账、工时台账等。表 2－5 是某企业某加工车间产品工时台账中的一页。

原始记录是一份记一事，一事记一页，远远不能满足统计报表的要求，而将分散的原始记录进行分门别类的整理，装订成册，不仅能够满足填报统计报表的需要，同时还可以节省大量的时间。因此，基本单位应做好统计台账的编制工作，才能使填报统计报表具有可靠的基础。

表 2－5　　某加工车间产品工时台账

单位	元月	二月		三月		一季度	四月		五月		六月		二季度
		当月	累计	当月	累计		当月	累计	当月	累计	当月	累计	
七月		八月		九月		三季度	十月		十一月		十二月		四季度
当月	累计	当月	累计	当月	累计		当月	累计	当月	累计	当月	累计	

统计台账的形式一般分两种：**一是**多指标的综合台账，即把若干指标按照时间顺序同时登记在一本综合表册上；**二是**单指标的分组台账，即对某一指标数值按照时间顺序分部门、分单位地连续登记，以观察其发展变化。

3. 内部报表

内部报表是基层单位编制的反映其内部生产、劳动、设备、原材料、财务成本等情况的报表，一般分为两种：**一种**是为本单位领导提供资料而编制的；**另一种**是为填报统计报表而设置的。这两类报表都要求本单位的有关部门（科室、班组、车间等）的统计人员，按照要求填报，按照一定的报送程序送到上级部门。表 2－6 是反映某铝厂主要物资收拨存情况的厂内报表（年报）。

统计报表制度是一个庞大的组织系统。它不仅要求各基层单位有完善的原始记录、台账和内部报表等良好的基础，而且要有一支熟悉业务的专业队伍。因此，它占用很多的人力和财力。总结历史的经验教训，要很好地发挥统计报表制度的积极作用，必须严格按照统计法规办事，实行系统内的有效监督和管理；报表要力求精简，既要防止多、乱、滥发报表，又要防止虚报、瞒报和漏报。这样，才能保证统计数字的质量，降低统计工作所发生的成本。

以上介绍的各种调查组织方式各有其特点和作用，在体系中的地位也各不相同，面对复杂多变的社会经济现象，采用一种调查组织方式来搜集资料往往不能达到预期的目的，必须将多种方式结合运用。如何在实践中将不同调查方法结合运用，是一个灵活性很大的实践问题。

表 2-6　　主要物资收拨存报表

物名	级别	本期收、拨、存				使用方向								
		期实存量	期中收量	期中拨量	期末存量	一车间			二车间			三车间		
						合计	生产	启动	合计	生产	启动	合计	生产	启动
氧化铝	合计													
	国产													
	进口													
氟化盐	合计													
	一级冰晶石													
	电解质块													
	氟化钙													
	氟化铝													
	氟化镁													
	纯碱													
阳极糊	合计													
其他														

单位负责人：　　　　　　　　　　制表人：

例如，统计报表和典型调查的结合，既可以搜集到全面的统计资料，又可以掌握各种具体情况，有助于正确应用统计资料，也有助于深入了解报表存在的问题。对普查取得的全面资料，可以通过抽样调查的结果加以检验和修正，借以评价普查资料的质量，掌握普查结果的可靠度。

总之，在具体实践中应根据不同行业、不同调查目的和不同的调查对象科学地综合运用多种统计调查方式，逐步建立以周期性普查为基础、以经常性抽样调查为主体，以必要的统计报表、重点调查、典型调查、综合分析等作为补充的统计调查方法体系的要求，不断提高统计调查的效率和效益，达到数据准确、信息灵通、资料丰富，以适应市场经济条件下各级政府、各个部门、各个企业及社会公众对统计信息不断增长的需求。

任务三

资料搜集的方法

通常统计工作中资料搜集的方法主要有直接观察法、文献调查法、访谈调查法、网上调查法、问卷调查法等。

一、直接观察法

直接观察法由统计工作人员直接深入现场进行观察、计数或测量以取得资料。

例如，了解商业企业期末库存商品数量，调查人员当场进行点数、称量等。再如，在城市的某些重要街道安装摄像机对违反交通管理规定的车辆进行摄像的方法；还有卫星遥感器，如地球资源卫星、地球侦察卫星等。

无论是派调查人员到现场调查，还是利用仪器进行现场观测、测量，都视为观察法。这种方法的优点是直观，能够保证统计资料的相对准确。但是这种方法需要大量的人力、物力和时间，在任务紧迫的情况下，不宜采用。而且对历史资料进行调查时，不可能通过直接观察搜集资料。另外，这种方法容易受到观察者和被观察者主观因素的影响而产生各种观察误差。

例如，当人们知道在被观察时，会改变行为，观察者在现场观察一定时间后会因疲倦产生观察误差，这些都会降低调查资料的质量。

二、文献调查法

文献调查法是一种搜集第二手资料的间接资料调查法，也称室内调查法。文献调查搜集的主要是各种历史和现实的资料。文献调查法的优点是：可以超越时空条件的限制，搜集到古今中外有关的文献资料，而且调查费用低，搜集渠道广；其缺点主要表现在文献资料一般是历史资料，与现实存在一定的时差，难以取得时效性较强的资料，并且其文献资料形成的目的与调查目的存在一定的差异性。

- 文献调查法的程序：

第一步： 评价现成资料。现成资料是指已取得、积累起来的第二手资料。按调查目的要求挑选在已有现成资料中具有价值的资料。

第二步： 寻找搜集第二手资料的途径。

第三步： 资料筛选与评价。对取得的第二手资料需要进行筛选，剔除与调查目的无关的资料；同需要的调查资料对比确定还需要的具体资料。

- 文献调查的方式和方法：

1. 文献调查的方式

（1）有偿搜集方式。它是指通过经济手段、通过一定的正式渠道实行有偿征集和转让获得文献资料的方式。搜集第二手资料的价值与费用成正比关系。通过这种方式搜集资料应该考虑资料的搜集成本和带来的价值。有偿搜集的资料具有针对性、可靠性、及时性和准确性。

（2）无偿搜集方式。它是指不需要支付任何费用而取得第二手资料的方式。无偿搜集方式搜集的资料需要进行一定的加工才能成为有价值的资料。

2. 文献调查的方法

（1）文献资料筛选法。它是指从各类文献资料中分析和筛选出与调查目的密切相关的资料的方法。

（2）报刊剪辑分析法。它是指调查人员平时从各种报刊上所刊登的文章、报道中分析搜集资料的方法。

（3）情报联络网法。它是指在一定地区范围内设立情报资料联络网来搜集资料的方法。

三、访谈调查法

访谈调查主要通过调查者与被调查者直接或间接接触以获得资料，具体包括个别访问调查、邮寄调查、电话调查、座谈会等。

（一）个别访问调查

个别访问调查又称派员调查，是指调查者与被调查者通过面对面地交谈从而得到所需资料的调查方法。访问调查的方式有标准式访问和非标准式访问两种。

标准式访问又称结构式访问，是指按照调查人员事先设计好的、有固定格式的标准化问卷，有顺序地依次提问，并由受访者做出回答的调查方式；非标准式访问又称非结构式访问，是指事先不制作统一的问卷或表格，没有统一的提问顺序，调查人员只是给一个题目或提纲，由调查人员和受访者自由交谈，以获得所需资料的调查方式。

个别访问调查过程比较灵活、有深度，但对调查人员要求较高，一般适用于调查范围小、需要有一定的调查深度的调查。

（二）邮寄调查

邮寄调查是指通过邮寄或其他方式将调查问卷送至被调查者，由被调查者填写，然后将问卷寄回或投放到指定收集点的一种调查方法。邮寄调查是一种标准化调查，其特点是调查人员和被调查者没有直接的语言交流，信息的传递完全依赖于问卷。邮寄调查的问卷发放方式有邮寄、宣传媒介传送、专门场所分发三种。

邮寄调查的基本程序是：在设计好问卷的基础上，先在小范围内进行预调查，以检查问卷设计中是否存在问题，以便纠正；然后选择一定的方式将问卷发放下去，进行正式的调查；最后将问卷按预定的方式收回，并对问卷进行处理和分析。

（三）电话调查

电话调查是指调查人员利用电话同受访者进行语言交流，从而获得信息的一种调查方式。电话调查具有时效快、费用低、调查内容少等特点。随着电话的普及，电话调查的应用也越来越广泛。电话调查可以按照事先设计好的问卷进行，也可以针对某一专门问题进行电话采访。用于电话调查的问题要明确、问题数量不宜过多。

（四）座谈会

座谈会又称集体访谈法，是指将一组受访者集中在调查现场，让他们对调查的主题（如一种产品、一项服务或其他话题等）发表意见，从而获取调查资料的一种调查方法。通过座谈会，研究人员可以从一组受访者那里获得所需的定性资料，这些受访者与研究主题有某种程度上的关系。为获得此类资料，研究人员通过严格的甄别程序选取少数受访者，围绕研究主题以一种非正式的、比较自由的方式进行讨论。这种方法适用于搜集与研究课题有密切关系的少数人员的倾向和意见，参加座谈会的人数不宜太多，通常为6～10人，并且是与调查问题有关的专家或有经验的人。

四、网上调查法

网上调查在20世纪90年代开始热门起来，并且发展很迅速。

（一）网上调查的优点

（1）速度快。由于省略了印制、邮寄和数据录入等过程，问卷的制作、发放及数据的回收速度均得以提高，可以在短时间内完成调查并统计调查结果。

（2）费用低。印刷、邮寄、录入及调研员的费用都被节省下来，而调研费用的增加却很有限。因此，进行大规模的调研较其他（如邮寄或电话）调研方法省下可观的费用。

（3）易获得连续性数据。随着网上固定样本调研的出现，调研员能够通过跟踪受访者的态度、行为和时间进行纵向调研。复杂的跟踪软件能够做到根据上一次的回答情况进行本次问卷的筛选，而且还能填补落选项目。

（4）调研内容设计灵活。打一个电话却只提两三个问题在经济上是划不来的。但在网上，调研内容可以很容易地出现在市场、商贸或其他一般的站点上。例如，有一个人上了银行主页，激活“信用卡”，链接，在进入正式网页之前，他可以被询问几个有关被认为是最重要的信用卡特性问题。

（5）调研群体大。在网上可以接触很多人。目前，很难想象还有什么媒体可以提供那么大的调研群体，随着互联网的普及，计算机产品购买者或是互联网使用者，是使用互联网调研的理想对象。利用互联网的企事业单位使用者也是不错的调研对象。

（6）可视性强。网上调查还有一个独一无二的优点，即它们能够在视觉效果上吸引调查对象，互联网的图文及超文本特征可以用来展示产品或介绍服务内容。

（二）网上调查的缺点

（1）代表性问题。网上调查在目前来说还有不少缺点，其中最大的一点恐怕就是上网者不能代表所有人口。通常，使用者多为教育水平高、有相关技术、较年轻和较高收入的男性。不过，这种情形正有所改变，越来越多的人开始接触互联网。

（2）安全性问题。现在很多使用者为私人信息的安全性担忧，提高安全性是互联网的待解决的重要问题。

（3）无限制样本问题。它是指网上的任何人都能填写问卷。这完全是由自我决定的，很有可能除了网虫外并不代表任何人。如果同一个人重复填写多份问卷的话，问题就变得复杂了。

（三）互联网样本

互联网样本可以分为三类：随意样本、过滤性样本、选择样本。

随意样本是指网上任何人都可以成为被调查单位，只要其愿意，没有任何对调查单位的限制条件。

过滤性样本是指按期望样本特征挑选的代表性样本。这些特征通常是一些统计特征，如性别、收入、地理区域位置或与产品有关的标准，如过去的购买行为、工作责任、现有产品的使用情况等。

过滤性样本通常是以分支或跳问形式安排问卷，以确定被选者是否适宜回答全部问题。有些互联网调研能够根据过滤性问题立即进行市场分类，确定被访者所属类别，然后根据被访者不同的类型提供适当的问卷。另外一种方式是一些调研者创建了样本收藏室，将填写过分类问卷的被访者进行分类重置。最初问卷的信息用来将被访者进行归类分析，被访者按照专门的要求进行分类，而只有那些符合统计要求的被访者，才能填写适合该类特殊群体的问卷。

知识拓展

选择样本用于互联网中需要对样本进行更多限制的目标群体。被访者均通过电话、邮寄、E－mail 或个人访问方式进行补充完善，当认定符合标准后，才向他们发送 E－mail 问卷或直接到与问卷链接的站点。在站点中，通常使用密码账号来确认已经被认定的样本，因为样本组是已知的，因此可以对问卷的完成情况进行监视或督促未完成问卷以提高回答率。

选择样本对于已建立抽样数据库的情形最为适用。例如，以顾客数据库作为抽样框选择参与顾客满意度调查的样本。

（四）进行网上调查的方法

进行互联网调查主要有以下三种基本方法：E－mail 问卷、交互式 CATI 系统调查和互联网 CGI 程序调查。下面我们就每一种方法进行简要介绍。

（1）E－mail 问卷调查。该方法的问卷就是一份简单的 E－mail，并按照已知的 E－mail 地址发出。被访者回答完毕将问卷回复给调研机构，有专门的程序进行问卷准备、编制 E－mail 地址和搜集数据。

E－mail 问卷制作方便，分发迅速。由于出现在被访者的私人信箱中，因此能够得到注意。但是，它只限于传输文件，图形虽然也能在 E－mail 中进行链接，但与问卷文本是分开的。

（2）交互式 CATI 系统调查。该方法是利用一种软件语言程序在 CATI 上设计问卷结构，并在网上进行传输。互联网服务站可以设在调研机构中，也可以租用有 CATI 装置的单位。互联网服务器直接与数据库链接，对搜集到的被访者答案直接进行储存。

交互式 CATI 系统能够对 CATI 进行良好抽样及对 CATI 程序进行管理，它们还能建立良好的跳问模式和修改被访者答案；它们能够当场对数据进行认证，对不合理数据要求重新输入。交互式 CATI 系统为网上 CATI 调研的使用者提供了一个方便的工具，而且支持程序问卷的再使用。

不利的一面：交互式 CATI 系统产品是为电话—屏幕访谈设计的。被访者的屏幕格式受到限制，而且 CATI 语言技术不能显示互联网调研的图片、播放等方面的优势。

（3）互联网 CGI 程序调查。该方法有专门为网络调查设计的问卷链接及传输软件。这种软件设计为不需使用程序的方式，包括整体问卷设计、网络服务器、数据库和数据传输程序。一种典型的用法是：问卷由简易的可视问卷编辑器产生，自动传送到互联网服务器上，通过网站，使用者可以随时在屏幕上对回答数据进行整体统计或图表统计。

相比之下，对于每次访谈，网络调查系统均比交互式 CATI 的平均费用低，但对于小规模的样本调查（低于 500 名）的平均费用都比 E－mail 问卷调查高。平均费用低是由于网络调查系统使用了网络专业工具软件，而且软件购置费用和硬件费用是由中心服务系统提供的。

五、问卷调查法

问卷调查法主要由调查者利用统一设计的问卷这种工具向被调查者了解情况、搜集资料的方法。在调查研究活动中，问卷调查或单独使用，或与其他调查方法诸如直接观察法、访谈调查法等同时使用。由于在社会经济生活实践中，问卷调查应用较为广泛，在这里我们重点讨论问卷设计中的有关问题。

（一）问卷的基本结构

问卷是用来搜集调查数据的一种工具，是根据调查目的和要求所设计的，由一系列问题、备选答案、说明以及码表组成的一种调查形式。不同的调查问卷在具体结构、题型、措辞、版式等设计上会有所不同，但在结构上一般都由开头部分、甄别部分、主体部分和背景部分组成。

1. 开头部分

开头部分一般包括问候语、填表说明和问卷编号等内容。

（1）问候语。在自填式问卷中，写好问候语十分重要，它可以引起被调查者对调查的重视，消除顾虑，激发参与意识，以争取他们的积极合作。

问候词要语气亲切，诚恳礼貌，文字要简洁准确，并在结尾处对被调查者参与和合作表示感谢。下面是一份“公众医疗保险意识问卷”中的问候语：

××女士/小姐/先生

您好！我是××市场调查公司访问员，我们正在进行一项有关公众医疗保险意识方面的调查，目的是想了解人们对医疗保险的看法和意见，以便更好地促进医疗保险事业的发展。您的回答无所谓对错，只要真实地反映了您的情况和看法，就达到了这次调查的目的。希望您能积极参与，我们对您的回答完全是保密的。调查要耽搁您一些时间，请您谅解，谢谢您的支持与合作！

（2）填表说明。在自填式问卷中要有详细的填表说明，让被调查者知道如何填写问卷，如何将问卷返回到调查者手中。这部分内容可以集中放在问卷的前面，也可以分散到各有关问题的前面。下面是一份自填式问卷集中写明填写要求的例子：

填写要求：

1. 请您在所选答案的题号上画圈。

2. 对只许选择一个答案的问题只能画一个圈；对可选多个答案的问题，请在您认为合适的答案上画圈。

3. 需填写数字的题目在留横线上填写。

4. 对于表格中需选择答案的题目，在所选的栏目内画圈。

5. 对注明要求您自己填写的内容，请在规定的地方填上您的意见。

（3）问卷的编号。主要用于识别问卷、调查者、被调查者姓名和地址等以便于校对检查、更正错误。

2. 甄别部分

甄别也称为过滤，它是先对被调查者进行过滤，筛选掉不需要的部分，然后针对特定的被调查者进行调查。

通过甄别或过滤，一方面可以筛选掉与调查事项有直接关系的人，以达到避嫌的目的；另一方面，也可以确定哪些人是合格的被调查者，哪些人不是。甄别的目的是确保被调查者合格，能够作为该市场调查项目的代表，从而符合调查研究的需要。

下面是一份问卷的甄别部分：

S1. 请问您或您的家庭有没有在下列行业工作的呢？

1. 广告、公关机构……………………………… ⎫
2. 市场研究、咨询、调查机构………………… ⎪
3. 电视、广播、报纸等媒介机构……………… ⎬ 终止访问
4. 轿车制造……………………………………… ⎪
5. 轿车批发、零售……………………………… ⎭
6. 以上皆无……………………………………………继续访问

S2. 请问您的年龄是：

1. 20 岁以下…………终止访问

2. 20～30 岁

3. 30～40 岁

4. 40～50 岁

5. 50 岁以上…………终止访问

3. 主体部分

该部分是调查问卷的核心内容，它包括了所要调查的全部问题，主要由问题和答案所组成。

4. 背景部分

背景部分通常放在问卷的最后，主要是有关被调查者的一些背景资料。该部分所包含的各项问题，可使研究者根据背景资料对被调查者进行分类比较分析。下面是一份调查问卷所包括的背景资料：

A. ［出示卡片］请问您的教育程度如何？（901）

没受过正式教育 …………………………………… 1

小学，初中 …………………………………… 2

高中，职高，中专，技校 …………………………………… 3

大专，大学或以上 …………………………………… 4

B. ［出示卡片］请问您的职业和职位是什么？（902）

普通职员，工人 …………………………………… 1

部门经理负责人，高级管理人员 …………………………………… 2

公司老板，厂长，总经理 …………………………………… 3

专业人员 …………………………………… 4

个体户，自由职业 …………………………………… 5

失业，待业 …………………………………… 6

学生 …………………………………… 7

离退休人员 …………………………………… 8

其他（请注明） …………………………………… 9

（二）提问项目的设计

问卷所要调查的资料，由若干个提问的具体项目即问题所组成。因此，如何科学准确地提出所要调查的问题，是问卷设计中十分重要的一步。

从整体上看，一份问卷中的内容不宜过多，不必要的问题不要列入。很多初学调查或问卷设计的人，往往以为多一道题，可多得一份资料，所以会询问一些不必要的问题，不但浪费时间和资料处理的费用，有时也因问题过多，使被调查者感到厌烦，影响整体调查的质量。

提问项目即问卷中的问题，其设计的好坏将对调查质量有着重要影响。在设计提问项目时，需要注意以下几点：

1. 提问的内容尽可能短

如果提问的问题太长，不仅会给被调查者的理解带来一定的困难，也会使其感到厌烦，不利于对问题的回答。特别是访问调查中使用的问卷，提问的部分过长，会使被调查者忘记开头的内容，更不利于对整个问题的理解和回答。

2. 用词要确切、通俗

问卷中的用词一定要保证所要提问的问题清楚明了，用词是否确切，具体可按6W准则加以推敲。6W即Who（谁），Where（何处），When（何时），Why（为什么），What（什么事），How（如何），以此来判断问题是否清楚。当然，并不是一项提问中必须同时具备这6W。例如：

请问您使什么牌子的洗发水？

这个问题中的Who很清楚，What指洗水的牌子，When则未表明，是指过去还是现在？很容易造成回答偏差。因此，可以修改为：

请问您最近三个月使用什么牌子的洗发水？

此外，时间的范围一定要清楚，比如：

您最近一段时间使用什么品牌的化妆品？

这里的When过于笼统，被调查者不清楚，“最近”是指哪段时间，时间范围不明确，因此，可改为：

您最近一个月使用什么品牌的化妆品？

还有许多词，如“一般”“经常”“很多”等都属于过于笼统、含义不确切的词，不同的人可能会有不同的理解，从而造成回答的偏差。

也有一些问题含义不清或用词过于笼统。例如：

您觉得这种电视机的画面质量怎么样？

这里的“画面质量”的含义是很笼统的，被调查者不知道要回答哪些质量方面的问题。因此可以改为：

您觉得这种电视机的画面是否清晰？

此外，由于被调查者的文化程不同，问卷中的用词要通俗，易被人理解，避免使用过于专业的术语。例如：

您是否认为使用电脑数字技术制作的广告更具有吸引力？

有些人可能不知道什么是“电脑数字技术”，因此无法回答这样的问题。

3. 一项提问只包含一项内容

如果在一项提问中包含了两项以上的内容，被调查者就很难回答。比例：

您觉得这种新款轿车的加速性能和制动性能怎么样？

这里包括了加速性能和制动性能两项内容。如果被调查者认为加速性能很好而制动不好或者认为加速性能不好，而制动性能很好，就会一时很难做出判断和回答。所以，不如把它分成两个问题：

- 您觉得这种新款轿车的加速性能怎么样？
- 您觉得这种新款轿车的制动性能怎么样？

4. 避免诱导性提问

问卷中提问的问题不能带有倾向性，而应保持中立。词语中不应暗示出调查者的观点，不要引导被调查做出何种回答或如何选择。例如：

人们认为长虹牌彩电质量不错，你觉得怎么样？

这里已经暗示了长虹牌彩电很好，对被调查者具有引导作用。不如改为：

您觉得长虹牌彩电的质量怎么样？

引导性提问容易使被调查者不假思索地做出回答或选择，也会从心理上产生顺应反应，从而按着提示做出回答或选择。

5. 避免否定形式的提问

在日常生活中，人们往往习惯于肯定陈述的提问，而不习惯于否定陈述的提问。例如，对一种产品新包装的市场调查，采用否定的提问是：

您觉得这种产品的新包装不美观吗？

而采用肯定的提问则是：

您觉得这种产品的新包装美观吗？

否定提问会影响被调查者的思维，或者容易造成相反意愿的回答或选择，因此，在问卷中尽量不要使用否定的形式提问。

6. 避免敏感性问题

敏感性问题是指被调查者不愿意让别人知道答案的问题。比如，个人收入问题、个人生活问题、政治方面的问题等等。问卷中要尽量避免提问敏感问题或容易引起人们反感的问题。对于这类问题，被调查者可能会拒绝回答，或者采用虚报、假报的方法来应付回答，从而影响整个调查的质量。

对有些调查，必须涉及敏感性问题的，应当在提问的方式上进行推敲，尽量有用间接询问的方式，用语也要特别婉转，以降低问题的敏感程度。

（三）回答项目的设计

回答项目是针对提问项目所设计的答案。由于问卷中的问题有不同类型，所设计的答案类型和对被调查者的回答要求也是不同的。

问卷中的问题类型有两类：一类是开放性问题，一类是封闭性问题。两类问题的答案形式和回答方法如图 2－1 所示。

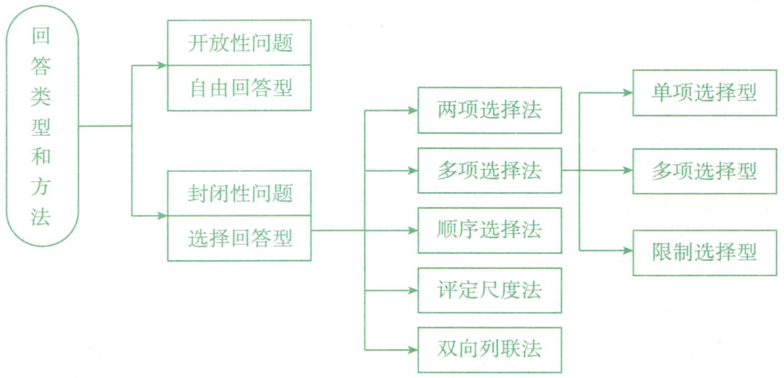

图 2－1

1. 开放性问题

开放性问题是指对问题的回答未提供任何具体的答案，由被调查者根据自己的想法自由做出回答，属于自由回答型。例如，下面所列的就是两个开放性问题：

- 您认为我国目前的广告宣传中，存在的主要问题是什么？

____

____。

- 您对这种捷达新款车有何更具体的看法？

____

____。

开放性问题的优点：比较灵活，适合于搜集更深层次的信息，特别适合于那些尚未弄清各种可能答案或潜在答案类型较多的问题。而且可以使被调查者充分表达自己的意见和想法，有利于被调查者发挥自己的创造性。其缺点：由于会出现各种各样的答案，给调查后的资料整理带来一定困难。

2. 封闭性问题

封闭性问题是指对问题事先设计出了各种可能的答案，由被调查者从中选择。封闭性问题的答案是标准化的，有利于被调查者对问题的理解和回答，同时，也有利于调查后的资料整理。但封闭性问题对答案的要求较高，对一些比较复杂的问题，有时很难把答案设计周全。一旦设计有缺陷，被调查者就可能无法回答问题，从而影响调查的质量。因此，如何设计好封闭性问题的答案，是问卷设计中的一项重要内容。

封闭性问题的答案是选择回答型，所以设计出的答案一定要穷尽和互斥。穷尽即要求列出问题的所有答案，不能有遗漏；对有些问题，当答案不能穷尽时，可以加上，“其他”一类，以保证被调查者能有所选择或回答。互斥即要求各答案间不能相互重叠或包容。

你到中专来读书是__________。

A. 自己喜欢　　B. 父母决定　　C. 别人说好　　D. 考分限制

E. 其他

根据提问项目或内容的不同，封闭性问题的回答方法主要有：两项选择法、多项选择法、顺序选择法、评定尺度法、双向列联法五种。

（1）两项选择法。两项选择题的答案只有两项，要求被调查者选择其中之一来回答。例如：

您有手机吗？

1. 有　　　　　2. 没有

两项选择法的特点：被调查者只需在二者之中选择一项，回答比较容易；调查后的数据处理也很方便。其缺点：得到的信息量较少；当被调查者对两项答案均不满意时，很难做出回答。

（2）多项选择法。多项选择题是在设计问卷时，对一个问题给出三个或三个以上的答案，让被调查者从中选择进行回答。根据要求选择的答案多少不同，多项选择题有以下三种选择类型：

①单项选择型。要求被调查者对所给出的问题答案选择其中的一项。例如：

您觉得哪种类型的广告宣传效果最好？（选一项）

1. 电视广告　　　2. 广播广告　　　3. 杂志广告

4. 报纸广告　　　5. 路牌广告

②多项选择型。要求被调查者从所给出的问题答案中，选出自己认为合适的答案，数量不受限制。例如：

请问您在购买小轿车时，主要考虑哪些因素?.（选出您认为合适的答案）

1. 价格　　　2. 款式　　　3. 品牌

4. 耗油量　　　5. 售后服务　　　6. 维修费用

7. 乘坐舒适　　　8. 行驶平稳

9. 加速性能　　　10. 制动性能

③限制选择型。要求被调查者在所给出的问题答案中，选出自己认为合适的答案，但数量要受一定限制。比如，在上面的问题中，可要求被调查者限选三项。

（3）顺序选择法。顺序选择法的问题答案也有多个，要求被调查者在回答问题时，对所选的答案按要求的顺序或重要程度加以排列。其中，对所选的答案数量可以进行一定的限制，也可以不进行限制。例如：

您在购买这种牌子的电视机时，主要考虑哪些因素？（按重要程度进行排序）

1. 产品的品牌　　　2. 价格合理　　　3. 售后服务

4. 外形美观　　　5. 维修方便

顺序法中的问题答案不仅可以反映所要调查的内容，而且可以反映出被调查者对问题的看法，从而增加了信息量。

（4）评定尺度法。评定尺度法中的问题答案，由表示不同等级的形容词组成，并按照一定的程度排序，由被调查者依次选择。例如：

您对这种新款轿车是否感到满意？________。

1. 非常满意　　2. 比较满意　　3. 一般　　4. 不太满意　　5. 不满意

（5）双向列联法。这种方法是将两类不同问题综合到一起，通常用表格来表现。表的横向是一类问题，纵向是另一类问题。这些问题结构可以反映两方面因素的综合作用，提供单一类型问题无法提供的信息。同时也可以节省问卷的篇幅。例如：

请在您同意的项目的空格内画“√”（见表2－7）。

表2－7

	神龙富康	捷达	桑塔纳
1. 耗油量低			
2. 外观大方			
3. 乘坐舒适			
4. 整车价格合理			
5. 驾驶容易			
6. 制动性好			
7. 维修方便			
8. 零配件齐全			
9. 故障率低			
10. 售后服务周到			

（四）问题顺序的设计

为了提高问卷的回收率，设计问卷时，应站在被调查者的角度，顺应被调查者的思维习惯，使问题容易回答。因此，在问卷设计过程中，安排好问题的顺序也是很重要的。

具体来说，设计问题的顺序时，应注意以下几点：

1. 问题的安排应具有逻辑性

设计问卷时，问题的安排应具有逻辑性，以符合被调查者的思维习惯。否则，会影响被调查者回答问题的兴趣，不利于对问题的回答。

2. 问题的顺序应先易后难

把简单的、容易回答的问题放在前面，而复杂的、较难的问题放在后面。这样可使被调查者开始时感到轻松，有能力继续回答下去。如果让被调查者一开始就感到很难回答，将会影响他们回答的情绪和积极性。

3. 能引起被调查者兴趣的问题放在前面

把被调查者感兴趣的问题放在前面，而比较敏感的问题放在后面，这样可引起他们填写问卷的兴趣和注意力。如果一开始就遇到敏感性问题，会引起被调查者的反感，产生防卫心理，不愿意回答或拒绝回答，从而影响整个调查。

4. 开放性问题放在后面

被调查者在回答开放性问题时需要一定的思考和时间，因此，一份问卷中的开放性问题不宜过多。而且开放性问题一般应放在后面，否则，会影响被调查者填写问卷的积极性，从而影响整个问卷的回答质量。

除上面介绍的问题外，问卷设计中还要注意版面格式的设计。问卷的版面格式有时也会影响调查的质量。整个问卷的结构安排要合理，问卷的主体部分要突出、醒目。设计时，不应编排过密，各问题之间要留出一定的空间，外表及内容的印刷要美观。这样，会使被调查者产生好感，从而引起填写问卷的兴趣。

任务四 资料的质量控制

统计资料是统计工作成果的反映。准确、可靠的统计资料，是统计分析、统计研究可靠性和准确性的基础，也是整个统计工作质量的基础。但是在统计工作实践中，由于种种因素的影响，难免使所搜集到的统计资料质量受到影响，使统计结果与实际结果存在偏差；所以，为了取得准确的统计资料，必须采取各种措施，防止可能发生的各种误差，把误差缩小到最低限度。

一、统计误差的种类

统计误差，就是统计工作所得的统计结果与统计总体实际情况之间的差异。

【举例】 对某市的工业增加值进行统计调查的结果为34亿元，而该市工业增加值实际为33亿元，那么，统计误差就是1亿元；又如中央电视台曾报道说，中国西部的某个镇不久前进行了耕地普查，结果比过去多出了整整1.6万亩，统计误差就是1.6万亩。

统计误差可分为登记性误差和代表性误差。

登记性误差是由于错误登记事实而发生的误差，不管是全面调查或是非全面调查都会产生登记性误差。登记性误差又分为：

（1）偶然登记误差。其原因很多，如统计工作人员注意力不集中、技能低下所发生的遗忘、笔误、错填，或者是被调查者回答不当等。偶然登记误差的特点是不具倾向性，即在数量上不偏于某一方。这类误差可能被夸大，也可能被缩小，在对大量统计资料进行整理时，通常会相互抵消。

（2）系统登记误差。其特点则具有明显的倾向性、一贯性，而在数量上偏向某一方，所以又称偏差。

例如，使用没有校正好的测量工具、调查方案中的项目不明确、有意歪曲事实等等。

系统登记误差不管是有意还是无意，危害性都比较大，因为它对于计算综合指标的影响程度较大。

以上说明，登记性误差多是主观因素所产生，我们可以通过完善统计工作方案，加强统计工作的过程检查监督，提高统计工作人员政治素质和业务技能，采取现代化搜集资料的手段来提高统计资料的质量，把登记误差减少到最低的限度。

代表性误差，只有非全面调查中才有，全面调查不存在这类误差。非全面调查由于只对调查现象总体的一部分单位进行观察，并用这部分单位算出的指标来估计总体的指标，而这部分单位不能完全反映总体的性质，它同总体的实际指标会有一定差别，这就发生了误差。所以代表性误差是就抽样调查而言的。

二、统计误差的防止

为了防止可能发生的登记性误差，把它缩小到最低限度，需要做好以下工作：

（1）要正确制定统计工作方案，包括明确统计对象的范围，说明统计项目的具体含义和计算方法，选定合理的统计调查方法，以使统计工作人员或填报人员有一个统一的依据。

（2）要切实抓好统计工作方案的实施。包括对统计人员的业务培训，提高统计人员的素质；搞好统计基础工作，建立健全计量工作，原始记录、统计台账和内部报表等项制度，使统计资料的来源准确可靠；对统计资料加强审核工作，发现差错及时纠正。

（3）为了防止弄虚作假所产生的登记误差，应从建立健全统计法制入手，教育统计人员严格执行统计法，坚持原则，同一切弄虚作假的行为做斗争，维护统计数字的真实性。

关于代表性误差的防止，用重点调查和典型调查结果估计总体，调查前应从多方面加以研究，并广泛征求有关方面意见，使选出的调查单位具有较高的代表性；如是抽样调查则应严格遵守随机原则，保证足够的样本容量，选择适当的抽样调查方式方法，以控制误差的范围。我国《统计法实施细则》规定，进行抽样调查，应当通过基本统计单位普查和行政记录方式，查明基本统计单位及其分布情况，建立科学的抽样框，按照随机抽样原则在调查总体中选取足以代表总体的样本单位，以减少抽样调查误差。

任务五

统计调查方案设计

统计调查是一项复杂的、严格的科学工作，是搜集统计资料的主要途径，必须有目的、有计划、有组织地进行，因此，在统计调查工作中，当调查课题确定后，接下来的工作并不是马上深入到社会生活实际中去搜集资料，而是要为顺利完成调查课题所确立的目标进行认真、周密的规划和方案设计工作。因为正确地制定统计调查方案是保证统计调查有计划、有组织进行的首要步骤，是保证统计调查顺利进行的前提，也是准确、及时取得统计资料的重要条件。

一个完整的统计调查方案包括以下基本内容：

一、确定调查目的

制定统计调查方案的首要问题是要明确调查目的和任务。确定调查目的就是要明确为什么要进行调查，通过调查需要解决什么问题，需要搜集哪些资料，调查的结果有什么用处等。有了明确的目的，才能确定向谁调查，调查什么，采用什么方式和方法进行统计资料的搜集等一系列问题。

二、确定调查对象和调查单位

明确了调查目的之后，就要确定调查对象（统计对象——总体）和调查单位（统计单位——总体单位），这主要是为了解决向谁调查和由谁来具体提供资料的问题。调查对象就是根据调查目的、任务确定调查的范围以及所要调查的总体，它是由某些性质上相同的许多调查单位所组成的。调查单位就是所要调查的社会经济现象总体中的个体，即调查对象中的一个个具体单位，它是调查中要调查登记的各个调查项目的承担者。千万不要把调查单位理解为从事调查工作的工作部门或单位。

在确定调查对象和调查单位时，应该注意以下四个问题：

（1）由于社会经济现象具有复杂多变的特点，因此，在许多情况下，调查对象也是比较复杂的，必须用科学的理论为指导，严格规定调查对象的含义，并指出它与其他有关现象的界限，以免造成调查登记时由于界限不清而发生的差错。

例如，以城市职工为调查对象，就应明确职工的含义，划清城市职工与非城市职工、职工与居民等概念的界限。

（2）调查单位的确定取决于调查目的和对象，调查目的和对象变化了，调查单位也要随之改变。

例如，要调查城市职工本人基本情况时，这时的调查单位就不再是每一户城市职工家庭，而是每一个城市职工了。

（3）调查单位与填报单位是有区别的，调查单位是调查项目的承担者，而填报单位是负责向上报告调查内容、提交统计资料的单位。

例如，对某地区工业企业设备进行普查，调查单位为该地区工业企业的每台设备，而填报单位是该地区每个工业企业。

但在有的情况下，两者又是一致的。例如，在进行职工基本情况调查时，调查单位和填报单位都是每一个职工。在调查方案设计中，当两者不一致时，应当明确从何处取得资料并防止调查单位重复和遗漏。

（4）不同的调查方式会产生不同的调查单位。如采取普查方式，调查总体内所包括的全部单位都是调查单位；如采取重点调查方式，只有选定的少数重点单位是调查单位；如果采取典型调查方式，只有选出的有代表性的单位是调查单位；如果采取抽样调查方式，则用各种抽样方法抽出的样本单位是调查单位，而所抽出的样本单位所组成的集合体，我们称之为样本，样本中所含样本单位的数量称为样本量。

三、拟定调查项目和调查表

调查项目就是调查中所要登记的调查单位的属性或特征，这些属性或特征就是前面我们提到的标志。确定调查项目所要解决的问题是：向调查单位调查什么？反映调查单位特征的标志是多种多样的，在调查中确定哪些调查项目，应根据调查目的和调查单位的特点而定。

在调查中还必须设置调查表，所谓调查表就是根据调查目的所确定的具体调查项目，也就是调查所研究的内容。调查表所要解决的问题是向调查单位调查什么？

调查表是调查方案的核心部分，必须紧紧围绕调查目的、现象之间的相互联系，从现象的过去、现在和发展等方面出发，提出所要调查的项目，拟定调查表。

调查表一般由表头、表体和表脚组成。

表头：用来表明调查表的名称以及填写调查单位的名称、性质、隶属关系等。

表体：这是调查表的主要部分，包括统计调查所要说明的社会经济现象的项目和这些项目的具体表现亦即数字、计算单位等。

表脚：包括调查者的签名和调查日期等，以便明确责任，若发现问题，便于查询。

调查表的形式一般有两种：单一表和一览表。

单一表：是在一张表上只登记一个调查单位的调查资料，它可以容纳较多的调查项目，适于较详细的统计调查。

一览表：是在一张表上登记若干个调查单位的调查资料，它的调查项目不宜过多，这种表的使用节省人力、物力，而且一目了然。

议一议

我们身边的各种表格资料，哪些是单一表？哪些是一览表？

调查表拟定好后，必须附有简明扼要的填报说明和调查项目解释。填表说明用来说明填表时应注意的事项；项目解释则是对调查表所列各个调查项目、调查指标的含义、包括范围、计算方法等进行统一的规范说明，保证调查资料的准确性和标准化。填表说明和项目解释必须符合国家制定的统一标准。

四、确定调查的时间和期限

调查时间是指调查资料所属的时间（时期或时点），即所谓客观时间。明确规定调查的时期或时点，是保证调查资料准确性的重要条件。如果所要调查的资料是某一时期的总量，就要规定报告期的起止日期；如果调查资料是某一时点上的水平，就要规定统一的标准时点。调查期限是指进行调查工作的时间，包括搜集资料和报送资料的整个工作所需要的时间，即所谓主观时间。为保证调查资料的及时性，任何调查都应尽可能缩短调查时限。

例如，全国企业2015年产品产量报表，呈报时间规定在2016年1月7日，此处调查时间为2015年全年，调查期限为7天。2015年某市外来人口普查，将5月10日零时定为普查登记的标准时点，要求在2015年5月15日以前完成普查登记工作，此处的调查时间为5月10日零时，调查期限为5天。

五、编制调查组织实施方案

调查方案中，还必须研究确定调查的组织工作计划，使调查工作的进行有组织上、措施上的保证。组织工作计划包括调查机构、调查地点、选择调查方法等问题。此外，调查组织工作计划中，对于调查前的准备工作，包括宣传教育、调查员培训、文件印刷、调查资料报送办法、调查经费的预算和开支办法、提供或公布调查成果的时间等，均应做具体规定。对于大规模统计调查，所制定的调查方案往往需要做试点调查，通过试点，检验调查方案是否可行，以便加以修改和补充；还要积累实施调查方案的经验，提高调查人员的业务技能，圆满完成调查任务。

案例

案例1　某省财经类中职学校往届毕业生就业情况调查表

亲爱的毕业生朋友：

为了搜集毕业生就业的第一手资料，全面分析就业过程中出现的状况，从而改进教学与管理，为毕业生朋友提供后续就业指导帮助；同时为了给下一届毕业生提供更实际、更具有前瞻性的就业指导，特进行此次问卷调查，请您以实事求是的态度认真填写下表，并于　月　日前寄到：________学校______（收），邮编：______或将答案发到E－mail：____________，最后祝您身体健康、工作顺利，谢谢合作！

×××学校

年　月　日

附：毕业生就业情况调查表

原班级：　　　　　填表人：

1. 您现在所在的就业地是：　　　省　　　市　　　县（镇）

2. 您现在从事的行业是（　　）。

（1）行政、文秘类　（2）营销类　（3）工业制造类　（4）计算机、信息类　（5）社区与社会工作类　（6）媒体传播类　（7）管理类　（8）自办实体（企业或店铺）　（9）其他

3. 您认为最佳找工作的方法是（　　）。

（1）社会人才市场　（2）现场招聘会　（3）网络信息　（4）亲友介绍　（5）报刊　（6）上门推销　（7）学校推荐　（8）其他

4. 您得到过几个确定的工作机会（　　）。

（1）1～2个　（2）3～4个　（3）5～6个　（4）6个以上

5. 您接受的第一份工作的月薪（元）是多少？（　　）。

（1）1000元以下　（2）1000～1500元　（3）1500～2000元　（4）2000元以上

6. 您认为哪方面的才能，更能帮助你应聘（　　）。

（1）学习成绩优秀　（2）创业及社会实践能力强　（3）社会工作经验丰富（如学生会和社团的工作）　（4）优秀的职业道德

7. 您认为在应聘过程中，用人单位最注重哪一方面（　　）。

（1）外形气质及外表　（2）简历的内容及编制　（3）应聘测试的答卷成绩　（4）应聘过程的谈吐及表现

8. 您认为目前您最欠缺哪方面的素质（　　）。

（1）英语　（2）计算机　（3）专业　（4）工作经验　（5）社交能力　（6）其他

9. 您在学校所学的专业与你现在的工作关联度大吗？（　　）。

（1）大　（2）一般　（3）没有关联

10. 您认为学校的养成教育和严格管理对就业有帮助吗？（　　）。

（1）有很大帮助　（2）有一点帮助　（3）没有帮助

11. 你对学校教育教学工作最满意的方面是（　　）。

（1）师资力量　（2）教学水平　（3）教学管理水平　（4）教学设施　（5）教学质量　（6）学习氛围　（7）课外活动　（8）社团活动

12. 您认为学校急需加强的教育是（　　）。

（1）职业技能教育　（2）市场经济学教育　（3）计算机、英语教育　（4）社交公关教育　（5）综合素质　（6）其他

13. 您认为我校在课程设置上最大的问题是（　　）。

（1）没有以就业为目标，设置范围窄　（2）一些内容简单的专业课占用课时过多　（3）课程设置有较大的随意性，不注重整体效果　（4）过分强调理论教学，不注重理论与实践教学的合理安排

14. 您认为学校统一安排的实习对您的就业有多大帮助？（　　）。

（1）有较大帮助　（2）有一些帮助　（3）没有帮助　（4）说不清

15. 您认为学校在就业指导工作上急需增加（增强）的工作层次（力度）是（　　）。

（1）职业生涯规划　（2）素质拓展　（3）就业体验　（4）求职技巧培训　（5）就业心理咨询　（6）提供就业信息　（7）就业政策/形势分析

16. 您对毕业后的就业与再就业是否有信心（　　）。

（1）是　（2）否

17. 如果再给你一次机会回学校读书，你最希望能弥补（　　）不足。

（1）专业知识　（2）文化素养　（3）身体素质　（4）实践技能　（5）社交能力　（6）领导组织能力　（7）其他

18. 在提高人才培养质量方面，您认为学校应该加强哪些方面的工作，采取哪些具体措施？

案例2　某中职学校学生德育情况调查问卷

你好，同学！这份问卷是由学校德育情况调查组组织进行的调查。我们希望你能如实地回答我们提出的问题，这份信息对学校制订德育计划是很有价值的，并且对你必将是非常有意义的内容，你的积极参与对这次调查结果非常重

要。请你仔细阅读每一个问题，并根据你对所述问题的理解，将答案填入括号内（填序号），谢谢合作！

×××学校

年　　月　　日

1. 升国旗时，我们面对国旗肃立，你认为（　　）。

A. 我们一定要行注目礼　　B. 我们没必要行注目礼

C. 无所谓，这点小事不必太认真

2. 中国台湾目前的生活条件比大陆好，你认为台湾和大陆统一（　　）。

A. 很有必要　　B. 没有必要

C. 无所谓

3. “你长大了准备做什么？”对这一问题（　　）。

A. 已做了充分的考虑　　B. 有所考虑，但不充分

C. 没有考虑过

4. 如果班级要组织某项活动有一半以上同学支持而你反对，你会怎么做？（　　）。

A. 积极参加活动　　B. 不愿参加活动，但也应该参加

C. 不参加活动

5. 学校要开运动会，你会参加吗？（　　）。

A. 我如果感兴趣就参加　　B. 如果需要我，我就参加

C. 一般不参加

6. 上课时间，如有同学反复打扰你，你会选择（　　）。

A. 当堂打他（她）或骂他（她），因为理在我这边

B. 举手向老师汇报

C. 下课再说

7. 自习课有同学在班中大吵大闹，你会怎样对待？（　　）。

A. 我会去阻止　　B. 我会向班主任或课任老师反映

C. 不关我的事

8. 开学了，学校操场长满了杂草，你认为最好的处理方法（　　）。

A. 学校请小工清理　　B. 学校分配到班级由同学们清理

C. 任其自然

9. 在家里，你经常做家务吗？（　　）。

A. 经常　　B. 很少

C. 不做

10. 你饭盒里的饭吃不下了，你一般怎么处理？（　　）。

A. 重新蒸一下，下一餐再吃　　B. 倒到指定的地方

C. 倒在地上

11. 学校实行封闭式管理，进出校门要请假。对这种制度，你的看法是（　　）。

A. 很有必要，虽然进出校门不自由

B. 有一定的必要，但太严格了

C. 不应该，太不自由

12. 如果你对某位异性同学产生了好感，你会选择（　　）。

A. 以学习为重，把这份情感深深埋在心里

B. 给他（她）写封信，将信息悄悄传给他（她）

C. 不得到他（她）的回信，誓不罢休

D. 没有的事

13. 对《学校学生日常行为规范》中的内容，你认为（　　）。

A. 必须完全遵守　　B. 有些小事不必遵守

C. 写在纸上的东西，不必遵守

14. 你乱扔过瓜皮果壳和纸屑等废物吗？（　　）。

A. 这是常有的事　　B. 偶尔也会

C. 没有

15. 你如果在社会上无缘无故被别人打伤了，你首先选择（　　）。

A. 上法院（或行政机关）告他

B. “以牙还牙”，叫朋友给我出气

C. 和他私了，让他赔偿损失

16. 班干部的产生，你认为应该由（　　）。

A. 同学们选举产生　　B. 老师指定

C. 无所谓

17. 你相信世间有鬼吗？（　　）。

A. 不相信　　B. 相信

C. 不知道

18. 你认为一个人的成功与否，关键是看他（她）（　　）。

A. 是否成功地赚到了足够的钱　B. 事业上是否获得成功

C. 对社会的贡献有多大

19. 老师当众批评你，而你认为是被冤枉的，你会选择（　　）。

A. 不服气，必须当场辨别清楚，哪怕是争吵也在所不惜

B. 不服气，事后再和老师讲明情况

C. 批评就批评了，算了

20. 假如你的饭盒不见了，你很恼火，你会选择（　　）。

A. 把别人的偷偷拿个回来，“不吃亏”

B. 只好和老师讲

C. 算了

21. 校园里有桂花树，花开时，满园飘香。这时候，你会（　　）。

A. 经常走近桂花树，欣赏欣赏　B. 没有人的时候会偷偷折一枝

C. 有人时，我也会折几枝

22. 和父母亲发生矛盾，你是如何处理的？（　　）。

A. 会和父母亲争吵

B. 会和父母亲讲清理由，但以父母亲意见为主

C. 一声不吭，赌气

23. 你和表兄弟姐妹之间相处得怎样？（　　）。

A. 很好　　B. 一般

C. 不好

24. 如果有同学叫我绰号，那么我（　　）。

A. 一定要骂回来，决不吃亏

B. 我会好好劝告他（她），实在不听报告老师

C. 暗暗报复

25. 在街道上吃香蕉，香蕉皮你怎么处理？（　　）。

A. 扔在地上　　B. 扔进垃圾桶

C. 吃到哪儿扔到哪儿

26. 考试时，老师因故离开考场，你看见有人作弊，这时候你会（　　）。

A. 保持平静心态，继续答题　　B. 抓住机会作弊

C. 看看他人的反应，再作决定

27. 寝室过道上，有纸屑、果皮、饮料袋等垃圾。你看到后会怎么办？（　　）。

A. 视而不见，与己无关　　B. 用脚踢到旁边

C. 拾起来放到垃圾桶里

28. 你所在的寝室，熄灯后还有同学讲话，你会怎么办？（　　）。

A. 随声附和　　B. 我不讲，也不管他人

C. 及时制止或向老师报告

29. 你认为你校学生的品德现状如何？（　　）。

A. 较好　　B. 一般

C. 差

30. 你认为对同学们的纪律教育应该是（　　）。

A. 越严厉越好　　B. 宽松一点好

C. 不需要

31. 你认为父母对你要求最严格的是（　　），班主任对你的期望是（　　）。

A. 没有　　B. 学习成绩好

C. 思想品德好　　D. 成绩和思想都要好

32. 当你有过失时，教师对你通常采用的教育方式是（　　），你希望教师采用的教育方式是（　　）。

A. 讲道理　　　　B. 埋怨、责怪

C. 或打或骂　　　　D. 不问不管

33. 你欢迎老师家访吗？（　　）你认为老师家访的目的是什么？（　　）。

A. 欢迎　　　　B. 不欢迎

C. 无所谓　　　　D. 告状

E. 为完成任务　　　　F. 跟家长交换学生情况

34. 你会代表班级积极参加学校各项活动吗？（　　）。

A. 会　　　　B. 不会

C. 随便

35. 当班级获得荣誉时，你的感觉是（　　）。

A. 很高兴　　　　B. 自己出了力就高兴

C. 无所谓

36. 当同学向你提出求助时，你会（　　）。

A. 如果是好朋友我会帮助他　　　　B. 尽力帮助他

C. 不予理睬

37. 当你答应了别人的事情而又办不到时，（　　）。

A. 你会向对方表示歉意，并说明情况

B. 告诉对方无能为力

C. 无关紧要

38. 当你无意中拾到100元人民币时，你会（　　）。

A. 用来购买书籍和学习用品　　　　B. 交给老师或警察或寻找失主

C. 放回原地

39. 你读书的目的是（　　）。

A. 掌握本领，报效祖国　　　　B. 为了今后的生活过得更加美好

C. 完成义务教育任务　　　　D. 完成父母亲交给的任务

40. 当你有属于自己支配的钱时，你会（　　）。

A. 购买喜爱的玩具或小饰品　　　　B. 购买学习用品或课外书籍

C. 将一部分捐给希望工程或资助有困难的同学

D. 将它存起来

41. 放学回家以后（　　）。

A. 看书做作业　　B. 跟朋友一起去玩

C. 经常帮父母做一些家务事

42. 你上学、放学时，经常（　　）。

A. 自己步行　　B. 自己乘车

C. 大人接送

43. 你班每月组织（　　）次主题班会。

A. 无　　B. 一

C. 两　　D. 两次以上

44. 你班思想品德评价是否按自我评价、小组评议、班主任评价的程序进行的？（　　）。

A. 没有搞思想品德评价　　B. 按此程序进行

C. 没有按此程序进行

45. 你班是否有同学去网吧上网？（　　）。

A. 无　　B. 少数人

C. 多数人

关键词

原始资料　次级资料　全面调查　非全面调查　普查　抽样调查　重点调查　典型调查　统计报表　直接观察法　文献调查法　网上调查法　问卷调查法　调查误差　登记性误差　代表性误差

技能训练与应用

1. 某中等职业技术学校拟对学生的课外生活进行一次问卷调查。调查项目包括：课外时间的分配和利用，课外活动的形势及时间占用，对学生勤工俭学的看法和建议。试设计简单的统计调查方案。

2. 从统计调查对象包括的范围、调查登记时间是否连续、搜集资料的方法是否相同等方面对以下统计调查实例进行分类，并指出各属于哪种统计调查方式。

（1）2014 年，对我国的工业企业从业人数进行调查，各企业按上级部门要求填报统计报表。

（2）2014 年，对全国所有第二、第三产业活动单位进行基本情况摸底调查，以 2014 年 12 月 31 日为标准时点，调查 2014 年度的资料。

（3）对进口的一批产品，抽检其中的少部分以对整批产品质量进行评价。

（4）要了解全国钢铁产量的基本情况，只要对全国少数几个重点钢铁企业如鞍钢、宝钢、首钢、武钢等进行调查，就能及时对全国钢铁产量的基本情况进行推断。

（5）为了探讨一项新改革措施实施的效果，推广其成功经验，对已采取改革措施并效果明显的代表性单位进行调查。

3. 请选择好一定的统计调查范围，完成下面的调查问卷，看看从中能得出什么结论。

中专生的消费观调查问卷

1. 你是：男/女

2. 你有没有零花钱？（　　）。

A. 有　　B. 没有

3. 你每月的零花钱是（　　）。

A. 50 元以下　　B. 50 ~ 100 元　　C. 100 ~ 150 元　　D. 150 元以上

4. 你每月零花钱的来源（　　）。

A. 父母　　B. 祖父母/外祖父母

C. 其他亲戚　　D. 其他

5. 零用钱的主要用途（　　）。

A. 买书籍　　B. 储存起来　　C. 买零食　　D. 玩游戏

E. 体育运动　　F. 买衣服　　G. 其他

6. 你的消费理念或消费风格受谁影响？（　　）。

A. 父母，因为他们是过来人

B. 兄弟姐妹，因为他们比父母更了解我们需要什么

C. 同学或同龄的朋友们，因为他们知道什么不让我落伍

D. 没有人，我相信自己的眼光

7. 你对中学生统一穿着校服的看法（　　）。

A. 应该，一些特殊场合需要　　B. 没什么理由，应该

C. 没必要穿校服，抹杀学生个性　　D. 说不清楚

8. 是否购买一种商品，你优先考虑的因素是：（　　）。

A. 商品的用途　　B. 商品的价位

C. 商品的款式及包装　　D. 商品是否符合时尚潮流

9. 你经常购买的书籍（　　）。

A. 科技丛书　　B. 报纸杂志　　C. 专业用书　　D. 漫画书

E. 文学著作　　F. 其他

10. 你对中专生品牌消费的理解是：

4. 你所在的学校伙食如何？学生就业初入职预期薪水和地域选择如何？对这些问题或者你感兴趣的其他问题进行模拟统计调查。尝试设计调查方案和一份调查问卷，注意利用调查问卷设计技巧。

5. 以你所在的班级为调查对象，调查单位是每一位同学，调查的有关标志是学生的身高、体重、性别和年龄。

（1）请设计一个简单的调查方案；

（2）设计一个调查表，包括表头、表体和表脚。

每个同学将各自标志的结果写在纸条上，搜集在一起，就形成了原始资料。请保存好这些资料，在后面章节中可以利用这些数据进行相关技能训练。

6. 你所在的学校伙食如何？学生每月零花钱数额是多少，来源及去向是怎样的？学生就业预期薪酬和地域如何？对这些问题或你感兴趣的其他问题，尝试设计调查方案，设计调查表或调查问卷，进行模拟调查。

项目三 统计资料整理

【学习目标】

本项目主要介绍统计工作活动的第三阶段——资料整理阶段过程中资料整理及展现的各种方法，其中包括统计资料的审核、分组、汇总及其统计表、统计图的制作等知识。通过本项目的学习，我们应该掌握对统计资料进行整理的各种方法和技能，为后面统计资料的分析及分析报告的撰写打好基础。

【重点难点】

□ 统计分组方法

□ 分配数列的编制

□ 资料的汇总

□ 统计表与统计图的制作

【案例导入】

在资料搜集阶段，我们获得了大量的原始资料，如果不经过分组、归纳与整理，是不能用来说明问题的。例如，通过资料搜集，我们获得了某班 40 个学生的统计基础知识课程的考试成绩如下：

68	89	88	84	86	87	75	73	72	68
75	82	99	58	81	54	79	76	95	76
71	60	91	65	76	72	76	85	89	92
64	57	83	81	78	77	72	61	70	87

从上面的数据资料我们不难看出，所取得的原始数据只是一种零星的、分散的、杂乱无章的数字资料，无法对该班学生研究总体的内部规律性、相互联系及结构做出概括性说明。因此，要使取得的统计资料能说明现象总体，就必须对资料进行整理。

任务一

资料整理的作用与内容

一、资料整理的作用

在前一项目中我们学习了统计资料搜集方法，如如何设计调查方案，选择何种调查方法去获得统计资料等知识技能，但是通过统计工作实施阶段所获得的原始资料，还只是粗糙的、表面的和零碎的东西，还需要经过一定的方法，根据统计研究分析目的进行审核、汇总与初步加工，使之系统化和条理化，并以集中、简明的方式反映统计总体情况的过程。所以在整个统计工作过程中，资料的整理具有重要的意义和作用。

（1）它是对统计资料的全面检查。在资料搜集的过程中，难免会出现虚假、差错、短缺、冗余等现象，因此，只有对资料进行科学的整理与审核，捡漏补缺，去假存真，去粗取精，才能保证资料的真实、准确和完整。

（2）它是进一步分析研究资料的基础。对资料的分析研究必须借助于完备的、系统的资料，借助于经过加工整理的、反映统计对象总体特征的资料。只有对搜集来的分散的、零碎的资料进行加工整理，使之系统化、条理化，在此基础上，对资料的分析研究才成为可能。在上面的案例导入中我们已明白这一点。因此，资料的整理是资料分析研究工作的前提和基础，是研究阶段的第一步工作。

（3）它是保存资料的客观要求。统计工作中所获的原始资料，既是做出统计研究分析结论的客观依据，又对今后研究同类现象具有重要的参考价值。只有对资料进行整理后才能使保存的原始资料具有真实性和可靠性，才能使原始资料具有长期保存和利用的价值。

当然，资料整理必须采用科学的方法，力求做到真实、准确、完整、统一和简明，只有这样，才能为进一步分析打下良好的基础，才能有助于得出科学的结论。

二、资料整理的内容

资料整理的工作是一项细致、科学的工作，包括对统计资料的审核、编码、分组、汇总和编制统计图表等环节，因此，进行资料整理的主要内容包括以下几方面。

（1）资料的审核。这是资料整理的第一步。为了保证资料的质量，首先必须对原始资料进行严格的审核。认真审查资料的真实性、准确性和完整性，发现问题，及时解决。

（2）资料的编码。如果搜集的资料要输入计算机处理，则必须对原始资料进行编码，并将码值集中登录到资料登录卡片上，以备输入计算机。

（3）资料的分组。根据统计工作的目的和任务，按照分析研究的需要，确定资料分组的标志，对搜集的原始资料进行分组整理和统计，为资料的分析研究作准备。

（4）资料的汇总。即对搜集到的资料进行汇总计算，从而将分散的资料以集中的形式显示出来。汇总可以是全部数据资料的汇总，也可以是在资料分组基础上的汇总；可以用手工汇总，也可以用计算机汇总。使用哪一种汇总方法与技术，要视统计工作的目的和具体的条件而定。

（5）制作统计表和统计图。资料汇总的结果，可以通过编制统计表和统计图以集中、简明、直观的形式显示出来。统计表和统计图是资料整理的表现形式，也是对资料进行统计分析的极为有用的工具。

任务二

资料的审核与编码

一、资料的审核

审核统计资料包括汇总前审核和汇总后审核两个环节。审核的目的主要是解决资料的真实性和有效性问题，以保证资料的质量。

（一）资料汇总前审核

这是资料整理的第一步工作，其审核内容包括三个方面：

1. 统计资料的真实性

真实性包含两方面的要求：一方面是统计资料来源的真实性。资料应当是实际发生过的客观事实材料，而不是统计工作者或被调查对象主观杜撰出来的东西。**一切不是通过实地统计调查得来的，而是通过统计工作者或被调查对象的主观想象、猜测或臆造的东西都不能成为统计分析研究的基础，都必须在审核中舍去**。另一方面是统计资料本身的真实性。由于种种复杂的原因，即使是实地调查中搜集到的资料也难免存在一些虚假的东西，使得统计工作者必须根据自己的已有知识和经验，辨别资料的真伪，把那些明显违背常理、前后矛盾的资料去掉。

2. 资料的准确性

准确性是指着重检查那些含糊不清、相互矛盾的资料。例如，问卷调查中的笔误与记忆误差，访问调查中被访对象所提供的大概数字或猜测数字等等。这些情况在调查过程中是经常会发生的，在整理时对这些资料都应当作认真审查与核实。

3. 资料的完整性

完整性包含两个方面的要求：一方面是统计资料总体的完整性。即检查统计工作过程中是否都按设计的要求完成了，应该搜集资料的项目是否都搜集到了。如果是抽样调查，则应检查问卷的回收率以及有效问卷是否达到要求等。另一方面是每份统计资料的完整性。主要审查每份统计表、调查表或问卷表上的所有问题是否都按要求填写了，是否有漏填或少填的情况等，其中若发现有严重漏填的问卷应该舍去。

（二）资料汇总后的审核

审核主要包括四个方面的工作：（1）复计审核，是指对每一个指标值重新计算检验；（2）表表审核，是指利用表与表之间的联系，进行审查，例如，两个表上有同一项统计指标，其指标是否相等；（3）表实审核，是指把表上的数字资料同实际资料核对，一般是让有实际经验的人来检查，判断其正误；（4）对照审核，是指利用会计、统计、业务三种核算资料进行审核。

议一议

资料汇总的审核与会计对账工作中所要求的账表相符、账实相符、账证相符、账账相符的道理是否一致？

（三）资料审核的方法

资料审核的方法主要有两种，即逻辑审核与计算审核。

逻辑审核，即核查资料的内容是否合乎逻辑和常识，项目指标之间有无互相矛盾之处，与其他有关资料进行对照是否有明显出入等。

例如，在人口普查资料中，有一人8岁，已经工作10年，这是不符合逻辑的。又如，在一次关于农村养老保险问题的社会调查中，乡里干部说，村里主要干部投保，县乡村三级要给每个干部补贴保费的80%，个人只需交20%，而几个村干部在问卷调查中却填了个人要交保费的80%或50%以上，这与乡干部提供的情况有明显的出入。

计算审核，是针对数字资料进行的审查。主要检查计算有无错误，度量单位有没有用错，前后数字之间有无矛盾之处，计算方法是否合理等。

例如，在一次学校学生性别比例情况调查中，某校在反映全校学生总人数时说有1600人，但在后面反映学生性别分布情况时却说，全校男生总人数为500人，女生人数650人。后面的这一组数据与该校的学生总数明显有较大出入。

二、资料的编码

如果整理后的资料要用计算机进行数据处理，还须对资料进行编码，即将问卷或调查表中的信息转化成计算机能识别的数字符号。这项工作要借助于编码手册或编码表，编码手册或编码表记录着每个数字所代表的实际意义，就像打电报用的密码手册，调查者要根据它将调查资料变换成计算机能识别的数字符号，输入计算机进行处理，然后再根据它将计算机处理的结果转换成能阅读的资料。

大多数正规的准备用计算机进行处理的问卷调查，在问卷设计时就已经将编码表设计在问卷的右边或上方了。对这种问卷的编码，只要将被调查者在问卷中所选择的项目的代号或所填的数字填入相应的编码表栏目内即可。

例：　　　　　某市居民生活方式问题调查表　　　　　编码表

1. 您的性别：　　　　　　　　　　　　　　　　　1. <u>1</u>

(1) 男（√）　　(2) 女（　）

2. 您的年龄：　　　　　　　　　　　　　　　　　2. <u>2</u>

(1) 18~25 周岁（　）　　(2) 26~35 周岁（√）

(3) 36~45 周岁（　）　　(4) 46~60 周岁（　）

(5) 61 周岁以上（　）

3. 您的文化程度：　　　　　　　　　　　　　　　3. <u>6</u>

(1) 小学以下（　）　　(2) 小学（　）

(3) 初中（　）　　(4) 高中或技校（　）

(5) 中专（　）　　(6) 大专（√）

(7) 大学本科以上（　）

4. 您的职业：　　　　　　　　　　　　　　　　　4. <u>1</u>

(1) 教师（√）　　(2) 工程师（　）

(3) 机关干部（　）　　(4) 研究人员（　）

(5) 军人（　）　　(6) 企业管理人员（　）

(7) 工人（　）　　(8) 个体经营者（　）

(9) 私营企业主（　）　　(10) 其他（请注明）______

5. 您是否经常吃西餐：　　　　　　　　　　　　　5. <u>2</u>

(1) 经常（　）　　(2) 偶尔（√）

(3) 没吃过（　）

6. 您是否经常喝咖啡：　　　　　　　　　　　　　6. <u>2</u>

(1) 经常（　）　　(2) 偶尔（√）

(3) 没喝过（　）

……

如遇问卷内的某个项目是直接填写的数字，如被调查者的出生年月，则将出生年月的数字直接填入编码表内即可。

如遇无回答项目，则一般以 9,99,999 为代号同样要记入编码表。

对于事先没有设计编码表的问卷表或调查表，若打算用计算机处理数据资料，则须在问卷边上或上方补上编码表，或者另外设计一张编码表，然后再按上述操作方法，将所选项目的代号填入编码表内。

对于问卷表或调查表中的少数开放式问题，则应在对所有回答进行分类的基础上，给每一类回答定一个代号，制成编码表，然后再将每一份问卷的开放式问题的回答所对应的代号填入编码表内。

为了便于将数字资料输入计算机，在给每一份问卷表编好编码以后，还须将这些数字登录到资料卡片上去。登录时只需将编码表中的代码或数字按顺序填入登录卡，每个代码或数字之间可以空一格，也可以将所有代码分成若干组，一组一组代码之间空一格（当资料较多时，这样登录不容易出错），当然也可以不空。如上例，在登录卡片的第一行登录第一份问卷上的代码，即：001126122……。001为问卷序号。登录第二份问卷上的代码时，必须另起一行，而且每一个针对同一个问题的代码必须过录在同一纵列的格子内，绝对不能错格（见表3－1）。

待所有的代码或数字都登录好以后，就可以将这些数字资料按登录卡片上的顺序输入计算机了。

资料的编码、登录与输入计算机的工作是既简单枯燥又容易出错的工作，需要特别耐心与细致才能保证整个过程不出差错。

表3－1　　登　录　表

1	2	3	4	5	6	7	8	9	10	11	12	……	80
0	0	1	1	2	6	1		2	2	…	…		
0	0	2	1	1	7	4		2	2	…	…		
0	0	3	2	2	3	3		1	1	…	…		
0	0	4	2	3	6	1		1	2	…	…		
0	0	5	1	3	4	7		3	3				
⋮													
⋮													

表3－1中，1～3栏填问卷表的序号，第4栏填性别项的代码，第5栏填年龄项的代码，第6栏填文化程度项的代码，第7栏填职业项的代码，第8栏空，第9项填第5个问题所选答案的代码，第10栏填第6个问题所选答案的代码，以此类推。一行最多可填入80个数字。

任务三

资料的分组与分配数列的编制

一、资料分组

资料分组就是根据统计研究的需要，将总体按照一定的标志分为若干个组成部分的一种统计方法。

例如，将某一班级的全体同学按照性别划分为男、女两个组；对某市100家大型零售商店按照零售额、职工人数进行分组等。

资料分组具有两个方面的含义：对总体而言，是“分”，即将同质总体区分为性质有别的不同组成部分；对总体单位而言，它是“组”，即将性质相同或相近的不同总体单位组合在一起，构成一个组。

例如，要了解我国人口状况，只知道总人口数量是不够的，而应将人口总体按照年龄、性别、民族、城乡、文化程度……等分组，才能进一步了解我国人口总体的年龄结构、性别比例、民族构成等。

（一）资料分组的作用

资料分组在统计资料的整理过程中所起的作用主要体现在：

1. 划分现象类型，并反映各类型组的数量特征

将总体按一定标志划分为不同类型的组，这就确定了总体各部分的范围和界限，使人们对总体有一个深刻的认识。

例如，将商业企业的资料按所有制性质分为国有、集体和个体等不同组，可以使我们认识商业企业总体中各企业的所有制性质，从而加深对商业企业这一总体的认识。

2. 研究总体的内部结构

在类型分组的基础上，研究总体内部各部分之间存在的差别和相互联系，通

过计算出各组数值在总体中所占的比重，对现象内部结构进行研究，可说明总体的基本特征。同时对现象内部结构的变化进行动态研究，还可以反映现象总体发展变化的过程、趋势和规律（见表3－2）。

表3－2　　我国1987年、1997年和2014年从业人员按三次产业的分组

	1987年		1997年		2014年	
	从业人员数（万人）	比重（%）	从业人员数（万人）	比重（%）	从业人员数（万人）	比重（%）
第一产业	31 663	60.0	34 730	49.9	22 790	29.5
第二产业	11 726	22.2	16 495	23.7	23 099	29.9
第三产业	9 395	17.8	18 375	26.4	31 364	40.6
合计	52 783	10.0	69 600	100.0	77 253	100

表中数据反映出1987—2014年从业人员的分布情况，通过分组表明了从业人员在三次产业中的分布，也显示了人员在三次产业中的结构比重，说明这27年间我国的产业结构及其从业人员数发生了很大的变化，变化趋势表现为第一产业从业人员的比重显著下降，第二产业从业人员的比重变化不大，而第三产业从业人员的比重则显著上升。

3. 探讨现象之间的依存关系

统计分组可以根据现象间的影响因素和结果因素的对应更好地揭示现象之间的这种依存关系，如工人的劳动生产率与产品成本的对应、商店的规模与营业额的对应等等，都可以用分组法来揭示它们之间依存关系的性质，并从数量上来描述其关系的密切程度（见表3－3）。

表3－3　　某公司规模与流通费用率依存关系表

企业按商品销售额分组	企业单位数（个）	流通费用率（%）
400万元以下	3	3.84
400万～500万元	10	3.09
500万～600万元	15	2.66
600万元以上	2	1.94

从表3－3的分组资料中可以看出：企业的商品销售额越大，流通费用率相对地呈下降趋势。这种依存关系，只有通过分组才可以观察到。

（二）分组的方法

资料分组的关键是正确地选择分组标志与划分各组界限。前者主要是指品质标志分组，后者主要是指数量标志分组。

1. 正确选择分组标志

对资料进行统计分组，需要有分组的依据。确定分组的依据就是选择分组标志，它是分组时划分组别的标准。因此正确地选择分组标志，是科学分组的前提，也是资料整理的关键。正确选择分组标志，需要注意以下几点：

（1）要选择最能反映事物本质或主要特征的标志。事物的标志多种多样，有些标志是带有根本性的、主要的标志，能够反映事物的本质，而有的则是非本质的次要标志。

例如，要研究企业的经济效益好坏，可供选择的标志很多，诸如总产值、净产值、增加值、销售收入、利税额、劳动生产率、单位产品成本、资金占用额等，然而更能综合反映企业经济效益的则是利税额。

因此，在进行分组时，要从研究的目的出发，从若干标志中选择最能反映事物本质特征的主要标志进行分组。

请思考

反映企业规模的标志有许多，如企业职工人数、企业固定资产和生产能力等，请问谁是划分企业规模大小的、最具有本质特征的标志？

（2）应根据研究的目的与任务选择分组标志。统计总体的各个单位有许多标志，应该选择什么标志作为分组标志，要依研究的目的而定。

例如，某中职学校在校学生这一总体中，每一个在校学生是总体单位。学生有年龄、身高、性别、体重、民族、政治面貌和学习成绩等许多标志。如果要分析该校学生的年龄结构，就要选择年龄作为分组标志；如果要反映学生的学习成绩构成，就要选择每门课程的平均成绩作为分组标志；如果要研究学生的性别结构，就要选择性别作为分组标志。

可见，对于不同的研究目的，需要选择不同的分组标志。

（3）根据现象所处的历史条件的变化选择分组标志。社会经济现象随着时间、地点、条件的变化而不断地发展变化的，也就是说历史条件变了，事物的特征也会发生变化，最能反映现象本质特征的标志将随之发生变化。因此，选择分组标志时，应根据历史的发展与时俱进，具体情况具体分析，客观选择分组标志。

例如，研究工业企业的生产能力，在机械化程度低下的情况下，应选择职工人数作为主要分组标志；在机械化程度较高的情况下，则应选择固定资产作为主要分组标志。再如，研究企业规模，对于劳动密集型企业，应选择职工人数作为主要分组标志；对于资金密集型或技术密集型的企业，则应选择固定资产或技术拥有量作为主要分组标志。

2. 按品质标志或数量标志分组

（1）按品质标志分组。按照品质标志分组就是用来反映事物的属性，性质的标志作为分组标志，就可以将总体单位划分为若干性质不同的组成部分。

例如，人口按性别、文化程度、民族、籍贯等标志分组；企业按经济类型、轻重工业、隶属关系、企业规模等标志分组等。

（2）按数量标志分组。按数量标志分组就是用反映事物数量差异的标志作为分组标志，根据其变异范围划定各组界限，将总体划分为若干个性质不同的组成部分。

例如，要反映学生某学科的及格率，只需按成绩分成及格与不及格两组，而60分就是这一现象及格与不及格的分界线。再如地区经济按国内生产总值分组、企业按销售收入分组等。

议一议

所有的标志都有可能成为分组标志吗？

（三）分组体系

社会经济现象是复杂多样的，仅采用一个标志对总体进行分组可能无法反映全貌，有时必须运用多个分组标志对总体进行多种分组，形成分组体系，才能比较全面地对总体做出评价。

分组体系有下列形式：

1. 简单分组与平行分组体系

将总体只选择一个标志分组称为简单分组。对同一总体选择两个或两个以上的标志分别进行简单分组，排列起来，即成为平行分组体系。

例如，人口按性别、年龄、民族等单个标志进行分组，就是简单分组；将这些简单分组排列起来，就是平行分组体系。其分组体系如图 3－1 所示。

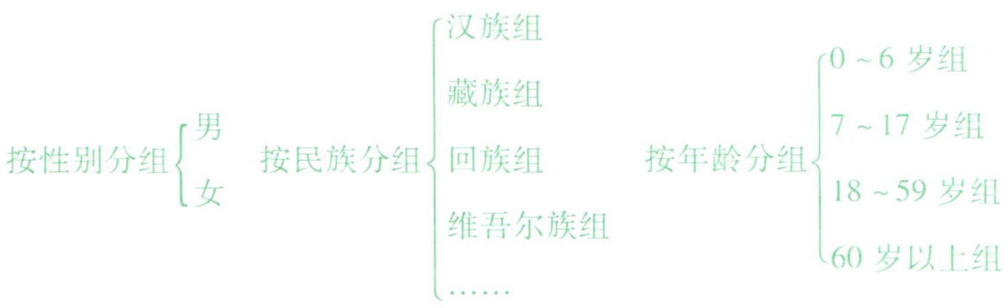

图 3－1 平行分组体系

讨 论

如何理解平行分组体系中的“平行”二字？通过上例具体说明“平行”的真正含义。

2. 复合分组和复合分组体系

总体同时按两个或两个以上的标志进行层叠分组，就称为复合分组。由复合分组形成的分组系列就称为复合分组体系。

例如，对高等学校学生总体可以先按学科分组，然后在此基础上再按本科或专科、性别等标志进行复合分组。其分组体系如图 3－2 所示。

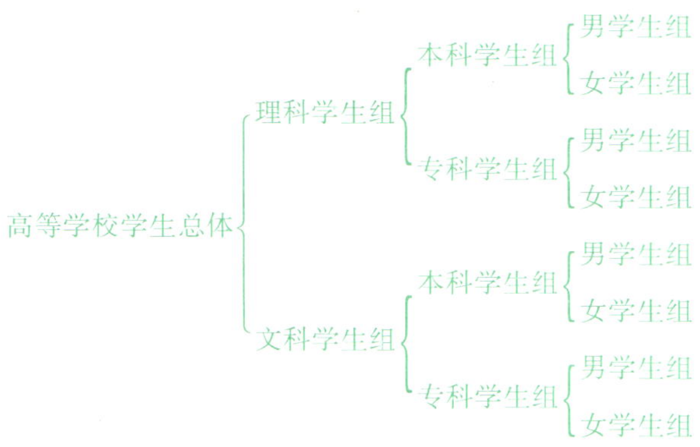

图 3－2 复合分组体系

请思考

如何理解复合分组体系中的“层叠”二字？通过上例具体说明“层叠”的真正含义。

做一做

自行确定资料，进行如下分组：按一个品质标志的简单分组、按两个品质标志的复合分组、按一个品质标志和一个数量标志的复合分组、按两个数量标志的复合分组。

二、分配数列

（一）分配数列的种类

在统计分组的基础上，总体中的所有单位按其所属的组别归类整理，并且按照一定的顺序排列，形成总体单位数在各组分布的一系列数字，称为分配数列，又称次数分配或次数分布。

分配数列由两要素组成：一是总体中按某标志分的组；二是各组相应的分配次数或频数或标志值。在分配数列中，分布在各组的总体单位数称为次数，又称为频数；各组次数占总体次数的比重，称为比率，又称为频率。次数和频率从不同角度反映了各组标志值出现的频繁程度，说明了总体单位在各组中的分布，是分配数列的两种表现形式。

分配数列按分组标志特征的不同，分为品质分配数列和变量分配数列。

1. 品质分配数列

品质分配数列简称品质数列，它是按品质标志分组的数列，用来观察总体单位中不同属性的单位分布情况。例如，表 3－4 就属于品质分配数列。

从表 3－4 中可以看出，该品质分配数列反映了我国 2014 年人口按性别构成的特征；男性占的比重大于女性。品质数列的编制比较简单，但要注意分组时，应包括分组标志的所有表现，不能有遗漏，各种表现相互独立，不得相融。

表 3－4　　2014 年我国人口性别构成情况

人口性别分组	人口数（万人）	占人口的比重（%）
男	70079	51.23
女	66703	48.77
合计	136782	100.00
（分组名称）	（次数或频数）	（频率）

问一问

一个国家或地区如果人口性别失衡比较严重，会带来什么问题？

2. 变量分配数列

变量分配数列简称变量数列，是将总体按数量标志分组，将分组后形成的各组变量值与该组中所分配的单位次数或频数，按照一定的顺序相对应排列所形成的分配数列。表 3－5 就是根据前面的案例整理的变量分配数列。

表 3－5　　某班级统计学成绩分布表

按成绩分组（分）	学生人数（人）	比重（%）
60 分以下	3	7.50
60～70	6	15.00
70～80	15	37.50
80～90	12	30.00
90～100	4	10.00
合计	40	100.00
（各组变量值）	（次数或频数）	（频率）

（二）变量分配数列的编制

变量分配数列按其分组方法的不同，可以分为单项式变量分配数列和组距式变量分配数列的编制两种情况。

1. 单项式变量分配数列的编制

单项式变量分配数列是按单项分组形成的变量数列，直接将每一变量值作为一组。

例如，某工厂生产车间工人按日产量分布情况如表 3－6 所示。

表 3－6　　某工厂生产车间工人按日产量分布

日产量（件）	工人数（人）	比率（%）
20	3	10.00
21	7	23.30
22	10	33.30
23	6	20.10
24	4	13.30
合计	30	100.00
（各组变量值）	（次数）	（频率）

单项式变量数列的编制比较明确、容易。但是用连续变量分组来编制分配数列时，或者虽是离散变量，但数值很多、变化范围很大时，单项数列就不能适用，而应考虑采用组距式分配数列的形式。

2. 组距式变量分配数列的编制

组距式变量分配数列是由组距式分组形成的变量数列。每个组由若干个变量值形成的区间表示。在组距式变量数列中，需要明确以下概念：

（1）组限。组限为组距式变量数列中，每组区间两端的极值称组限。每一组的两个组限中，较大者叫上限，较小者叫下限，如果各组的组限都齐全，称为闭口组；组限不齐全，即最小组缺下限或最大组缺上限，称为开口组。

（2）组距。组距为每组下限与上限之间的距离为组距。即：组距＝上限－下限。

组距式变量数列，有等距数列和不等距（异距）数列之分。

（3）组中值。

$$组中值=\frac{上限+下限}{2}$$

对于开口组中值的计算方式可以利用如下公式：

$$无下限组的组中值=上限-\frac{邻组组距}{2}$$

$$无上限组的组中值=下限+\frac{邻组组距}{2}$$

以下根据本项目开头“案例导入”中的零乱数据说明组距式变量分配数列的编制。

【例 3－1】 某班级 40 名同学统计学课程考试成绩资料如下（单位：分）：

68	89	88	84	86	87	75	73	72	68
75	82	99	58	81	54	79	76	95	76
71	60	91	65	76	72	76	85	89	92
64	57	83	81	78	77	72	61	70	87

要分析学生的考试成绩，我们可以通过编制变量分配数列来反映学生的学习成绩情况。

（1）将原始资料顺序排列，确定变量值的变动范围。可以看出成绩的变动范围和最大值、最小值，以及基本的集中趋势。

54	57	58	60	61	64	65	68	68	70
71	72	72	72	73	75	75	76	76	76
76	76	77	78	81	81	82	83	84	85
86	87	87	88	89	89	91	92	95	99

学生成绩的基本情况是：最低分 54 分，最高分 99 分，成绩的变动幅度在 54 ~ 99 分之间，差距为 99 − 54 = 45 分；另外，从数列中可以看出，大多数学生的成绩在 60 ~ 90 分之间；不及格和优秀的学生不多。

（2）确定组数和组距。为反映总体不同性质组成部分的分布特征，可以考虑用组距式分组。根据研究对象的具体情况，对学习成绩的分析主要从不及格、及格、中、良好及优秀方面来考虑，于是考虑分组为 5 组。

确定组距。从资料及研究目的考虑，采用等距分组比较合适，因而就有：组距 =（最大值 − 最小值）/组数 = 45/5 = 9（分），从计算角度出发，组距一般用 5 或 10 的倍数为好，尽量用整数，所以用 10 分为单位作组距。

（3）确定组限，计算次数和频率。习惯上用离散型变量的方法表示成绩。用整数来做组限，用重叠组限的形式，还要注意，最低组的下限要小于最小变量值，最高组的上限应大于最大变量值。连续变量分组，相邻两组的上限与下限通常是相同的，每一组的上限同时是下一组的下限。为了避免计算时总体单位数出现错误，统计各组单位数时应将到达上限值的单位数计入下一组内，即遵照“上组限不在内”的原则。如表3－6所示，成绩刚好为60分的学生，应将其计入60～70分一组。

根据上面分析分别统计各组学习成绩出现的次数并计算频率，形成变量分配数列，如表3－5所示。

如果要获取截止至某一组变量值以上或以下的分布次数或事物发展进程情况，我们需要在分组计算的基础上计算累计频数和累计频率。如果从最小变量值向最大变量值累计，称为向上累计，反之为向下累计，如表3－7所示。

表3－7　　某班级统计学成绩分布表

向上累计				向下累计			
成绩分组上限	频数	累计频数（%）	累计频率	成绩分组下限	频数	累计频数	累计频率（%）
60	3	3	7.5	50	3	40	100
70	6	9	22.5	60	6	37	92.5
80	12	21	52.5	70	12	31	77.5
90	15	36	90	80	15	19	47.5
100	4	40	100	90	4	4	10
合计	40	—	—	合计	40	—	—

向上累计的意义：是可以知道各组上限以下的累计频数或累计频率。表3－7第一组说明在40名学生中，考试成绩在60分以下的有3人，占总数的7.5%，第二组则说明成绩在70分以下的有9人，占总数的22.5%，依此类推。

向下累计的意义：可以知道各组下限以上的累计频数或累计频率。例如表3－7中的第五组表示在40名学生中，90分以上的学生4名，占总数的10%，第四组表示成绩在80分以上的有19人，占总数的47.5%，依此类推。

任务四

资料的汇总

从完整的资料整理来讲，统计分组仅完成了整理工作的一部分。在分组的基础上，还要进行大量的汇总工作，即把总体单位各个方面的标志表现综合为指标。资料汇总是指在资料分组的基础上，把总体单位各方面的标志表现分别进行综合和加总，最终得到总体指标的过程。汇总的直接目的就是要得到指标。没有汇总，就没有指标。因此，汇总是资料整理的主要内容，在此基础上才能做各种资料的统计分析。

一、资料汇总的内容

按照标志的不同特点，可以把资料汇总的内容概括为三个方面。

1. 总体单位总量方面的汇总，或者叫次数、频数的汇总

总体单位总量方面的汇总，即汇总各组和总体的单位总个数。这一内容的汇总结果，就是总体单位数量。它是研究总体在分组标志上的一般分布状况的直接依据和基础，也是进一步深入分析的重要依据。在许多标志上的分析，都是以它做权数的。

2. 绝对数标志值的汇总

绝对数标志值的汇总，即绝对数或总量形式的标志值在各组的加总，最终合计为指标即总体标志总量。

3. 平均数和相对数标志值的汇总

按照标志的严格定义，总体单位的数量标志中包括平均数和相对数。总体各单位的平均数和相对数标志值不能直接相加，因此，汇总这两类标志时必须先把它们的绝对数分子、分母分解出来，然后把绝对数分子、分母进行加总，通过对加总结果的对比计算，来汇总总体各单位在各组的平均数和相对数标志值。

在汇总时要**注意**，标志值的汇总不能违背、歪曲标志的基本含义或要素的规定性。单位数和绝对数标志值的汇总，只是统计范围的扩大，不会改变标志的要素规定性，因此汇总时直接相加即可。而平均数和相对数标志值属于对比分析性标志，它首先要求质的可比性。汇总的结果也必须符合这一质的规定性。例如，劳动生产率应该是总产出与对应的活劳动消耗之比，汇总结果也必须是这一含义。显然，各单位劳动生产率直接相加的结果违背了这一基本含义，所以不能直接相加。

二、资料汇总的方式和方法

按照组织方式或形式来划分，资料汇总工作可以归纳为两大类：一是逐级汇总，二是集中汇总。逐级汇总就是按一定的统计管理体制，自下而上地对统计资料进行逐级汇总。集中汇总就是将全部统计资料集中到组织统计工作的最高一级单位进行一次性汇总。两种方式各有其优点和缺点。

按照资料汇总的具体操作来划分，汇总方法可归纳为两大类：一是手工汇总，二是计算机自动汇总。

（一）手工汇总

1. 画记法

画记法是采用一定的符号形式，在预告设计好的汇总表上画记汇总的标志内容。常用的符号形式如“正”等。这类方法简单，但只适合于汇总各组的单位数与总体单位数总量。具体操作方法是：

（1）先将统计资料按大小顺序排列。例如，某班学生某科考试成绩（单位：分）按从小到大顺序排列如下：

36	56	60	60	64	64	64	68	68	68
70	70	75	75	75	75	78	78	78	78
78	78	79	79	79	79	84	84	85	85
88	88	89	89	89	89	95	95	98	100

（2）根据同限分组法的规定来逐个判断每个数据应属于哪一组，便在该组名下画一记号（短线或圆点等），最后依各组内记号的数目计算出各组次数，如表 3－8 所示。

表 3－8　　某班学生某科考试成绩汇总表（划记法）

考试成绩（分）［不含上限］	汇　　总	计算（个）
60 分以下	丅	2
60～75	正 正	10
75～85	正 正 正 一	16
85 分以上	正 正 丅	12
合　　计	正 正 正 正 正 正 正 正	40

2. 过录法

过录法是把要汇总的内容从各调查表中抄录下来，加总或综合后计入汇总表的相应组或相应位置。这种方法对汇总内容的适用范围较广泛。

过录法与画记法的不同之处在于它将画记号改为抄录数值。因而，它不仅可以满足计算各组及总体单位数的需要，而且可以满足计算各组及总体标志值总和的需要，在发现分配计算有错误时，也便于核对、调整，无须全部返工。其具体做法如下：

假定统计某乡 30 个村农作物产量情况，结果如表 3－9 所示。

表 3－9　　某年某乡 30 个村农作物产量表

村庄编号	播种面积（亩*）	粮食产量（吨）	平均亩产量（千克/亩）
1	2 400	1 200	500
2	2 640	1 188	450
3	2 500	1 250	500
4	2 100	1 470	700
5	1 250	1 000	800
6	1 400	840	600
7	3 500	1 500	429
8	4 400	2 200	500
9	2 000	1 640	820
10	1 600	546	341
11	2 000	760	380
12	2 000	1 066	533
13	3 500	2 160	617
14	1 800	840	467

续表

村庄编号	播种面积（亩*）	粮食产量（吨）	平均亩产量（千克/亩）
15	3 800	2 700	711
16	2 500	1 700	630
17	2 300	1 665	593
18	1 700	665	391
19	1 600	840	525
20	2 600	2 160	831
21	2 400	1 020	425
22	4 300	1 505	350
23	4 100	2 460	600
24	1 400	490	350
25	2 400	1 120	467
26	3 400	1 360	400
27	1 800	1 260	700
28	2 600	2 080	800
29	3 600	1 980	550
30	1 100	815	741

* 亩，非法定土地面积计量单位。1 亩约折合 666.67 米^2。

要求按亩产量进行分组并整理成组距（等距）式变量数列，并运用整理表按画记法汇总出各组单位数与总体单位数——村庄数，用过录法汇总标志值——播种面积和产量，见表 3－10。

表 3－10　　过录整理表

按亩产量分组(千克)	村庄数（个）		播种面积（亩）		产　量（吨）	
	画记	计	过　录	计	过　录	计
400 以下	正	5	1 600　2 000 1 700　4 300 1 400	11 000	546　760 665　1 505 490	3 966
4000 ~ 500	正 一	6	2 640　3 500 1 800　2 400 2 400　3 400	16 140	1 118　1 500 840　1 020 1 120　1 360	7 028

续表

按亩产量分组(千克)	村庄数（个）		播种面积（亩）		产　量（吨）	
	画记	计	过　录	计	过　录	计
500～600	正 丅	7	2 400　2 500 4 400　2 000 2 300　1 600 3 600	18 800	1 200　1 250 2 200　1 066 1 365　840 1 980	9 901
600～700		4	1 400　3 500 2 500　4 100	11 500	840　2 160 1 700　2 460	7 160
700～800		4	2 100　3 800 1 800　1 100	8 800	1 470　2 700 1 260　815	6 245
800 以上		4	1 250　2 000 2 600　2 600	8 450	1 000　1 640 2 160　2 080	6 800
合　计	—	30	—	74 690	—	41 280

最后，将汇总结果制成统计表，见表 3－11。

表 3－11　　某乡农作物生产情况统计表

按亩产量分组（千克）	村庄数（个）	播种面积（亩）	产量（吨）	平均亩产量（千克）
（甲）	（1）	（2）	（3）	（4）＝（3）÷（2）
400 以下	5	11 000	3 966	361
400～500	6	16 140	7 028	435
500～600	7	18 800	9 901	527
600～700	4	11 500	7 160	623
700～800	4	8 800	6 245	710
800 以上	4	8 450	6 880	814
合计	30	74 690	41 180	551

汇总计算的结果可以得到总量指标（即绝对数）。其中第二栏是各组单位数和总体单位总数，称为总体总量；第三栏是各组标志值总量和总体标志值总量，称为标志总量。还可计算平均数（第四栏）及频率等。

3. 折叠法

这是指在汇总大量格式相同的调查表时，将所有报表中需要汇总的某一栏（行）数字，通过折叠使它们都显现在一条直线上，将与汇总无关的其他数据暂时掩盖起来，然后用算盘或计算器，算出所需数字的一种快速简便做法。这种方法实质上与过录法相同，只是用折叠代替了抄录，主要适用于统计报表等原始数据资料的汇总，对问卷调查表的汇总则使用价值不大。

4. 卡片法

在总体单位多、复合分组多时，卡片法是手工汇总中较好的方法。做法是先要准备好摘录卡片，将每个总体单位需要汇总的项目数值摘录在一张卡片上，然后根据卡片进行分组和汇总计算。但这种方法的工作量很大，而且统计工作也比较麻烦，故一般在规模较大的正规调查中才使用这种方法。

（二）计算机汇总

随着计算机技术的发展，为调查资料的数据整理汇总提供了更为方便、准确、快捷的方式。一般而言，计算机的汇总步骤如下：

第一步：编程序。所谓程序是指按计算机语言对统计资料处理工作进行的全面系统的流程排列。计算机将按照程序进行工作。

第二步：编码。编码是把调查表中的汉字信息符号（代码）化的工作。将每一个类别编上一个号码，这样，既便于分类，又便于汇总，而且只要搞清楚号码所代表的类型，通过编码就可以一目了然。

第三步：数据输入。是指经过编码后的数据和实际数字通过设备记载到存贮介质上的工作。

第四步：资料错误信息的检查和修正。主要是指对资料进行逻辑检查，按照预先给定的一套逻辑检查规则对进入电子计算机的原始数据进行分析、比较、筛选、整理等。将误差超过允许范围的一组数据退回去，重新检查改正，把在允许范围以内的个别错误按编辑规则改正。

第五步：运行程序。是指按照程序运行规则进行信息处理的过程。

第六步：提供汇总资料。把经过运行处理后的汇总资料，以汇总表的形式，通过输出设备把结果打印出来，提供运行结果。

任务五

资料的显示

经过整理的统计数据资料，需要展现，可以用统计表，也可以用统计图。用表不仅可以节省大量的文字叙述，而且更为集中醒目、条理分明，也便于资料的对比分析与积累；用图的特点是：形象、鲜明、直观，能够清晰地显示现象之间的相互关系。

一、统计表

（一）统计表的结构

统计表是把通过整理过的统计资料，使其成为得以说明社会现象及其发展过程的数据，并按一定顺序排列在表格中而形成的。统计表可分为广义统计表和狭义统计表两种。广义的统计表，包括统计工作各阶段中所用的一切表格；狭义的统计表专指分析表和容纳各种统计资料的表格，即通常所说的统计表。狭义的统计表是统计分析的重要工具，这是因为，它清楚地、有条理地显示统计资料，并能直观地反映统计分析特征。

统计表的结构可从表式和内容两个方面来认识。

从表式结构上看，统计表是由纵横交叉的线条组成的一种表格，它包括总标题、横行标题、纵栏标题和指标数值四个部分。总标题就是统计表的名称，它扼要地说明统计表的内容，处于统计表格的上方。横行标题或称横标目，一般放在表格的左方位置上。纵栏标题或称纵标题，一般放在表格的上方位置上。横行标题和纵栏标题共同说明表格中填入的统计数字所指的内容。

从内容结构上看，统计表由主词栏和宾词栏两个部分组成。主词栏是统计表中所要说明的总体及其组成部分；宾词栏是统计表中用来说明总体数量特征的各个统计指标。主词和宾词是统计表的两个组成部分，缺一不可。如表 3－12 所示。

总标题　**表 3－12**　**2014 年我国人口性别构成情况**

按人口性别分组	人口数（万人）	比重（%）
男	70 079	51.23
女	66 703	48.77
合计	136 782	100.00

纵栏标题　横行标题　数字资料　宾词栏　主词栏

（二）统计表的分类与设计规则

1. 统计表的分类

（1）简单表，是指主词未经任何分组的统计表，也叫作一览表。简单表的主词一般按时间顺序排列，或者按个体的名称排列。它是对原始资料进行初步整理所采用的形式。

例如，2016 年某公司产品合格品数量表，即是按总体单位顺序排列的一览表，如表 3－13 所示。

表 3－13　**2016 年某公司所属两个企业产品合格品数量表**

项目	合格品数量（块）
甲厂	3 000
乙厂	4 000

例如，某中等职业学校近年招生规模变化情况表，即为按统计指标的时间数排列的一览表，如表 3－14 所示。

表 3－14　**某中等职业学校 2013—2017 年招生规模情况**

项目	2013 年	2014 年	2015 年	2016 年	2017 年
招生人数（单位：人）	800	980	1 200	1 600	2 460

（2）简单分组表，是指主词只用一个标志分组形成的统计表，也叫作分组表。运用简单分组表可以说明不同类型现象的特征，以揭示现象内部的结构，以便分析现象之间的相互关系。表 3－12 就属于简单分组表。

（3）复合分组表，是指主词按两个或两个以上标志进行分组的统计表，也叫作复合表。复合分组表可以通过更多的标志，对总体进行更深入地分析与研究，如表 3－15 所示。

表 3－15　　×××× 年某地区社会商品零售总额构成

项目	金额（万元）
社会商品零售额	1 287 450
其中：（一）对居民的零售额	875 890
1. 城市	564 200
2. 农村	311 690
（二）对社会集团的零售额	411 560
3. 城市	293 480
4. 农村	118 080

2. 统计表设计规则

统计表的设计应尽可能做到简洁、清晰、准确、醒目，便于使用者进行比较、分析以及阅读。设计时应遵循如下规则：

（1）统计表的各类标题应十分简明，并确切地反映与概括资料的主要内容以及所属的地区和时间。纵横各栏的排列特别要注意表述资料的逻辑性。

（2）主词各行和宾词各栏，一般先列各个项目，后列总体。若无必要列出全部项目时，就应先列总体，后列其中一部分重要项目。内容不宜罗列太多和过于庞杂。

（3）表中应有计量单位栏。当表中只有一种计量单位时，可在表的右上端注明。若有几个计量单位时，横行的计量单位可专设“计量单位”一栏，纵栏的计量单位可与纵栏标题写在一起，用小括号标明。

（4）表中数字填写要整齐，上下位数要对齐，同栏数字的单位，小数位要一致。如遇相同数字必须照填，不能用“同上”或“同左”代替。无数字的空格要用“—”表示。如遇缺乏资料的空格时，要用“……”表示，以免被误认漏报。

（5）当统计表栏数较多时，通常要加编号，并说明其相互关系，主词栏与计量单位栏可用甲、乙、丙等文字标明；宾词各栏可用（1）、（2）、（3）等数码标明。

（6）统计表的表式为开口式，即表的左右两端不封闭（不画纵线），表的上下端线通常用粗线或双线，表内如有两个或两个以上不同的内容，也要用粗线或双线隔开。

（7）借用他人数据资料时，统计表应加注解，说明资料出处，一般在统计表的下端注明“资料来源”。

二、统计图

统计图是利用统计资料绘制成的几何图形或具体形象，它可以从数量方面显示出研究对象的规模、水平、结构、发展趋势和比例关系，是表现统计资料的一种重要形式。实际中常见的统计图主要有以下几种：

（一）条形图

条形图是用宽度相同的直条的高低或长短来表示各项统计指标数值大小的图形。根据条形图表现统计资料内容的不同，条形图又分为单式条形图、复式条形图。

1. 单式条形图。它是以若干距离相等的单一条形的高低、长短来表明指标数值大小的一种图形（见图 3 –3）。

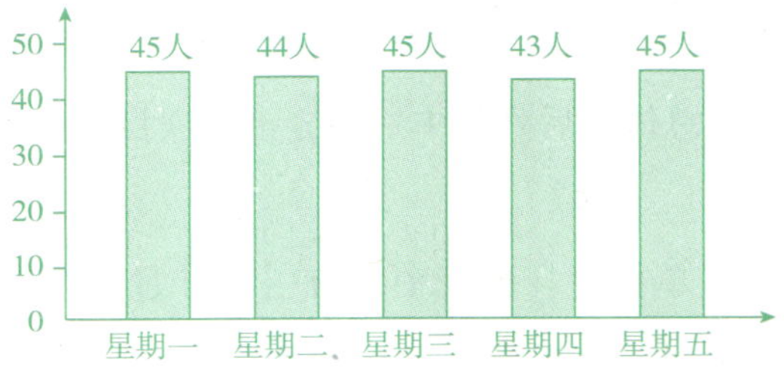

图 3 –3　某班学生一周出勤人数统计图

2. 复式条形图。它是以两个以上的条形为一组来进行比较的一种图形，它既可以进行组与组之间的比较，又可以进行组内的比较。它常常用来表现分组资料（见图 3 –4）。

（二）直方图

直方图是在平面坐标上，以横轴根据各组组距的宽度标明各组组距，以纵轴根据次数的高度标示各组次数绘制成的统计图。纵轴的左侧标明次数，右侧标明频率，如果没有频率，直方图只在左侧标明次数，如图 3 –5 所示。

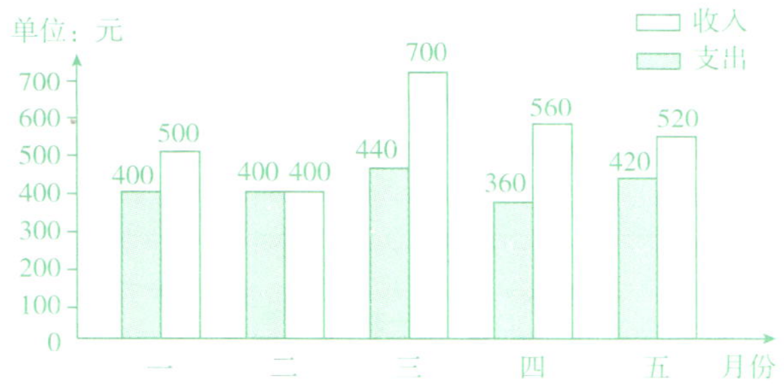

图 3－4　某同学家 2017 年 1—5 月份的收支情况图

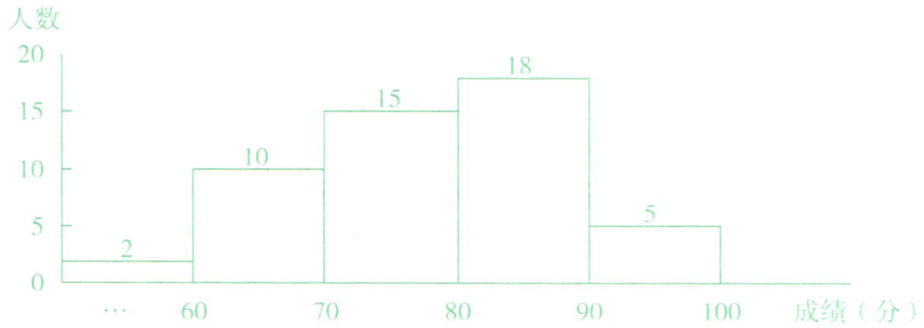

图 3－5　某班统计学考试成绩分布图

（三）折线图

折线图是在直方图的基础上，用折线连接各个直方形顶边中点，并在直方图形两侧各延伸一组，使折线与横轴相连。也可根据各组组中值与次数求出各组的坐标点，并用折线连接各点而成。折线所覆盖的面积等于直方图条形的面积，表示总次数。图 3－6 是在图 3－5 的基础上绘制的折线图。

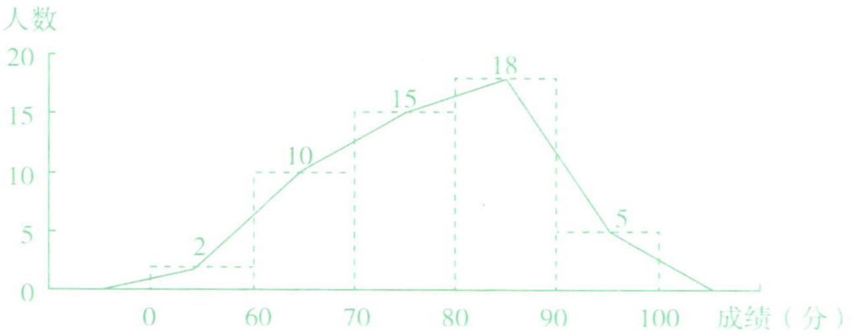

图 3－6　某班统计学考试成绩折线图

（四）曲线图

当变量数列的组数非常多时，折线便趋于一条平滑的曲线，它是一种概括描述变量数列分布特征的理论曲线。曲线图是连续型随机变量频数分布常用的形式。曲线图绘制的方法出在折线图的基础上，将连接各组次数坐标点的折线加工修匀为比较平滑的曲线（见图 3－7）。

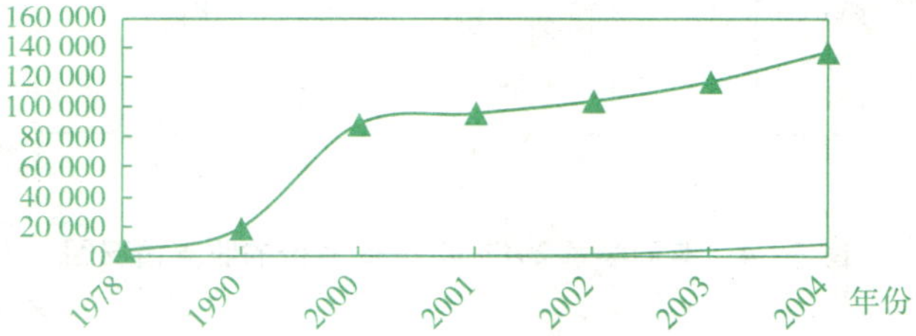

图 3－7　中国一些年份的国内生产总值曲线图

（五）饼形图

饼形图通常是以圆形面积或以圆内各扇形面积的大小来表示统计指标数值大小的图形（见图 3－8）。

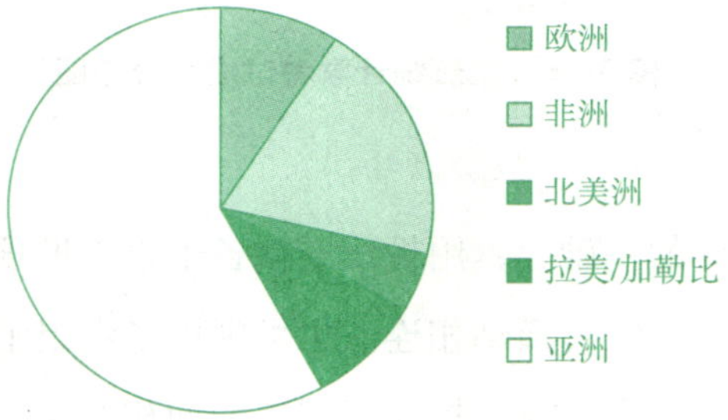

图 3－8　2050 年世界人口分布预测图

统计图除了上述几种外，较常用者还有面积图、圆环图、相关散点图、统计地图、象形图及各式各样的三维立体图等，通用的一些统计软件、电子表格软件和文字编辑软件等都嵌有统计做图功能，在后面的内容中，我们陆续可以学习到。有兴趣的读者可进一步参考有关这类书籍。

请通过查询相关资料，理解运用于反映总体单位数和变量（分组）之间关系的钟型分布、U 型分布、J 型分布、洛伦次分布等统计图的意义。

知识拓展

任务六

Excel 在资料整理中的应用

如前所述，用各种方法取得的统计信息资料数据，必须经过加工整理，使之系统化、条理化，才符合统计分析的要求。所以本节主要介绍 Excel 在资料整理中的技术和方法。

一、使用 Excel 整理数据

在 Excel 的统计函数中，有一个专用于统计分组的 FREQUENCY 函数；在数据分析工具中还有一个“直方图”工具，可以一次完成分组、计算频数和频率、绘制柱形图和累积频率折线图等全部操作。

使用 FREQUENCY 函数整理数据

使用 FREQUENCY 函数整理数据，主要是对定性数据进行统计分类和对定量数据进行统计分组。但是，不管是分类还是分组，首先必须按列输入样本数据（即将样本数据排成一列），还要用鼠标单击选定放置分组结果的区域。

现举例说明如下：

【例 3－2】 一家调查公司为研究不同品牌饮料的市场占有率，随机抽取一家超市进行调查。调查员在某天对 50 名顾客购买饮料的品牌进行了记录，如果一个顾客购买某一品牌的饮料，就将这一饮料的品牌名字记录一次。表 3－16 是记录的原始数据，调查员需要对不同品牌的饮料做一张频数分布表，并用柱形图显示其分布状况。

因为 Excel 无法对文字进行识别统计，所以，对于定性数据，先要将类别名称转换为数字代码。假如上述 5 种品牌的饮料分别用 5 个数字表示，即：

1 可口可乐　　2 旭日升冰茶　　3 百事可乐　　4 汇源果汁　　5 露露

则表 3－16 的资料整理步骤为：

第一步：在 Excel 工作表中，先将各品牌饮料名称输入 A2 ~ A51 单元格中，再将对应的饮料代码数字输入 B2 ~ B51 单元格中。

第二步：对各品牌对应代码指定一个上限值（本例因为用代码转换后的数据为单变量值数据，故直接给出代码值即可：若是组距分组，则应给出各组数据中的实际上限值，即非重叠值），然后将指定的各代码值 1、2、3、4、5 依次输入 C2 ~ C6 单元格中，作为分组界限。

表 3－16　　顾客购买饮料的品牌名称原始资料

旭日升冰茶	可口可乐	旭日升冰茶	汇源果汁	露露
露露	旭日升冰茶	可口可乐	露露	可口可乐
旭日升冰茶	可口可乐	可口可乐	百事可乐	旭日升冰茶
可口可乐	百事可乐	旭日升冰茶	可口可乐	百事可乐
百事可乐	露露	露露	百事可乐	露露
可口可乐	旭日升冰茶	旭日升冰茶	汇源果汁	汇源果汁
汇源果汁	旭日升冰茶	可口可乐	可口可乐	可口可乐
可口可乐	百事可乐	露露	汇源果汁	百事可乐
露露	可口可乐	百事可乐	可口可乐	露露
可口可乐	旭日升冰茶	百事可乐	汇源果汁	旭日升冰茶

第三步：选定 D2 ~ D6 单元格作为放置分组结果的区域（选定后反白显示），然后按以下步骤操作：

（1）从插入菜单中选择“函数”项，或单击“常用”工具栏的“fx”按钮，在弹出的对话框左侧“函数分类”列表中选择“统计”，在右侧“函数名”列表中选择 FREQUENCY 函数，回车后进入 FREQUENCY 函数对话框（见图 3－9）。

（2）在 FREQUENCY 函数对话框的上端并列有两个对话框，一个是 Data_array，可在框中（对话框中称“频率分布”）输入待分组的原数据区域，本例可输入 B2：B51。另一个是 Bras_array，可在框中输入分组标志。FREQUENCY 函数要求按组距的非重叠上限分组（帮助信息称“分段点”），不接受非数值字符的分组标志。本例可输入“{1；2；3；4；5}”。输入完毕后，框中就给出了频数分布 15，11，9，6，9（后面的 0 表示没有其他）。

（3）按 Shift + Ctrl + Enter 组合键，Excel 即可将各组频数 15，11，9，6，9 记入指定的 C2 ~ C6 单元格内（回车无效）。

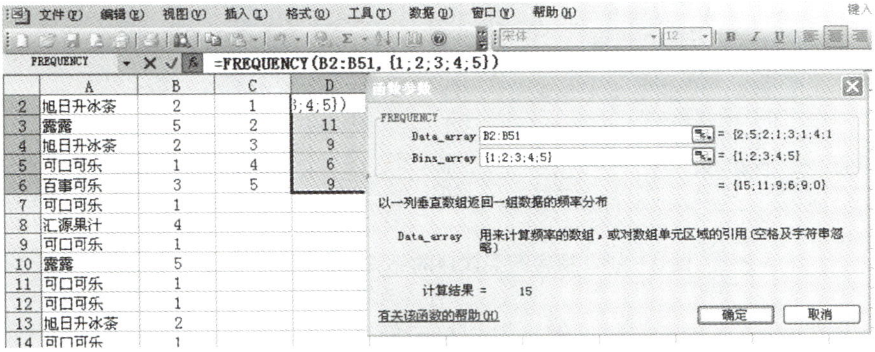

图 3-9 FREQUENCY 函数对话框

第四步：列表计算频率、累积频数和累积频率，见图 3-10 所示。具体步骤为：

（1）求 D 列合计数。单击 D7 单元格，输入“ =SUM（D2：D6）”，回车可得到合计数“50”。

（2）计算各组频率。单击 E2 单元格，输入“ = E2 * 100/50”，回车后即可得到第一组的频率“30”；然后利用填充柄功能按住鼠标左键拖至 E6 单元格后放开鼠标，即可得到 E3 ~ E6 单元格的频率，最后利用 SUM 函数求出合计频率，见图 3-10 中的 E 列数据。

（3）计算累积频数。单击 F2 单元格，输入“ = D2”，回车后得到第一组的累积频数“15”；再单击 F3 单元格，输入“ = F2 + D3”，回车后可得到第二组的累积频数“26”；然后利用填充柄功能按住鼠标左键拖至 F6 单元格后放开鼠标，即可得到 F4 ~ F6 单元格的累积频数，见图 3-10 中的 F 列数据。

（4）计算累积频率。单击 G2 单元格，输入“ = F2 * 100/50”，回车后即可得到第一组的累积频率“30%”；然后利用填充柄功能按住鼠标左键拖至 G6 单元格后放开鼠标，即可得到 G3 ~ G6 单元格的累积频率，见图 3-10 中的 G 列数据。

二、使用 Excel 显示数据

使用 Excel 整理数据，最终是通过分组函数“FREQUENCY”或“直方图”工具实现分组目的，并以表、图的形式表现出来的；而使用 Excel 显示数据，也

	A	B	C	D	E	F	G
1	品牌名称	代码	分组	频数	频率(%)	累积频数	累积频数(%)
2	旭日升冰茶	2	1	15	30	15	30
3	露露	5	2	11	22	26	52
4	旭日升冰茶	2	3	9	18	35	70
5	可口可乐	1	4	6	12	41	82
6	百事可乐	3	5	9	18	50	100
7	可口可乐	1	合计	50	100	—	—

图 3－10　顾客购买饮料的品牌名称频数分布表

是通过编制统计表和绘制统计图来实现显示数据的目的。

（一）使用 Excel 制作统计表

统计表是统计描述的一个主要方法。随着计算机技术的发展和应用，以电子文档形式提交的科技论文和工作报告已成为趋势。在编制统计表方面，Excel 具有明显的优势。用 Excel 编制统计表，要充分利用单元格、区域、工作表及订制它们的丰富的格式（包括字体的样式与大小、数字的格式、行高与列宽、边框的样式、图案与颜色、对象的对齐、网格线的有无等），并通过合理的操作组合来实现编制统计表的目的。

1. 在工作表内选中某个区域输入统计表的原始内容。在工作表内选中一个区域，以单元格为单位，输入统计表的每一项，即把统计表的文字和数字内容输入到单元格中。

2. 制作表线。利用边框按钮制作统计表的表线，即画出顶线、分隔线、合计线、底线等必要的粗细横线。

3. 定义文字和数字的格式并相应调整列宽和行高。利用字体的样式、大小和数字的格式功能，首先定义统计表中的文字和数字内容，然后利用列宽和行高定义功能调整统计表中总标题栏、横行标题栏、纵栏标题栏、合计项的宽度和高度，使得它们之间留有合适的间隙，避免距离太近或太远，影响美观；同时应考虑整个统计表的大小，以满足显示或打印的需要。

4. 对齐数字与文字。利用文字与数字的对齐功能，加之行列间距的调整使文字和数字位数对齐。

5. 去掉网格线。利用网格线的开关功能关闭网格线的显示和打印输出，目的是去掉统计表中的竖线。

6. 进一步调整操作。利用 Excel 的其他功能进一步调整和订制统计表，使之达到专业和美观的要求。

下面，结合表 3－17 中的数据，介绍使用 Excel 编制统计表的技巧与方法，并演示使用 Excel 编制统计表的具体操作步骤。

表 3－17　　2002 年三个直辖市运输线路长度统计表　　（单位：km）

地区	铁路营业里程	内河航道里程	公路里程
天津	681.6	443	9 696
上海	256.5	2 037	6 286
重庆	718.2	2 324	31 060
合计	1 656.3	4 804	47 042

资料来源：《中国统计年鉴 2003》，中国统计出版社，2003 年版，第 571 页。

1. 输入原始文字和数值。在工作表的 A1 ~ D6 区域输入上述统计表的原始文字和数值，如图 3－11 所示。

	A	B	C	D
1	2002年三个直辖市运输线路长度(单位:km)			
2	地区	铁路营业里程	内河航道里程	公路里程
3	天津	681.6	443	9696
4	上海	526.5	2037	6286
5	重庆	718.2	2324	31060
6	合计	1926.3	4804	47042

图 3－11　统计表原始数据的建立

2. 制作表线。在 A1 ~ D1 区域的底边画表的顶线；在 A2 ~ D2 区域的底边画表的分隔线；在 A5 ~ D5 区域的底边画表的合计线；在 A6 ~ D6 区域的底边画表的底线。

画 A 与 B、B 与 C、C 与 D 列之间的列线。具体方法有两种：一是利用工具栏上的边框按钮，直接画出表线；二是选择“格式”菜单→“单元格”命令→“单元格格式”对话框→“边框”选项卡。显然，第一种方法较简捷。以下是使用第一种方法制作表线的具体操作步骤。

选中需要画表线的单元格区域 A1 ~ D1，单击工具栏上的边框按钮，在出现的边框图 3－12（1）中点击画圆圈的“边框”按钮，即可得到表格的顶部粗线。

同理，选中单元格区域 A2 ~ D2，仿上操作，点击图 3－12（2）画圆圈的

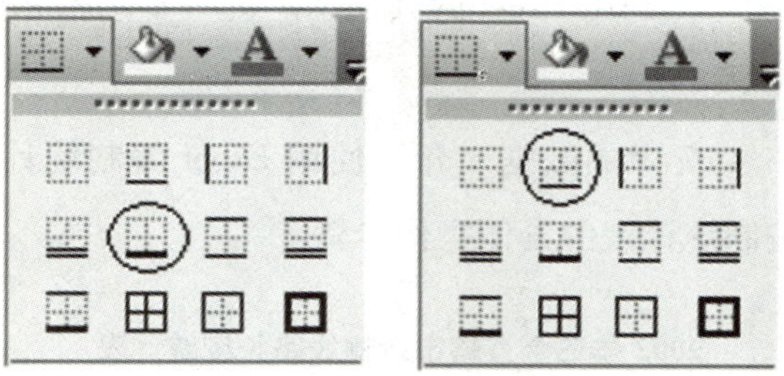

（1）　　　（2）

图 3 – 12　下边框为粗、细边框样式

“边框”按钮，即可得到表格的上部分隔线。

选中需要画表线的单元格区域 A6 ~ D6，单击工具栏上的边框按钮，在出现的边框图 3 – 13（1）中点击画圆圈的“边框”按钮，即可得到表格的行分隔线和底部粗线。

依次选中单元格区域 A2 ~ A6、B2 ~ B6、C2 ~ C6，依次单击工具栏上的边框按钮，依次在出现的边框图 3 – 13（2）中点击画圆圈的“边框”按钮，即可得到表格的列分隔线。其效果图见图 3 – 14。

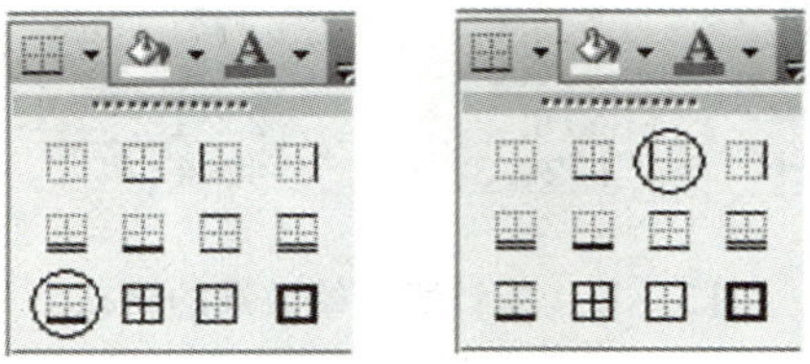

（1）　　　（2）

图 3 – 13　上细和下粗边框、左细边框样式

	A	B	C	D
1	2002年三个直辖市运输线路长度(单位:km)			
2	地区	铁路营业里程	内河航道里程	公路里程
3	天津	681.6	443	9696
4	上海	526.5	2037	6286
5	重庆	718.2	2324	31060
6	合计	1926.3	4804	47042

图 3 – 14　表线都画出来的统计表

3. 定义文字和数字的格式，并调整列宽和行高。利用工具栏上定义文字格式的按钮：

定义文字的字体、字号；利用

工具栏上定义数字格式的按钮：来定义数字格式，即数字是“数值样式”还是“百分比”样式等。也可以选择“格式”菜单→“单元格”命令→“单元格格式”对话框→“字体”选项卡或“数字”选项卡。通过指定其中的选项来实现上述目的。

如果要把本例中的文字和数字的大小由原来的“12”改为“14”。首先，选中 A1 ~ D6 区域，单击工具栏上定义文字“字号”的下拉对话框，并单击数字“14”即可。当文字与数字由小变大时，往往有些文字和数字会超出单元格显示（见图 3 – 15 画圆圈的地方），而且它们之间距离过近等。这时需要利用列宽和行高定义功能调整统计表各栏的宽度和高度，使得统计表中文字与数字之间留有合适的距离。

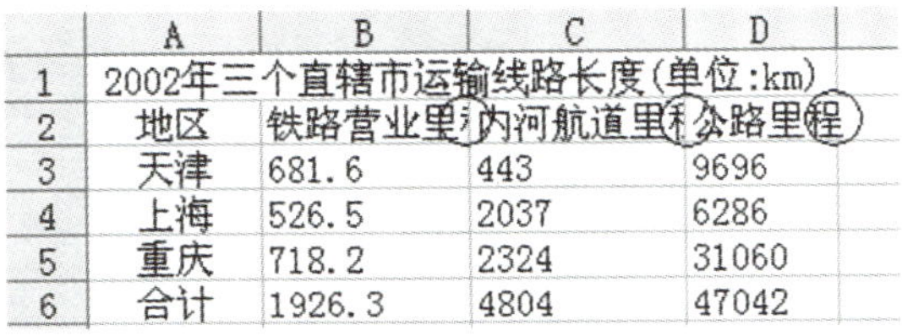

	A	B	C	D
1	2002年三个直辖市运输线路长度(单位:km)			
2	地区	铁路营业里程	内河航道里程	公路里程
3	天津	681.6	443	9696
4	上海	526.5	2037	6286
5	重庆	718.2	2324	31060
6	合计	1926.3	4804	47042

图 3 – 15　文字和数字改变后的统计表

这时，可依次拖动 B 与 C、C 与 D、D 与 E 之间的列标，设置所需的列宽。在拖动列表的时候，其右上角会出现一个动态显示的列宽度的数字，帮助你确定合适的宽度大小。本例调整的列宽为“15”（见图 3 – 16）。也可双击列标边界，确定与单元格内容宽度相适应的列宽。

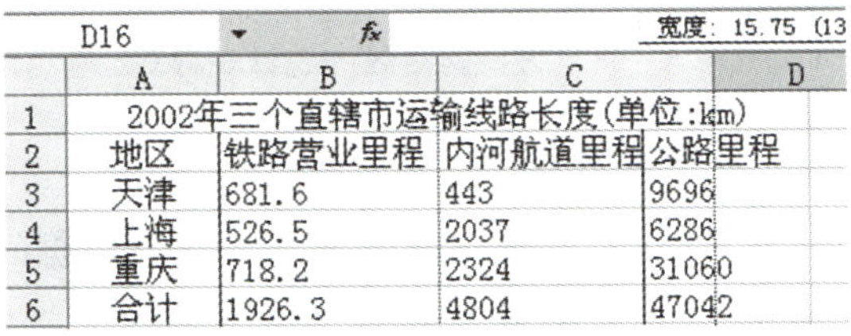

	A	B	C	D
1	2002年三个直辖市运输线路长度(单位:km)			
2	地区	铁路营业里程	内河航道里程	公路里程
3	天津	681.6	443	9696
4	上海	526.5	2037	6286
5	重庆	718.2	2324	31060
6	合计	1926.3	4804	47042

图 3 – 16　拖动 C 与 D 之间的列标题

调整行高，做法与列宽的调整类似。一是拖动行标的下边界来设置所需的行高；二是双击行标的下边界可使行的高度与单元格内容的高度相适应。

4. 对齐数字与文字。即利用工具栏上对其数字与文字的按钮：来对齐数字与文字。也可选择“格式”菜单→“单元格”命令→“单元格格式”对话框→“对齐”选项卡，通过选择其中的选项来实现，本例，选择 A 列居中对齐，其余列选择右对齐。

5. 去掉网格线。单击工具栏上“网格线开关”按钮可关闭网格线显示。也可以选择“工具”菜单→“选项”命令→“视图”选项卡（见图 3－17）→单击“网格线”复选框关闭网格线显示。去掉网格线的统计表见图 3－18。

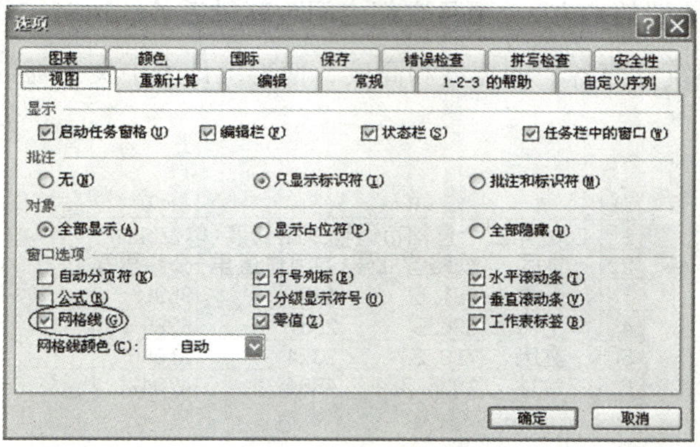

图 3－17　“选项”对话框中的“视图”选项卡

	A	B	C	D
1	2002年三个直辖市运输线路长度			(单位:km)
2	地区	铁路营业里程	内河航道里程	公路里程
3	天津	681.6	443	9696
4	上海	526.5	2037	6286
5	重庆	718.2	2324	31060
6	合计	1926.3	4804	47042

图 3－18　去掉网络线的统计表样式

（二）使用 Excel 制作统计图

统计图以直观的形式反映统计数据，能够形象地表达数据间的关系。使用 Excel 只需鼠标圈圈点点就能使那些枯燥的数据变成直观明了、多姿多彩的统计图。在 Excel 中制作的统计图，可以方便地嵌入文字报告、幻灯片以及多媒体作品中。

当然，利用 Excel 制作统计图，应符合统计学中关于统计图的一些基本要求。这样统计图才能直观准确地反映统计数据之间的关系。用 Excel 制作各种统计图的具体方法参考下面的案例。

案例

六个地区旅游业发展状况分析

一、选题

近年来，我国旅游业发展速度迅猛，各地区对旅游资源的开发和现有资料的整合都不遗余力，同时，也加大了我国旅游业的对外宣传，吸引了众多的国际游客。现选取六个旅游资源丰富的地区（北京、辽宁、上海、广东、云南、陕西），分别在四个年份（1995 年、2000 年、2001 年、2002 年）中接待国际旅游人数的情况，来分析这些地区旅游业的发展状况，并利用 Excel 制作统计图表进行辅助分析。

二、资料搜集整理分析

（1）查阅《中国统计年鉴 2003》，取得原始数据。在 A1 与 E1 合并后的单元格中输入“六个地区各年接待国际旅游人数统计表　单位：万人次”；在 A2 ~ E8 单元格中输入地区行、列标题及原始数据；在 A9 ~ E9 合并后的单元格中输入“资料引自《中国统计年鉴 2003》第 698 页”。

（2）制作三线表。运用前述 Excel 制作表格的方法与步骤制作三线表，如图 3 – 19 所示。

	A	B	C	D	E
1	六个地区各年接待国际旅游人数统计表 单位：万人次				
2	地区	1995年	2000年	2001年	2002年
3	北京	166.52	237.96	239.88	266.45
4	辽宁	21.46	50.05	60.66	79.42
5	上海	107.54	143.9	151.65	215.94
6	广东	122.07	212.07	240.37	298.06
7	云南	47.38	66.59	69.57	78.13
8	陕西	39.73	58.48	63.76	71.81
9	资料引自：《中国统计年鉴2003》第698页				

图 3 – 19　用 Excel 制作的统计表

（3）制作统计图。要求按照六个地区各年接待国际旅游人数分类做图，具体步骤如下：

①在完成前述统计表的基础上，将光标定位于 Excel 工作表的任意单元格中，然后单击 按钮。

②在出现的“图表向导 -4 步骤之 1 - 图表类型”对话框中，选中“柱形图”类型的第一种子图表类型（见图 3 -20），单击 下一步(N) > 按钮。

③在出现的“图表向导 -4 步骤之 2 - 图表源数据”对话框中，在“数据区域”后的方框中输入“ = sheet7！ $A $2： $E $8”，并选中“系列产生在”下面的“列”（见图 3 -21）。单击 下一步(N) > 按钮。

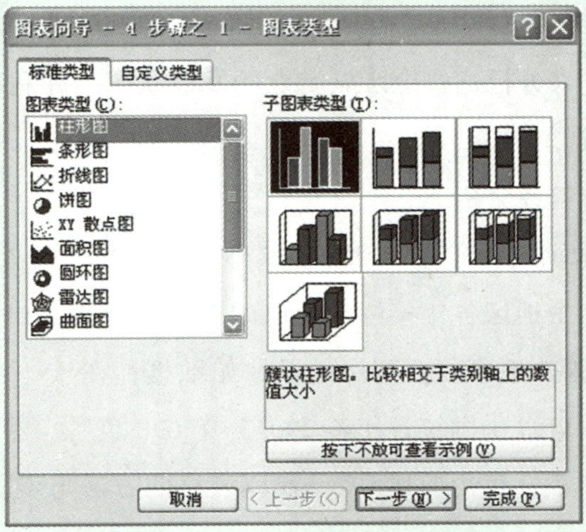

图 3 -20　图表向导步骤之一（选中柱形圈）

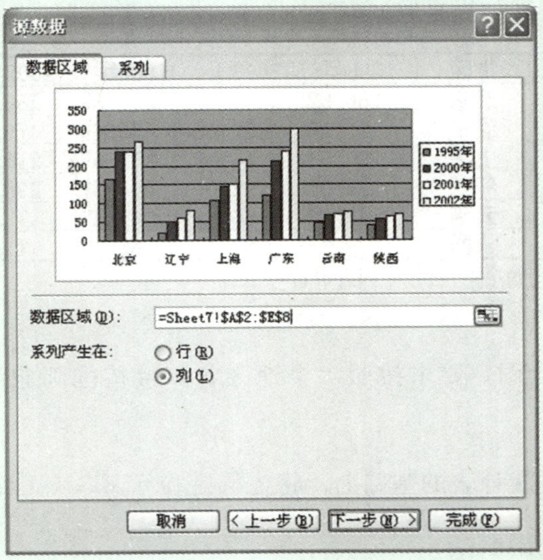

图 3 -21　图表向导步骤之二（源数据）

④在出现的“图表向导 -4 步骤之 3 - 图表选项”对话框中，单击按钮，然后在“图表标题”的输入框中输入“接待国际旅游人数统计表”；在“分类（X）轴”的输入框中输入“地区”；在“数值（Y）轴”输入“接待国际旅游人数”（见图 3 -22），然后单击 下一步(N) > 按钮。

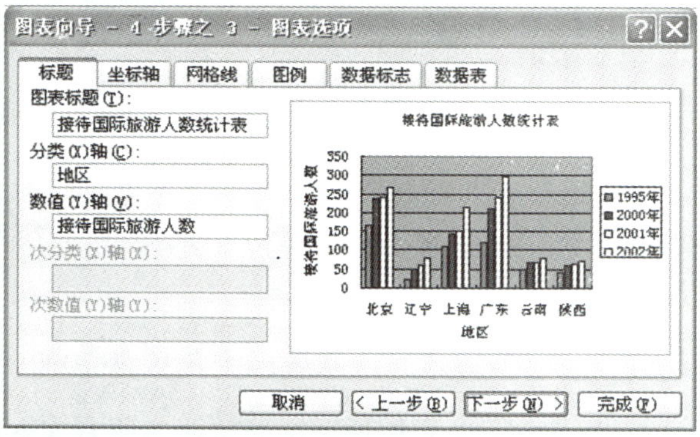

图 3 -22　图表向导步骤之三（图表选项）

⑤在出现的“图表向导 -4 步骤之 4 - 图表位置”对话框中，选择“作为其中的对象插入”，见图 3 -23 所示。

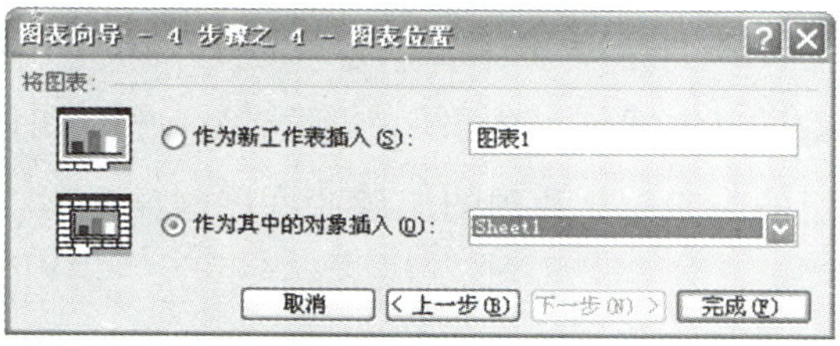

图 3 -23　图表向导步骤之四（图表位置）

⑥单击按钮，即可得到如图 3 -24 所示的图表。

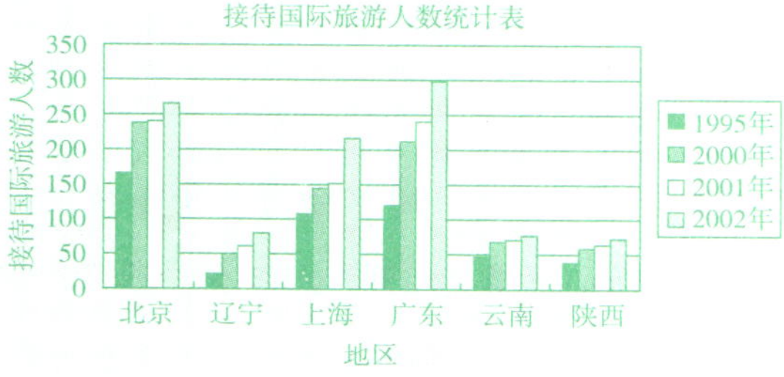

图 3 -24　图表向导做图的最后结果

三、分析报告

通过分析 Excel 制作的统计图表，可以得到 1995 年、2000—2002 年我国接待国际旅游人数的统计结论：

（1）东南沿海地区接待的国际旅游人数较多，如上海市、广东省。

（2）东北地区和中西部地区接待的国际旅游人数相对较少，如辽宁省、云南省、陕西省。

（3）辽宁省、上海市、广东省三个地区近年来接待国际旅游的人数增幅明显。

（4）北京市、云南省、陕西省三个地区近年来接待国际旅游人数的增幅不大。

（5）北京市、辽宁省、上海市、广东省四个地区从 2000—2002 年平均每年接待国际旅游的人数，比 1995 年接待国际旅游的人数有较大的增长。

（6）云南省、陕西省两个地区从 2000—2002 年平均每年接待国际旅游的人数，比 1995 年接待国际旅游的人数，无较大幅度的增长。

四、启示

利用 Excel 制作的统计图表，使我们能很容易地得到六个旅游资源丰富的地区接待国际旅游人数的基本情况。对照统计图表进行分析，可以得出如下结论：

（1）在 21 世纪的头三年，我国的旅游业发展速度迅猛，比 20 世纪 90 年代中叶有明显的增长。

（2）东南沿海的旅游业优势明显。

（3）东北地区和东南沿海地区的旅游业发展保持了较大涨幅。

（4）中西部地区旅游业的发展相对较为缓慢，还有待于进一步开发。

关键词

统计（资料）分组　分组标志　简单分组　复合分组　分配数列（次数分布）　频数　频率　上限　下限　组距　组中值　全距　统计表　统计图　条形图　直方图　折线图　曲线图　饼形图

技能训练与应用

1. 某地城市人均居住面积 2012 年为 7.2m^2/人，2013 年为 8.0m^2/人，2014 年为 8.1m^2/人，2015 年为 8.3m^2/人，2016 年为 8.6m^2/人；该地农村人均居住面积 2012 年为 14.7m^2/人，2013 年为 15.3m^2/人，2014 年为 16.0m^2/人，2015 年为 16.6m^2/人，2016 年为 17.2m^2/人。试根据统计表的编制原则，设计一张反映 2012—2016 年间某地城乡居民居住情况的统计表。

2. 由下列资料，请计算表中的组中值和组距（见表 3 – 18）。

表 3 – 18

月工资额（元）	组距	组中值
600 元以下		
600 ~ 800		
800 ~ 1000		
1000 ~ 1300		
1300 元以上		
计划完成	**组距**	**组中值**
80 ~ 90		
90 ~ 100		
100 ~ 110		
110 ~ 120		
120 ~ 130		

3. 根据表 3 – 19 资料，绘制直方图和次数分布曲线图。

表 3 – 19

工人按完成生产定额百分比分组	工人数（人）	频率（%）
80 ~ 90	3	3.75
90 ~ 100	15	18.75
100 ~ 110	36	45.00
110 ~ 120	20	25.00
120 ~ 130	6	7.50
合计	80	100.00

4. 某企业7月份逐日销售额（千元）如下：

26 27 24 21 26 19 17 36 24 28 22 21 19 27 25 30 21

13 19 39 42 19 30 24 26 16 34 12 27 20 28

选择适当的组距对以上资料进行分组，并画出直方图。

5. 某中等职业学校2015级、2016级“统计基础知识”课程考试成绩如下：

2015级 60 79 48 76 49 75 82 77 78 90 65 67 62 81 56

54 71 62 63 85 87 76 71 82 69 62 88 84 86 63

73 78 85 82 66

2016级 74 56 52 47 82 89 91 76 84 62 65 74 79 81 73

64 64 89 92 63 67 75 78 80 84 82 43 56 52 60

77 85 74 66 69 75 80

根据上述资料对这两个班的成绩用两种方法分组：

（1）以10分为组距进行等距分组；

（2）如果学生成绩管理条例规定：60分以下为不及格，60～75分为及格，76～89分为良，90～100分为优，按这种成绩等级分组。

（3）分别说明两种分组方式中每一组的组距、上下限和组中值。

6. 某自然村2011年和2016年人口及收入情况如表3－20所示。

表3－20

按人均纯收入分组	2011年		2016年	
	人数（人）	人均纯收入（元）	人数（人）	人均纯收入（元）
最低	15	402	16	657
低	88	590	85	796
中低	19	791	36	1 156
中高	17	1 027	24	1 357
高	8	1 396	18	1 957
最高	4	1 689	12	2 364
合计	151	—	191	—

计算2011年和2016年的累计人数、累计频率、各组总收入和总收入的累计频率（分向上累计与向下累计两种），并绘制累计频数分布图，试揭示图表中反

映的相关结论。

7. 某工业企业有关资料如表 3－21 所示。

表 3－21

按工龄（年）分组	工人人数
5 年以下	70
5～10	60
10～15	22
15～20	20
20～25	18
25 年以上	10

根据资料回答下列问题：

（1）分组标志及其类型；（2）分组方法的类型；（3）计算各组的频率；（4）指出工人按年龄分布的特征。

项目四 统计资料分析

——总量指标与相对指标

【学习目标】

本项目主要介绍对社会经济等现象有关的统计资料进行总量分析和相对分析的基础知识，包括总量指标的含义、相对指标的含义和各种计算方法及应用。通过学习，要求在理解总量指标、相对指标含义的基础上，能初步掌握各种相对指标的应用特点和计算技能，并能对要求不同的相对指标统计数据进行简单分析应用。

【重点难点】

□ 总量指标的种类

□ 相对指标的种类

□ 各种相对指标的计算和应用

【案例导入】

2017 年来自教育部网站的信息显示，2016 年，全国中等职业学校毕业生人数为 474.71 万，就业人数为 459.15 万，就业率为 96.72%，对口就业率为 75.60%。数据反映出 2017 年中职毕业生就业有以下几个特点：(1) 从就业去向看，到机关、企事业单位就业的占就业人数的 45.49%；合法从事个体经营的占 13.85%，表明在国家鼓励创新创业大形势下，不少毕业生选择了创业就业道路。升入各类高一级学校就读的占 25.10%，比 2015 年增加 5.08 个百分点。这充分表明，中高职衔接立交桥不断拓宽，为更多中职毕业生接受更高层次教育提供了机会。(2) 从就业结构看，从事第一产业的占直接就业人数的 8.55%；从事第二产业的占 31.43%；从事第三产业的占 60.02%，表明服务业成为中职毕业生就业的主渠道。(3) 从就业地域分布看，185.48 万人在本地就业，占直接就业人数的 67.26%；0.94 万人在境外就业，占 0.34%；89.37 万人在异地就业，占 32.40%，这表明，中职毕业生就业地域仍然以本地就业为主，成为地方产业大军的主要来源和经济社会发展的重要人才支撑。(4) 从就业质量看，在直接就业学生中，签订劳动合同的比例达 88.68%，就业稳定性较高。就业月平均起薪 2 001 ~ 3 000 元的占 37.70%，3 000 元以上的占 15.76%，比 2015 年增加了 3.74

个百分点，有社会保险的就业毕业生达 84.61%，毕业生的薪金待遇和社会保障状况有较大改善，毕业生对就业满意度表示不满意的仅占毕业生总数的 3.38%。在这里，通过总量指标和相对指标对总体（全国中职生）的描述，才使我们对 2016 年中职生的就业情况有了全面具体的了解。在社会生活中，媒体上也常开辟有“数字新闻”“新闻调查”等专题栏目，通过总量指标和相对指标来描述被调查研究对象的特征，使我们对现象有深刻、全面的认识。下面我们将学习总量指标和相对指标的含义、计算方法以及在社会经济生活中的应用。

任务一

总量指标分析

一、总量指标的认识

总量指标是用绝对数来反映现象总体在一定时间、地点、条件下的总规模、总水平的综合指标。又称绝对数、绝对量指标。例如，我国国土面积为960万平方公里，2014年末总人口为13.4091亿人，其中，男性为7.0079亿人，女性为6.6703亿人；私人汽车拥有量为12 339.36万辆。

一般来说，总量指标与总体范围成正比，总体范围越大，总量指标数值也越大；总体范围越小，总量指标数值也越小。

总量指标是社会经济统计最基本的指标，它在统计工作中具有十分重要的作用。

（1）总量指标是认识事物的起点。它可以反映一个国家的国情、国力，也可以反映一个地区、一个部门甚至一个企事业单位的人力、物力、财力的基本情况。例如，某中职学校有在校学生3 000人，高级讲师30名，中级讲师110名，双师型的教师80名，拥有多媒体课室150间。

（2）总量指标是编制计划、检查计划、实行科学管理的重要依据。例如，我国现有人口13亿多，要满足这么多人口日益增长的物质和文化生活的需要，就要考虑生产量与消费量之间的关系，组织安排好人们的生产与生活。

（3）总量指标是计算相对指标和平均指标的基础。总量指标是基础指标，相对指标和平均指标一般是由两个有联系的总量指标对比得到的，是派生指标。

议一议

利用班级的平均分或男女人数比例来理解总量指标为什么是计算相对指标和平均指标的基础。

二、总量指标的种类

1. 总体单位总量和总体标志总量

总量指标按反映现象总体的内容不同，分为总体单位总量和总体标志总量。总体单位总量简称为单位总量，是总体内的所有单位数之和。例如，某市商业企业数、中等职业技术学校数、高级技工人数等。而总体标志总量是总体中各单位标志值的总和。例如，某市商业企业总产值、利税总额、职工工资总额等。

总体单位总量和总体标志总量不是固定不变的，它们随研究目的改变而改变。

例如，要考察某市商业企业职工平均工资，则职工人数是单位总量，工资总额是标志总量。若要考察该市商业企业平均人数，则商业企业数是单位总量，职工人数变成了标志总量。

正确区分总体单位总量和总体标志总量，对于计算平均指标具有重要的意义。

2. 时期指标和时点指标

总量指标按反映的时间状况不同，分为时期指标和时点指标。

时期指标是反映现象总体在一段时期内发展变化的累计总量。例如，社会消费品零售总额、房地产成交量、出生人数等。

时点指标是表明现象总体在某一时刻所达到的总量，也称为存量指标。例如，某企业流动资金占用额、职工人数、商品库存量、企业设备台数等。

时期指标与时点指标均有各自的显著特点，时期指标具有可加性；其数值大小与时期长短有直接关系；数值的获取一般通过连续不断的登记取得。时点指标不具有可加性，相加之后没有实际意义；时点指标数值大小与间隔时间长短没有直接关系；时点指标数值的获取一般通过间断登记取得。

做一做

某商场销售洗衣机，2014 年共销售 60 000 万台，年库存 5 000 台，讨论哪个是时期指标？哪个是时点指标？总结判断这两个指标的方法。

三、总量指标的计量单位

总量指标的计量单位有实物单位、货币单位和劳动量单位。

1. 实物单位

实物单位是根据事物的属性和特点而采用的计量单位，主要有自然单位、度量衡单位、复合单位、双重单位、标准实物单位。

（1）自然单位。例如，汽车 10 万辆、人口 700 万、服装 2 万件、电脑 5 000 台等，其中的“辆、人、件、台”皆为自然单位。

（2）度量衡单位。例如，表示重量的有“吨、千克”；表示里程的有“公里、千米”；表示面积的有“平方米、平方公里”；表示容积的有“升、毫升”等。

（3）复合单位。例如，货物周转量用“吨公里”表示，发电量用“千瓦小时”表示等。

（4）双重单位。例如，人口密度用“人/平方公里”表示，电动机用“台/千瓦”表示等。

（5）标准实物单位。例如，棉纱以 20 支纱为标准纱，拖拉机以 15 马力为一标准台等。

以实物单位来计量的统计指标称为实物指标。实物指标能够直接反映事物的使用价值和实物内容，但综合性能较差，不同实物内容、不同计量单位的实物指标无法进行汇总计算。

2. 货币单位

货币单位是以货币为尺度来度量社会财富和劳动成果或劳动消耗的一种计量单位。例如，元、万元、亿元等。

以货币单位来计量的统计指标称价值指标。价值指标具有广泛的综合性能和概括能力，在实际中被广泛应用，但价值指标脱离了具体的物质内容，比较抽象。因此，在实际工作中，往往将价值指标与实物指标结合应用，以便更全面地分析问题。

3. 劳动量单位

劳动量单位是以劳动时间来表示的计量单位。例如，工时、工日等。用劳动量单位来计量的总量指标称为劳动量指标。劳动量指标一般适用于工业、建筑业内部的核算。

任务二

相对指标分析

总量指标只能说明现象总体本身的总量，而不能说明现象之间的相互联系，以及现象发展的好与坏、多与少、快与慢，研究相对指标就能帮助我们解决这些问题。

一、相对指标的认识

相对指标又称相对数，是由两个有联系的指标数值对比而得到的比值。用来对比的分子分母可以是绝对数、相对数或平均数。相对指标是用来反映社会经济现象之间的数量对比关系和联系程度的。其最大特点是将两个对比的指标数值抽象化，因此，相对指标可以使那些无法直接对比的总量指标找到了共同的比较基础，所以，相对指标被广泛应用到统计资料分析中。

相对指标的表示方法包括有名数和无名数两种。有名数是相对指标的另一种表现形式，一般是由对比的分子与分母的计量单位组合而成，部分强度相对指标就是用有名数表示的。但是大多数相对指标是用无名数表示的。

无名数主要有系数、倍数、成数、百分数、百分点、千分数等。

系数倍数：是将对比的基数（即分母）抽象化为1而得到的比值。当分子与分母相差不大时用系数表示，当分子比分母大许多时用倍数表示。

基尼系数是意大利经济学家基尼于1922年提出的定量测定收入分配差异程度的指标。基尼系数介于0～1之间：基尼系数等于0，表示收入分配绝对平均；基尼系数等于1，表示收入分配绝对不平均；若低于0.2，表示收入高度平均；0.2～0.3表示比较平均；0.3～0.4表示相对合理；0.4～0.5表示收入差距较大；0.6以上表示收入差距悬殊。

知识拓展

成数：是将对比的基数抽象化为 10 而得的比值。例如，今年粮食产量比去年增长一成，即增长$\frac{1}{10}$或 10%；若增长两成，即增长$\frac{2}{10}$或 20%。

百分数：是将对比的基数抽象化为 100 而得到的比值，用符号“%”表示，它是相对指标中最常用的一种表现形式。例如，考试及格率为 94%。

百分点：是百分比的增减量，即增减 1 个百分点等于增减 1%。例如，原来人民币一年期存款利率为 2.25%，从 2015 年 6 月 28 日起下调 0.25 个百分点，那么人民币一年期存款利率现为 2.00%。

千分数：是将对比的基数抽象化为 1000 而得到的比值，用符号“‰”表示，一般适用于分子比分母小很多的情况。例如，人口出生率、人口死亡率、人口自然增长率等指标一般都用千分数表示。

二、相对指标的种类和计算

常用的相对指标主要有以下六种：计划完成程度相对数、结构相对数、比例相对数、比较相对数、动态相对数、强度相对数。下面一一介绍它们的计算方法。

（一）计划完成程度相对指标

计划完成程度相对指标，又称为计划完成程度相对数或计划完成百分比，是用一定时期实际完成数与计划任务数对比而得到的比值，结果一般用百分数表示，主要用于检查监督计划执行情况。基本计算公式为：

$$\text{计划完成程度} = \frac{\text{实际完成数}}{\text{计划任务数}} \times 100\%$$

在计算和应用计划完成程度指标时，要注意下面几个问题：

（1）分子、分母不能颠倒计算；

（2）分子、分母必须属同一个总体；

（3）分子、分母在指标含义、计算方法、计量单位等方面要一致。

计划完成情况的检查，可分为短期计划检查和长期计划检查两种。

1. 短期计划检查

短期计划一般指一年和一年以内的计划，其检查有计划进度检查和计划完成程度检查之分。

（1）进度检查，是用计划期内某一段时间的实际累计完成数与全期计划数之比来分析的，其计算公式为：

$$计划执行进度=\frac{某一阶段的实际完成数}{全期计划数}\times100\%$$

计划执行进度指标主要用于考核企业计划执行情况是否均衡，有无前松后紧的现象。

（2）完成程度检查，是用整个计划期间的实际完成数与计划任务数对比而得到的比值，由于计划任务数有绝对数、相对数和平均数三种表现形式，因此检查计划完成程度的方法就有所不同。

当计划数为绝对数时：$计划完成程度=\frac{实际完成数}{计划任务数}\times100\%$

【例4-1】　某商场2004年计划销售空调1 000万元，实际销售了1 200万元。问该商场计划完成情况如何？

解：$计划完成相对数=\frac{1\ 200}{1\ 000}\times100\%=120\%$

结果表明：该商场超额20%完成空调销售计划。

当计划数为相对数时：$计划完成程度=\frac{1+(-)实际提高(降低)率}{1+(-)计划提高(降低)率}\times100\%$

【例4-2】　某企业生产某产品，上年实际成本为420元，本年度计划规定成本降低6%，实际降低了8%；同时，计划规定劳动生产率比上年提高10%，实际提高了15%，要求检查企业成本计划和劳动生产率计划完成情况。

解：$成本计划完成相对数=\frac{1-8\%}{1-6\%}\times100\%=97.87\%$

$1-97.87\%=2.13\%$

结果表明成本是超额2.13%完成计划。

$劳动生产率计划完成程度=\frac{1+15\%}{1+10\%}\times100\%=104.55\%$

$1-104.55\%=4.55\%$

结果表明劳动生产率是超额4.55%完成计划。

当计划数为相对数时，在实际工作中也有采用相减的方法来计算的，如例4-2中，用8%-6%=2%，表明实际成本比计划多降低了2个百分点；用15%-10%=5%，表明实际劳动生产率比计划多提高了5个百分点。当然也有采用相加的方法来计算的情况，但采用相加减的方法适用条件非常有限，且计算结果较为不精确。

【例 4－3】 2013 年我国城镇和农村居民家庭恩格尔系数分别为 35% 和 37.7%，比上年分别下降 1.2 个和 1.6 个百分点，那么 2012 年城镇和农村居民家庭恩格尔系数分别是多少？

解：2012 年城镇家庭恩格尔系数 = 35% + 1.2% = 36.2%

2012 年农村居民家庭恩格尔系数 = 37.7% + 1.6% = 39.3%

知识拓展

恩格尔系数是根据恩格尔定律而得出的比例数。19 世纪中期，德国统计学家和经济学家恩格尔对比利时不同收入的家庭的消费情况进行了调查，研究了收入增加对消费需求支出构成的影响，提出了带有规律性的原理，由此被命名为恩格尔定律。其主要内容是指一个家庭或个人收入越少，用于购买生存性的食物的支出在家庭或个人收入中所占的比重就越大。对一个国家而言，一个国家越穷，每个国民的平均支出中用来购买食物的费用所占比例就越大。恩格尔系数则由食物支出金额在总支出金额中所占的比重来最后决定。恩格尔系数达 59% 以上为贫困，50% ~59% 为温饱，40% ~50% 为小康，30% ~40% 为富裕，低于 30% 为最富裕。

当计划数为平均数时：

$$计划完成程度 = \frac{实际平均水平}{计划平均水平} \times 100\%$$

【例 4－4】 某企业生产某产品计划单位成本为 100 元，实际单位成本为 90 元。问该企业单位成本计划完成情况如何？

解：$计划完成相对数 = \frac{90}{100} \times 100\% = 90\%$

结果表明：该企业超额 10% 完成单位成本计划。

如何评价计划完成程度呢，要以计划指标的性质和要求为标准。

（1）当计划指标是以最低限额规定的，即要求以“**多而快**”来完成计划，如商品销售额、利润额、财政收入、劳动生产率等成果性指标，则计划完成程度以大于 100% 为好现象，为超额完成计划，小于 100% 为未完成计划。

（2）当计划指标是以最高限额规定的，即要求以“**少而省**”来完成计划，如单位产品成本、原材料消耗、商品流通费用、财政支出等消耗支出性指标，则计划完成程度以小于 100% 为好现象，为超额完成计划，大于 100% 为未完成计划。

2. 长期计划检查

长期计划是主要是指五年、十年计划。长期计划有两种不同布置任务的方法：**一是**规定长期计划期末应达到某一水平，**二是**规定整个长期计划期间累计应达到某一总数，其相应的计划完成程度的检查方法就有水平法和累计法两种。

（1）水平法。

$$计划完成程度=\frac{计划期最后一年实际达到的水平}{计划期最后一年规定达到的水平}\times 100\%$$

【例 4－5】 某汽车制造厂“十二五”计划规定最后一年生产量应达到 40 万台，实际达到了 42 万台，则

$$计划完成程度=\frac{42}{40}=105\%$$

提前完成五年计划的时间：从五年计划的第一年开始，从前往后考察，只要有连续一年时间（可以不在同一个日历年内），实际完成的水平达到了计划规定的最后一年的水平，就算完成了计划，所余时间即为提前完成五年计划的时间。

【例 4－6】 某企业生产某产品五年计划规定最后一年的年生产能力应达到 45 万吨，实际执行情况如表 4－1 所示。

表 4－1 五年计划产量完成情况表 单位：万吨

时间	第一年	第二年	第三年		第四年				第五年			
			上半年	下半年	第一季度	第二季度	第三季度	第四季度	第一季度	第二季度	第三季度	第四季度
产量	33	35	18	20	9	10	10	11	12	12	13	13

用水平法计算五年计划完成程度及提前完成计划任务的时间。

解： 五年计划完成程度 $=\frac{12+12+13+13}{45}\times100\%=111.11\%$

从第一年开始，逐年考察计划完成的时间，发现从第四年的第三季度开始至第五年的第二季度止连续一年产量达到了 45 万吨，后面余下的时间正好是两个季度，由此说明提前两个季度完成该五年计划。

（2）累计法。

$$计划完成程度=\frac{长期计划期间实际累计数}{长期计划期间计划规定累计数}\times100\%$$

【例 4－7】 某地区“十二五”计划规定基建投资总额规定为 20 亿元，而实际执行到 2015 年 5 月 15 日止投资额已达到 20 亿元，年底达到 25 亿元，计算五年计划完成程度及提前完成计划任务的时间。

解： 五年计划完成程度 $=\frac{25}{20}\times100\%=125\%$

又知实际执行至 2015 年 5 月 15 日止，基建投资总额恰好是 20 亿元，2015 年 5 月 15 日距离 2015 年 12 月 31 日正好是 7.5 个月，这表明提前 7.5 个月完成五年计划。

计划完成相对指标的特点：①对比数为同一总体；②分子分母不能互换；③计算结果视指标性质而定：一是若指标表现为越高越好，如产值（量）、劳动生产率值，其值≥1，结果越好；二是若指标表现为越低越好，如费用、消耗、成本，其值≤1，结果越好；三是基建投资额、工资等，其值越接近 1，结果越好。

（二）结构相对指标

结构相对指标，也称结构相对数、比重或比率，它是在统计分组的基础上，用总体内某一部分数值与总体全部数值之比所得的比值，以反映总体内部的构成情况。其计算公式为：

$$结构相对指标=\frac{总体中某一部分数值}{总体全部数值}\times100\%$$

上式中的分子与分母是各组总体单位数与总体单位总量的对比，也可以是各组标志值与总体标志总量的对比。结构相对指标一般用百分数表示，各部分所占比重之和必须等于 100% 或 1。

【例 4-8】 第 30 届伦敦奥运会金牌榜统计见表 4-2。

表 4-2　　第 30 届伦敦奥运金牌榜

国家/地区	美国	中国	英国	俄罗斯	韩国	其他	合计
金牌数	46	38	29	24	13	152	302
比重（%）	15	13	10	8	4	50	100

结构相对指标，主要用于揭示社会经济现象在一定时间、地点、条件下的总体特征，反映总体内部结构变化过程和发展趋势。

结构相对指标的特点：①各部分计算结果 <1；②各部分比重之和 =1；③分子分母不能互换。

（三）比例相对指标

比例相对指标，也称为比例相对数，是同一总体内不同组成部分指标数值对比的结果，用来表明总体内部的比例关系。其计算公式为：

$$比例相对指标 = \frac{总体中某一部分数值}{总体中另一部分数值}$$

比例相对指标可以用百分数表示，也可以用比的形式表示。例如，2014 年年末我国总人口 13.6782 亿人，其中男性为 7.0079 亿人，女性为 6.6703 亿人，男女性别比约为 105∶100。

比例相对指标对于国民经济宏观调控具有重要意义，利用比例相对指标可以分析国民经济中各种比例关系。例如，调整国内生产总值中三大产业的比例关系可以促进市场经济稳步协调发展。

比例相对指标和结构相对指标作用相同，都是揭示现象内部组成结构，但是它们的对比方法和侧重点有所不同。结构相对指标的分母与分子是一种包含关系，分子与分母不能互换；而比例相对指标的分子与分母是一种并列关系，可以互换。

比例相对指标特点：①分子、分母可互换；②同一总体内；③各部分之间比例之和不等于 100%。

（四）比较相对指标

比较相对指标，也称比较相对数，是不同总体的同类指标对比，表明现象在不同国家、不同地区、不同部门之间的数量对比关系。其计算公式为：

$$比较相对指标=\frac{甲单位（空间）的某一指标数值}{乙单位（空间）的同一指标数值}$$

式中，分子、分母的指标含义、计算方法和计量单位必须一致。比较相对指标一般用百分数或倍数表示。

例如，2014 年底 A 企业销售收入为 4 000 万元，B 企业销售收入为 500 万元，那么 A 企业销售收入为 B 企业销售收入的 8 倍。

比较相对指标可以是两个总量指标的对比，也可以是两个相对指标或平均指标的对比。利用比较相对指标，对社会经济现象在不同地区、不同部门、不同单位之间数量表现进行比较分析，可以揭示其差别程度，为领导决策提供依据。

比较相对指标的特点：①对比的分子分母必须是同质现象；②分子、分母可互换。

（五）动态相对指标

动态相对指标，也称动态相对数、发展速度，是现象总体的同一指标在不同时间的对比，反映现象总体发展变化的程度。其计算公式为：

$$动态相对指标=\frac{报告期某一指标数值}{基期同一指标数值}\times100\%$$

例如，某国家 2010 年人口平均预期寿命为 59.64 岁，2020 年平均预期寿命为 64.37 岁，则该国家人口平均预期寿命的动态相对指标为 107.93%。

对于动态相对指标的详细介绍将在时间数列中进行。

（六）强度相对指标

强度相对指标，也称强度相对数，是同一时期内两个性质不同但有联系的总量指标之比。用来反映社会经济现象的强度、密度和普遍联系程度。其计算公式为：

$$强度相对指标=\frac{某一总量指标数值}{另一性质不同但有联系的总量指标数值}$$

【例 4－9】 某地区土地面积为 3.6 万平方公里，2014 年年平均人口数为

2 257.128万。则：

$$人口密度=\frac{2\ 257.128}{3.6}=626.98（人/平方公里）$$

强度相对指标的表现形式一般为有名数，它是由分子与分母的计量单位复合而成。

例如，人均国内生产总值用元/人表示，人口密度用人/平方公里表示等；强度相对指标也有用百分数、千分数等无名数表示的，如商品流通费用率用“%”表示，人口出生率用“‰”表示等。

强度相对指标在统计研究中具有十分重要的作用，其作用主要表现在以下几个方面：

1. 能够反映一个国家或地区的经济实力

一个国家或一个地区的经济实力受该国或地区人口多少的影响非常大，所以仅用总量指标来直接对比是片面的，还需用强度相对指标作更深层次的对比分析。

2. 能够反映现象的密度和普遍程度

人民生活是否便利、舒适，生活水平是否有较大幅度提高，与有些事物的密度和普遍程度密切相关。例如，医疗网点密度说明了人口数和医疗服务机构之间相对关系，电话普及率说明了电话的普及程度，人口密度说明一个国家或地区人口分布的稠密程度。

3. 能够反映企业经济效益的好坏

考核企业经济效益的好坏，不能只用利润总额多少、上缴税金多少来反映，而要把企业的利润和上缴税金联系起来进行研究，计算资金利税率，这一强度相对指标高，说明企业的固定资产和流动资产使用的经济效益好。还可以计算其他一些强度相对指标来反映企业经济效益的好坏，如流通费用率、成本利润率等。

在计算和应用强度相对指标时，要注意和平均指标相区别。平均指标要求分子与分母有严格的一一对应关系，强度相对指标只要求分子与分母有联系，而不需要有严格的一一对应关系。如平均工资、平均成绩为平均指标，人均粮食产量、人均钢产量为强度相对指标。

想一想

如何理解上面所提分子分母的一一对应关系？

在强度相对指标的应用过程中，可根据需要将对比指标的分子与分母互换，从而产生了正指标和逆指标两种计算形式。如商业网点密度指标：

$$商业网点密度=\frac{某地区商业机构数}{该地区人口数}\qquad（正指标）$$

$$或=\frac{某地区人口数}{该地区商业机构数}\qquad（逆指标）$$

强度相对指标结果越大，反映现象的强度、密度越大，则说明是正指标；反之，结果越大，反映现象的强度、密度越小，则说明是逆指标。但并不是所有的强度相对指标的分子与分母都可以互换。

例如，人口出生率、人均国内生产总值、资金利税率等的分子与分母是不能互换的。

强度相对指标的特点：①不同总体对比；②具有平均含义；③分子分母可互换。

三、应用相对指标应注意的问题

统计相对数是一种抽象化的指标数值，是对现象进行对比分析的一个重要手段，要使这种对比分析准确地、深刻地反映出现象之间的联系，充分发挥统计相对数的作用，在计算应用统计相对数时必须注意以下几个问题：

（1）必须注意指标的可比性。

（2）相对数与绝对数结合起来运用。

（3）要正确地选择作为比较标准的基期。

（4）为了从各方面分析和研究问题，需要把各种相对数结合起来使用。

议一议

在应用相对指标时，如果没有注意上述四个问题，对统计资料的分析会有什么样的结果？

任务三

Excel 在总量指标和相对指标分析中的应用

【例 4－10】　某公司下属三个企业生产同种产品，资料如表 4－3 所示，试计算表中所缺数值。

表 4－3　　　　　　　　单位：万吨

企业	2013 年产量	2014 年产量		2014 年计划完成程度（%）	2014 年实际产量为 2013 年的百分比（%）
		计划产量	实际产量		
甲	160	170	165		
乙	130	138	150		
丙	175	190	200		
合计					

解：将原始资料依次输入 Excel 表中的 A、B、C、D 列，得到结果如图 4－1 所示。

	A	B	C	D
1	企业	2013年产量	2014 年	
2			计划产量	实际产量
3	甲	160	170	165
4	乙	130	138	150
5	丙	175	190	200

图 4－1

（1）计算总量指标，即 B、C、D 三列合计数。

方法一：单击 B6 单元格，在单元格内输入“＝SUM（B3：B5）”，回车确认，即可得到 B 列合计数。同理得到 C、D 列合计数。

方法二：单击 B6 单元格后，点击“Σ”按钮，按“回车”键，即可得到 B 列合计数。同理得到 C、D 列合计数。

方法三：首先用前两种方法计算出 B 列合计数，然后点击该单元格，将鼠标指针移至该单元格的右下方，当指针变成“+”时，按住鼠标左键向右拖至 C、D 列合计单元格，即得到了 B、C、D 三列合计数。

（2）计算相对指标。

计划完成程度的计算：单击单元格 E3，输入公式“=D3/C3 * 100”，按“回车”键，即可得到甲企业的计划完成程度。再点击单元格 E3，将鼠标指针移至该单元格的右下方，当指针变成“+”时，按住鼠标左键向下拖至 E6 放开，即可得到其他几个计划完成程度指标。

动态相对指标的计算：单击单元格 F3，输入公式“=D3/B3 * 100”，按“回车”键，即可得到甲企业的动态相对指标。再单击单元格 F3，将鼠标指针移至该单元格的右下方，当指针变成“+”时，按住鼠标左键向下拖至 F6 放开，即可得到其他几个动态相对指标。

案 例

某电器商电视机销售量资料分析

表 4－4　　**某电器商电视机销售量**　　单位：万台

项目	2014 年	2015 年		
		计划	实际	龙头企业
液晶	20	22	25	30
纯平	46	50	51	60
合计	66	72	76	90

试应用所学的各种相对指标对上述资料进行分析。

案例分析过程：

上述资料可以分别采用计划完成程度相对指标、结构相对指标、比例相对指标、比较相对指标和动态相对指标进行统计分析。

1. 计算计划完成程度相对指标（见表 4－5）。

表 4－5

项目	2015 年		
	计划（万台）	实际（万台）	计划完成程度（%）
液晶	22	25	113.64
纯平	50	51	102.00

计算结果表明，液晶和纯平两个品种的电视机均已超额完成销售计划。

2. 计算结构相对指标（见表 4－6）。

表 4－6

项目	2014 年		2015 年					
	实际（万台）	比重（%）	计划（万台）	比重（%）	实际（万台）	比重（%）	龙头企业（万台）	比重（%）
液晶	20	30.3	22	30.6	25	32.9	30	33.3
纯平	46	69.7	50	69.4	51	67.1	60	66.7
合计	66	100	72	100	76	100	90	100

计算结果表明，随着人民生活水平的提高，消费者的购买力也在不断增强，人们更加关注健康环保的产品，如液晶电视的销售比重从 2014 年的 30.3% 上升到 2015 年的 32.9%，纯平电视比重则从 69.7% 下降到 67.1%。

3. 计算比例相对指标。

2014 年液晶销售量是纯平的 43.48%，2015 年液晶销售量是纯平的 49.02%，可见，液晶电视的销售比例在逐年提高。

4. 计算比较相对指标。

2015 年实际销售额与龙头企业对比，液晶销售量是龙头企业的 83.33%，纯平销售量是龙头企业的 85%，总体销售情况是龙头企业的 84.44%。说明该企业与龙头企业差距不大。但要赶超，还需查找原因对症下药。

5. 计算动态相对指标（见表 4－7）。

表 4－7

项目	2014 年实际（万台）	2015 年实际（万台）	动态相对指标（%）
液晶	20	25	125.00
纯平	46	51	110.87
合计	66	76	115.15

由计算结果可知，两种彩电的销售量总体增长 15.15%，其中，液晶电视的增长幅度较大，达 25%。纯平增长 10.87%，总体情况良好。

关键词

总量指标　总体单位总量　总体标志总量　时期指标　时点指标　相对指标　计划完成程度相对指标　结构相对指标　比例相对指标　比较相对指标　动态相对指标　强度相对指标

技能训练与应用

1. 某企业生产某产品，2016 年单位成本为 200 元，2017 年计划降低 5%，实际执行结果是超额 2% 完成计划任务，问 2017 年计划成本和实际成本各是多少？

2. 某公司所属两个分厂的产值计划完成情况如下：第一分厂实际产值 500 万元，刚好完成计划；第二分厂实际产值 880 万元，超额完成计划 10%，试计算该公司产值计划完成程度。

3. 某统计员在统计分析报告中写道：

"我厂销售收入计划规定 2 500 万元，实际完成 2 550 万元，超额完成计划 2%；销售利润率计划规定 8%，实际完成为 12%，超额完成计划 4%；劳动生产率计划规定比去年提高 5%，实际提高 5.5%，完成计划 110%，产品单位成本计划规定比去年下降 3%，实际下降 2.5%，则实际比计划多下降了 0.5%。"

要求：指出报告中哪些指标计算有误，并改正。

4. 某商业系统有三个百货公司，其商品销售额如表 4－8 所示。

表 4－8

公司	商品销售额（万元）		
	计划数	实际数	计划完成%
甲	650	700	
乙			103
丙	600		
合计	2 000	2 200	

试计算空缺的数值。

5. 某产品按五年计划规定最后一年产量应达到 300 万吨，五年内累计完成产量应为 1 200 万吨，实际情况如表 4－9 所示。

表 4－9

	第一年	第二年	第三年	第四年				第五年			
				第一季度	第二季度	第三季度	第四季度	第一季度	第二季度	第三季度	第四季度
产量（万吨）	210	230	250	65	65	70	75	75	80	80	85

要求：

（1）用水平法和累计法检查五年计划完成程度；

（2）用水平法和累计法分别检查提前完成计划任务的时间。

6. 某地区有人口 100 万，零售百货商店有 500 个，试用正指标和逆指标计算该地区的商业网点密度。

7. 某地区 2015 年、2016 年工业总产值资料如表 4－10 所示。

表 4－10 单位：万元

	2015 年		2016 年	
	计划	实际	计划	实际
工业总产值	7 000	7 200	7 500	7 850
其中：轻工业	3 000	2 700	3 000	3 250
重工业	4 000	4 500	4 500	4 600

根据表 4－10 资料可计算哪几种相对指标，试计算之。

项目五 统计资料分析
——平均指标与标志变异指标

【学习目标】

本项目主要介绍对社会经济现象总体的统计资料分布分析的基础知识，包括平均指标的含义和作用、平均指标的各种计算方法、标志变异指标的含义和作用、各种标志变异指标的计算方法和应用等。通过学习，既可为以后统计资料中时间数列的水平、速度与趋势分析、抽样推断分析以及相关统计分析打下基础，同时在初步掌握平均指标、标志变异指标的计算和应用技能的基础上，学会利用平均指标、变异指标及利用组平均数补充说明总平均数的原理对社会经济现象进行对比分析的能力。

【重点难点】

- □ 平均指标的作用
- □ 平均指标的各种计算方法和应用
- □ 标志变异指标的作用
- □ 标志变异指标的计算方法和应用

【案例导入】

平均指标我们都不陌生，无论是在工作学习中，还是在日常生活中，有关平均指标的资料比比皆是，我们经常接触它，根据我们的理解去使用它。例如，在歌唱比赛中，我们经常听到主持人宣布："去掉一个最高分，去掉一个最低分，×号选手最后平均得分为95分"。为什么要去掉最高分、去掉最低分，再计算其他评委的平均数，作为选手的最后得分呢？

又如在企业劳动技能竞赛中，某车间两个班组（均有5个工人）生产同一种产品，同一单位时间内两组工人产量数量如表5－1所示。

表5－1

工人编号	1	2	3	4	5	合计	平均
甲组（件）	300	250	200	150	100	1 000	200
乙组（件）	208	205	202	200	185	1 000	200

现如果只能评选一个组为先进组，如何确定？想知原委，请一起进入本项目的学习。

任务一

平均指标分析

统计资料中，总体单位标志值的分布同时具有两大趋势：一是集中趋势；二是离散趋势。平均指标作为标志值一般水平的代表，能够反映标志值分布的集中趋势。而标志值的离散程度则由标志变异指标来测定，它具有评价平均指标代表性大小的作用。

一、平均指标的作用

平均指标又称为平均数，反映现象总体各单位某一数量标志值的一般水平和代表性水平。平均指标数是社会经济现象值最常用的一种综合指标。

例如，我们经常计算的某门课的班级平均分数，就是全班同学成绩的一般水平。在全班同学总体中，每位同学是总体单位，成绩 80 分、90 分、78 分等都是数量标志值。大家成绩参差不齐，各不相同，如何反映全班同学总体水平？经过计算，用平均数（假定 80 分）来反映。平均分数就是全班同学成绩的最一般水平、最典型水平，最具有代表性。

平均指标的显著特点：它不是某一单位的具体数值，而是代表总体某种数量标志的一般水平，是总体各单位的代表值；平均指标把总体各单位标志值的差异给抽象化了，它是一个抽象化的数值。

由于平均指标能够综合反映某种社会经济现象总体在一定条件下的一般水平，所以它应用很广泛，其作用主要表现在以下几个方面：

（一）可以反映总体各单位分布的集中趋势

在社会经济现象总体中，各单位中某一数量标志值往往各不相同，通常情况下，标志值很大或标志值很小的单位比较多，而逐渐靠近平均数的单位数逐渐增多，标志值围绕在平均数周围的单位占最大比重。平均指标反映了标志值变动的集中趋势。

例如，某市职工年平均工资13000元就反映了职工工资水平的集中趋势，是职工工资在具体条件下所达到的一般水平。

（二）可以对现象在不同空间、不同地区、不同单位的同类现象的水平进行对比

例如，甲、乙两个公司12月份职工工资总额分别是100万元和200万元，职工人数分别为800人和2 000人，尽管从总量指标“工资总额”和“职工人数”看，乙公司均高于甲公司，但从“人均工资”这一平均指标看，甲公司要高于乙公司250元/人。这个结果表明，甲公司工资水平高于乙公司。这一结果是通过平均指标的空间对比获得的。

同理，利用平均指标，可以对同一现象在不同时间进行比较分析。

例如，将现在职工平均工资与改革开放前的工资水平进行比较分析，从中显示出职工工资水平的大幅度提高。

（三）可以分析现象之间的依存关系

由于平均指标是代表总体某种数量标志的一般水平，在对现象总体进行分组的基础上，可以通过计算各组的平均指标，分析现象之间的依存关系。

例如，粮食产量与施肥量之间存在着依存关系，即在一定的限度内，施肥量与粮食亩产量呈正方向变化，当施肥量超过一定的限度时，二者呈反方向变化。

（四）可以进行数量上的估算

在统计估计和预测中，往往利用并根据部分单位标志值计算的平均指标推算总体平均指标，或者以总平均指标推算总体标志总量。

例如，已知市内某区牛奶的人均消费量，可以采用科学方法，推断全市的人均牛奶消费量，也可以推断全市牛奶的消费总量。

二、平均指标的种类和计算

统计中常用的平均指标有算术平均数、调和平均数、几何平均数、众数和中位数。前三种是由变量数列中各标志值参与计算得到的，称为数值平均数；而后两种是由变量数列中标志值所处的位置来确定的，称为位置平均数。下面一一介绍它们的计算方法。

（一）算术平均数

算术平均数是统计中最常用的一种平均指标，它是用某一现象总体的标志总量除以单位总量。用公式表示为：

$$\text{算术平均数} = \frac{\text{总体标志总量}}{\text{总体单位总量}}$$

【例 5－1】 某小学 5 月在编教职工 100 人，工资总额为 320 000 元，则该校平均工资为：

$$\text{平均工资} = \frac{320\ 000}{100} = 3\ 200\ （\text{元}）$$

算术平均数根据所掌握资料不同可分为简单算术平均数和加权算术平均数。

1. 简单算术平均数

若总体未经任何分组，且掌握的资料是总体各单位的标志值，这时用简单算术平均数计算平均指标，其计算公式为：

$$\bar{x} = \frac{\sum x}{n} = \frac{x_1 + x_2 + \cdots + x_n}{n}$$

式中：$\bar{x}$ 为算术平均数；x_i 为标志值；n 为总体单位数；$\sum$ 为求和符号。

【例 5－2】 一名警察在高速公路上随机观察了 6 辆车的车速，它们分别是 96、100、118、110、90、105（千米/小时），试问它们的平均车速是多少？

$$\bar{x} = \frac{96 + 100 + 118 + 110 + 90 + 105}{6} = 103.17\ (\text{千米/小时})$$

2. 加权算术平均数

若掌握的资料是已经分组的变量数列，则需用加权算术平均数计算，其计算公式为：

$$\bar{x} = \frac{\sum xf}{\sum f} = \frac{x_1 f_1 + x_2 f_2 + \cdots + x_n f_n}{f_1 + f_2 + \cdots + f_n}$$

式中：f 为各组次数；其余符号与简单算术平均数相同。

【例 5－3】 某同学在 A 商店买了 2 包饼干，单价是 6.5 元。走了没多远，看见 B 商店也有卖这种饼干的，每包 5.0 元，他又买了 3 包。则 5 包饼干的平均价格为：

$$\bar{x} = \frac{\sum xf}{\sum f} = \frac{6.5 \times 2 + 5.0 \times 3}{2 + 3} = 5.6\,(元)$$

加权算术平均数的权数有两种：一是绝对数权数，即次数；二是相对数权数，即比率或频率。对于同一个总体，用两种权数计算所得的结果应完全相同。用相对数作权数的加权算术平均数的计算公式为：

$$\bar{x} = \sum\left(x \cdot \frac{f}{\sum f}\right)$$

式中：$\frac{f}{\sum f}$即为相对数权数。

【例5－4】 某工厂某月的工人工资情况如表5－2所示。

表5－2　　某厂某月工人工资

按月工资分组（元）	工人人数（人）f	工人人数比重（%）$\frac{f}{\sum f}$	计算栏		
			组中值 x	xf	$x \cdot \frac{f}{\sum f}$
1 000元以下	50	6.25	900	45 000	56.25
1 000～1 200	100	12.50	1 100	110 000	137.50
1 200～1 400	450	56.25	1 300	585 000	731.25
1 400～1 600	180	22.50	1 500	270 000	337.50
1 600元以上	20	2.50	1 700	34 000	42.50
合计	800	100	—	1 044 000	1 305.00

要求：（1）用绝对数加权计算平均工资；

（2）用相对数加权计算平均工资。

解：（1）用绝对数加权计算平均工资：

$$平均工资 = \frac{\sum xf}{\sum f} = \frac{1\,044\,000}{800} = 1\,305\ （元）$$

（2）用相对数加权计算平均工资：

$$平均工资 = \sum\left(x \cdot \frac{f}{\sum f}\right) = 1\,305\ （元）$$

由组距式变量数列计算算术平均数，须先将组距式数列转换成单项式数列，如何转换呢？即计算各组组中值，用组中值近似代表各组变量值。

推一推

如何转换呢？

$$\bar{x} = \frac{\sum xf}{\sum f} = \frac{x_1 f_1 + x_2 f_2 + \cdots + x_n f_n}{f_1 + f_2 + \cdots + f_n}$$

当权数 $f_1 = f_2 = \cdots = f_n$ 时，会有什么结论？

（二）调和平均数

调和平均数是总体各单位标志值倒数的算术平均数的倒数，也称倒数平均数。根据掌握资料的不同，调和平均数有简单调和平均数和加权调和平均数之分。

1. 简单调和平均数

在资料未分组的情况下，用简单调和平均法计算调和平均数，其计算公式为：

$$H = \frac{n}{\sum \frac{1}{x}} = \frac{1 + 1 + \cdots + 1}{\frac{1}{x_1} + \frac{1}{x_2} + \cdots + \frac{1}{x_n}}$$

式中：H 代表调和平均数；其余符号与前面相同。

【例 5 -5】　某农贸市场某种蔬菜早、中、晚的价格分别为 2.5 元/千克、2.0 元/千克、2.3 元/千克，若早、中、晚各买 1 元，问该蔬菜早中晚的平均价格是多少？

解： 以上资料用表格呈现如表 5 -3 所示。

表 5 -3

	价格（元/千克）	购买额（元）
早	2.5	1
中	2.0	1
晚	2.3	1
合计	—	3

$$平均价格\ H = \frac{n}{\sum \frac{1}{x}} = \frac{购买总额}{购买总量} = \frac{1 + 1 + 1}{\frac{1}{2.5} + \frac{1}{2.0} + \frac{1}{2.3}} = 2.26\ （元/千克）$$

2. 加权调和平均数

在已经分组的条件下，用加权调和平均法计算调和平均数，其计算公式为：

$$H=\frac{\sum m}{\sum \frac{m}{x}}=\frac{m_1+m_2+\cdots+m_n}{\frac{m_1}{x_1}+\frac{m_2}{x_2}+\cdots+\frac{m_n}{x_n}}$$

式中：m 为标志总量，称为调和平均数的权数；其余符号与前面相同。

【例 5－6】 某农贸市场某种蔬菜早、中、晚的价格分别为 2.5 元/千克、2.0 元/千克、2.3 元/千克，早、中、晚分别购买了 5 元、6 元和 7 元，问该蔬菜早中晚的平均价格是多少？

解： 以上资料用表格呈现如表 5－4 所示。

表 5－4

	价格（元/千克） x	购买额（元） m
早	2.5	5
中	2.0	6
晚	2.3	7
合计	—	18

$$\text{平均价格 } H=\frac{\sum m}{\sum \frac{m}{x}}=\frac{\text{购买总额}}{\text{购买总量}}=\frac{5+6+7}{\frac{5}{2.5}+\frac{6}{2.0}+\frac{7}{2.3}}=2.24\ (\text{元/千克})$$

在统计中，调和平均数经常作为算术平均数的变形形式来使用，它们的关系是：若令 m = xf，则：

$$H=\frac{\sum m}{\sum \frac{m}{x}}=\frac{\sum xf}{\sum \frac{xf}{x}}=\frac{\sum xf}{\sum f}=\bar{x}$$

想一想

若已知价格和购买量资料，求平均价格是用算术平均、还是用调和平均呢？

如何区分是用算术平均数还是调和平均数？首先联系题目找出所要计算的平均数的分子和分母，若题目中缺分子资料用算术平均数计算；若缺分母资料则用调和平均数计算。如例5－6中，首先找出平均价格的分子和分母，它们分别是购买总额和购买总量，题目中缺分母（购买总量），所以用调和平均数计算。

（三）几何平均数

几何平均数，是总体各单位标志值的连乘积开项数次方根而求得的平均数，它是平均指标的另一种计算形式。当某些经济现象存在“总比率等于各个比率的连乘积”这种关系时，就需要采用几何平均法计算总体平均数。可见，几何平均数作为一种较为特殊的平均数，适用于平均比率和平均速度指标的计算。

根据资料的不同，几何平均数的计算有以下两种方式：

1. 简单几何平均数

当各变量值只出现一次时，采用简单平均法计算几何平均数。

假定有n个变量值，则简单几何平均数的基本计算公式为：

$$G=\sqrt[n]{(x_1,\ x_2,\ x_3,\ \cdots,\ x_n)}=\sqrt[n]{\prod x_i}$$

式中：G为几何平均数；x_i（i＝1，2，3，…，n）为变量值；n为变量值的个数；$\prod$为连乘符号。

【例5－7】　某厂加工某种零件要经过三道工序，每道工序的加工合格率分别为95%、97%、98%，则三道工序的平均合格率为：

$$G=\sqrt[n]{\prod x_i}=\sqrt[3]{95\%\times97\%\times98\%}\approx96.66\%$$

2. 加权几何平均数

如果每个变量值出现的次数不相同，则应该以次数为权数计算加权几何平均数。其计算公式为：

$$G=\sqrt[f_1+f_2+f_3+\cdots\cdots+f_n]{x_1f_1\cdot x_2f_2\cdot x_3f_3\cdots\cdots x_nf_n}=\sqrt[\sum f]{\prod xf}$$

式中：x_i（i＝1，2，3，…，n）为变量值；f_i（i＝1，2，3，…，n）为各变量值的次数；$\sum f$为次数的总和。

【例5－8】　将一笔钱存入银行，存期为10年，按复利计息。10年的利率分别是：第1年和第2年为0.05，第3～5年为0.08，第6～8年为0.10，第9～10年为0.12。求平均年利率。

计算平均年利率时，必须先将各年利率加1换算成本利率，然后按加权几何平均数计算平均年本利率，再减去1得平均年利率。

年平均本利率 $G=\sqrt[10]{1.052\times1.083\times1.10\times1.122}\approx1.0877$

年平均利率 $=1.0877-1=0.0877$

在实际工作中，几何平均数常常用来计算经济发展的平均速度。这个知识点我们在项目六还会学习到。

（四）众数（mode）

众数是总体中出现次数最多或最普遍的标志值。用符号 M_0 表示，它是一个位置平均数，因此不受数列极端数值的影响。

当总体分布均匀、没有明显的集中趋势时，则没有众数；若一个总体出现几个众多的标志值，则有几个众数。可见，一个总体可能有零众数、一个众数、两个众数或多个众数。

根据资料的不同，众数的确定一般有两种方法。

1. 由单项式数列确定众数

在单项式数列下，众数一看便知，即次数最多的那一组变量值为众数。

【例5－9】　某班50位同学的年龄情况如表5－5所示。年龄为18岁的人数最多，可见全班同学年龄的众数为18岁。

表5－5　某班50位同学的年龄资料

年龄（岁）	人数（人）
17	6
18	28
19	10
20	6
合计	50

2. 由组距式数列计算众数

首先根据分布次数确定众数组，然后由上限公式或下限公式计算众数的近似值。其计算公式为：

下限公式：$M_0=L+\frac{\Delta_1}{\Delta_1+\Delta_2}\times d$

上限公式：$M_0=U-\frac{\Delta_2}{\Delta_1+\Delta_2}\times d$

式中：M_0 为众数；L 为众数所在组的下限；U 为众数所在组的上限；Δ_1 为众数组的次数与前一组的次数之差；Δ_2 为众数组的次数与后一组的次数之差；d 为众数组的组距。

【例 5－10】　某班同学学习成绩分组资料如表 5－6 所示。

表 5－6　　某班同学成绩分组资料

成绩（分）	学生人数（人）
60 分以下	3
60～70	10
70～80	20
80～90	15
90～100	12
合计	60

要求：计算成绩的众数。

解：从学生人数资料可以看出，70～80 分为众数组，根据上限公式或下限公式计算众数如下：

$$M_0 = L + \frac{\Delta_1}{\Delta_1 + \Delta_2} \times d = 70 + \frac{10}{10+5} \times 10 = 76.67（分）$$

$$或\ M_0 = U - \frac{\Delta_2}{\Delta_1 + \Delta_2} \times d = 80 - \frac{5}{10+5} \times 10 = 76.67（分）$$

请观察

成人男女鞋鞋码的众数一般是多大？你班同学年龄的众数又是多少？

（五）中位数（median）

中位数，是将总体单位的标志值按大小顺序排列，居于中间位置的那个数叫中位数。用符号 M_e 表示，中位数的大小取决于它所处的位置，因此，它是一个位置平均数，不受极端数值的影响。

根据资料的不同，中位数的确定有下面两种情况：

1. 由未分组资料确定中位数

首先将标志值按大小顺序排列，然后由公式 $\frac{n+1}{2}$ 确定中位数所处位置，最后找出中位数。

如果标志值为奇数项，则正好有一个标志值处于中间位置，这个标志值就是中位数；如果标志值为偶数项，则有两个标志值处于中间位置，那么中位数是这两个数的算术平均数。

【例 5－11】 我国有 7 个城市同一天的气温分别为 28℃、22℃、25℃、24℃、26℃、29℃、29℃，这 7 个城市气温的中位数是多少？

问一问

中位数是 24℃吗？

解：首先，将标志值按大小顺序排列：22℃、24℃、25℃、26℃、28℃、29℃、29℃，然后计算中位数的位置：$\frac{7+1}{2}=4$。

由此得第四个标志值 26℃为中位数，并非 24℃为中位数。

【例 5－12】 上例增加了一个数值后，资料变为：我国有 8 个城市同一天的气温分别为 28℃、22℃、25℃、24℃、26℃、29℃、29℃、30℃，这 8 个城市气温的中位数又是多少？

解：首先将 8 个标志值排序，依次为 22℃、24℃、25℃、26℃、28℃、29℃、29℃、30℃，然后计算中位数的位置 $=\frac{8+1}{2}=4.5$

即中位数在第四个和第五个标志值之间，中位数 $=\frac{26+28}{2}=27$ ℃

2. 由分组资料确定中位数

首先根据公式 $\frac{\sum f+1}{2}$ 确定中位数的位置，然后计算向上累计或向下累计次数，由累计次数确定中位数组，最后根据上限公式或下限公式计算出中位数的近似值。

$$\text{下限公式：}M_e = L + \frac{\frac{\sum f}{2} - S_{m-1}}{f_m} \times d$$

$$\text{上限公式：}M_e = U - \frac{\frac{\sum f}{2} - S_{m+1}}{f_m} \times d$$

式中：M_e 为中位数；L 为中位数所在组的下限；U 为中位数所在组的上限；d 为中位数所在组组距；f_m 为中位数所在组的分布次数；S_{m-1} 为中位数所在组以前的累计次数；S_{m+1} 为中位数所在组以后的累计次数。

【例 5－13】　某班同学成绩分组资料如表 5－7 所示。

表 5－7　　某班同学成绩分组资料

成绩（分）	学生人数（人）	次数（人）	
		向上累计	向下累计
60 分以下	3	3	60
60～70	10	13	57
70～80	20	33	47
80～90	15	48	27
90～100	12	60	12
合计	60	—	—

要求：计算成绩的中位数。

解： 中位数组 $= \frac{\sum f + 1}{2} = \frac{60+1}{2} = 30.5$

由累计次数可知，中位数在 70～80 组，由上限公式或下限公式计算得：

$$M_e = L + \frac{\frac{\sum f}{2} - S_{m-1}}{f_m} \times d = 70 + \frac{\frac{60}{2} - 13}{20} \times 10 = 78.5\text{（分）}$$

$$\text{或 } M_e = U - \frac{\frac{\sum f}{2} - S_{m+1}}{f_m} \times d = 80 - \frac{\frac{60}{2} - 27}{20} \times 10 = 78.5\text{（分）}$$

比一比

请比较分析算术平均数、中位数和众数之间的区别。

三、应用平均数要注意的问题

在统计资料分析工作中，平均数的应用非常普遍，但在实践中，为了更好地对总体做出分析说明，要注意以下几点应用要求：

（1）计算和应用平均指标必须注意现象总体的同质性。只有在同质总体的基础上计算和应用平均指标，才有真实的社会经济意义。如果根据不同性质总体的数据资料计算平均指标，就会掩盖事物的本质差别，得到的平均数是虚构的平均数，不能真实反映现象的一般水平；

（2）用组平均数补充说明平均数；

（3）计算和运用平均数时，要注意极端数值的影响；

（4）在运用平均数分析时还应注意用分配数列补充说明平均数；

（5）把平均数与典型事例相结合。

任务二

标志变异指标分析

标志变异指标是和平均指标紧密相联的一种统计分析指标。在统计资料分析中，一方面要计算平均数，用以反映总体各单位标志值的一般水平，另一方面也要测定标志变异指标，用以反映总体各单位标志值之间的差异程度。所以，为了全面准确地反映出总体特征，在计算了平均数之后，还要进一步计算标志变异指标，以便对平均数做出补充说明，通过将两者结合应用，相辅相成，才能更全面地描述客观现象特征，反映现象总体的数量规律。

一、标志变异指标的作用

标志变异指标，也称标志变动度，是反映总体各单位标志值之间差异程度大小的综合指标。

标志变异指标在社会经济活动统计研究分析中具有十分重要的作用，其作用主要表现在以下几个方面：

（一）标志变异指标是衡量平均指标代表性大小的重要尺度

平均指标作为某一数量标志的代表值，其代表性如何？主要由标志变异指标来衡量。一般来说，标志变异指标大，平均指标的代表性就小；反之，标志变异指标小，平均指标的代表性就大。

【例 5－14】 现有甲、乙两组人的年龄资料分别为（单位：岁）：

甲组：10、20、50、80、90　　　　计算得到 $\bar{x}_{甲}=50$（岁）

乙组：48、49、50、51、52　　　　计算得到 $\bar{x}_{乙}=50$（岁）

显然，甲、乙两组人的平均年龄都是 50 岁，但甲组数据分散，说明其平均年龄的代表性小；相反，乙组数据较集中，说明其平均年龄的代表性大。

请回答：本项目案例导入中的问题？

（二）标志变异指标可用来研究现象量变过程的均衡性、稳定性和节奏性

在现实中，我们可以引用标志变异指标来衡量生产是否均衡，农产品新品种是否稳定等。如物资供应是否按时按量有节奏地进行；产品质量是否稳定在允许范围之内；商品销售计划执行情况是否均衡，有无前松后紧或前紧后松的现象等等，都可以用标志变异指标。

例如：有两个乡的水稻平均单产都是 400 千克，甲乡的水稻单产在 350～450 千克之间的地块，只占播种面积的 60%，而乙乡在 350～450 千克之间的地块，只占播种面积的 30%，试问：哪个乡具有比较稳定而又可靠的收获量？显然，在这种情况下，甲乡的收获量是比较稳定可靠的。所以，在计算平均数之后，还应该测定标志的变异指标或标志变动度。

二、标志变异指标的种类与计算

常见的标志变异指标有全距、平均差、标准差、离散系数等，其中全距、平均差、标准差的计量单位与平均指标的计量单位相同，一般为绝对数形式；而离散系数表现为相对数形式。

（一）全距

全距，又称极差，用符号 R 表示，是总体中最大标志值与最小标志值之差。用公式表示为：

R＝最大标志值－最小标志值

由上例资料计算甲、乙两组人年龄的全距分别为：

$R_{甲}=90-10=80$（岁）

$R_{乙}=52-48=4$（岁）

全距计算简便，容易掌握和理解，但它只考虑了最大值和最小值之间的变动程度，而没有考虑中间各个标志值的变动情况，因此，易受极端值的影响，具有一定的局限性。

（二）平均差

平均差是总体各单位标志值与其平均数离差绝对值的算术平均数。一般用符号 AD 表示。

平均差是由各个标志值计算得到的，因此它克服了全距的不足，能够反映总体各单位各个标志值的变动情况。根据掌握的资料不同，平均差有简单平均和加权平均两种计算方法。

1. 未分组资料用简单平均法计算

$$AD = \frac{\sum |x - \bar{x}|}{n}$$

想一想

分子为什么要用绝对值符号，能取消它吗？并一同理解“标志值与其算术平均数的离差之和恒等于零”的算术平均数的性质。

2. 分组资料用加权平均法计算

$$AD = \frac{\sum |x - \bar{x}| f}{\sum f}$$

【例 5－15】 承上例，分别计算甲、乙两组人年龄的平均差（见表 5－8）。

表 5－8

甲组			乙组		
年龄	离差	离差绝对值	年龄	离差	离差绝对值
x	$x-\bar{x}$	$\|x-\bar{x}\|$	x	$x-\bar{x}$	$\|x-\bar{x}\|$
10	－40	40	48	－2	2
20	－30	30	49	－1	1
50	0	0	50	0	0
80	30	30	51	1	1
90	40	40	52	2	2
合计	0	140	合计	0	6

$$AD_{甲} = \frac{\sum |x - \bar{x}|}{n} = \frac{140}{5} = 28\text{（岁）}$$

$$AD_{乙} = \frac{\sum |x - \bar{x}|}{n} = \frac{6}{5} = 1.2\text{（岁）}$$

计算表明，甲组年龄的平均差距为 28 岁，乙组年龄的平均差距为 1.2 岁，所以乙组平均年龄的代表性要强于甲组。

【例 5－16】 某班 50 名同学输入汉字的速度表如表 5－9 所示。

表 5－9

速度（字/分钟）	人数（人）f	计算栏				
		组中值 x	xf	$x-\bar{x}$	$\lvert x-\bar{x}\rvert$	$\lvert x-\bar{x}\rvert f$
30 以下	5	25	125	－17.6	17.6	88
30～40	15	35	525	－7.6	7.6	114
40～50	20	45	900	2.4	2.4	48
50～60	7	55	385	12.4	12.4	86.8
60 以上	3	65	195	22.4	22.4	67.2
合计	50	—	2 130	—	—	404

$$\bar{x} = \frac{\sum xf}{\sum f} = \frac{2\ 130}{50} = 42.6\text{（字/分钟）}$$

$$AD = \frac{\sum |x - \bar{x}| f}{\sum f} = \frac{404}{50} = 8.08\text{（字）}$$

结果表明，全班同学汉字输入速度的平均差距为 8.08（字）。

（三）标准差

标准差，又称均方差，用符号 σ 表示（读西格玛）是总体单位标志值与其算术平均数离差平方的算术平均数的平方根，它是最常用的标志变异指标。标准差的平方称方差，用符号 σ^2 表示。

标准差的意义与平均差基本相同，是由每个标志值计算得到的，不受极端值的影响，能够反映各个标志值之间的平均差距，标准差与平均差的不同在于用了平方的方法来消除正、负离差的影响，更符合数学的运算要求，因此，标准差是反映标志变动度最合理的指标，在实际中被广泛应用。根据资料的不同，标准差有简单平均和加权平均两种计算方法。

1. 未分组资料用简单平均法计算。

$$\sigma = \sqrt{\frac{\sum(x-\bar{x})^2}{n}}$$

2. 分组资料用加权平均法计算。

$$\sigma = \sqrt{\frac{\sum(x-\bar{x})^2 f}{\sum f}}$$

【例 5－17】 甲、乙两组人的年龄如表 5－10 所示。

表 5－10

甲			乙		
年龄（岁）	$(x-\bar{x})$	$(x-\bar{x})^2$	年龄（岁）	$(x-\bar{x})$	$(x-\bar{x})^2$
10	－40	1 600	48	－2	4
20	－30	900	49	－1	1
50	0	0	50	0	0
80	30	900	51	1	1
90	40	1 600	52	2	4
合计	—	5 000	合计	—	10

计算甲、乙两组人的平均年龄均为 50 岁，标准差计算如下：

$$\sigma_{甲} = \sqrt{\frac{\sum(x-\bar{x})^2}{n}} = \sqrt{\frac{5\ 000}{5}} = 31.62\text{（岁）}$$

$$\sigma_{乙} = \sqrt{\frac{\sum(x-\bar{x})^2}{n}} = \sqrt{\frac{10}{5}} = 1.41\text{（岁）}$$

（四）离散系数

以上介绍的全距、平均差、标准差都是反映标志变动度的绝对量指标，其数值的大小不仅受标志值之间差异程度的影响，而且还受标志值本身大小的制约。因此，在比较两个标志变动度、衡量其平均水平代表性大小时，若两个总体的平均水平不同、性质不同或计量单位不同，就不能直接用绝对数形式的全距、平均差、标准差来比较其标志变动度或平均水平的代表性大小，而必须采用相对数形式的离散系数来比较。

离散系数又称变异系数，是用标志变异指标与相应的算术平均数对比，来反映总体各单位标志值之间离散程度的指标，是以相对数表示的标志变异指标。离散系数有全距系数、平均差系数、标准差系数，但应用最广的是标准差系数。

标准差系数一般用符号 v_σ 表示，其计算公式为：

$$v_\sigma = \frac{\sigma}{\bar{x}} \times 100\%$$

【例 5－18】 甲班同学统计平均分为 79 分，标准差为 7 分；乙班同学统计平均分为 75 分，标准差为 3 分，试比较分析哪个班平均成绩的代表性强。

解：甲、乙两班的平均成绩不等，所以须计算标准差系数比较平均数的代表性大小，计算如下：

$$v_{甲} = \frac{\sigma}{\bar{x}} \times 100\% = \frac{7}{79} = 8.86\%$$

$$v_{乙} = \frac{\sigma}{\bar{x}} \times 100\% = \frac{3}{75} = 4\%$$

经计算得知，甲班的标准差系数大于乙班，所以甲班同学平均成绩的代表性较弱。

任务三

Excel 在平均指标与标志变异度指标分析中的应用

一、平均指标的计算

【例 5－19】 有 10 名同学的统计成绩分别为：54、62、68、70、77、77、80、83、85、90 分，计算算术平均数、众数和中位数。

操作步骤如下：

将原始数据依次输入到 Excel 表中的 A2 ~ A11 单元格（见图 5－1）。

	A	B	C
1	成绩		
2	54		
3	62		
4	68	算术平均数	=AVERAGE（A2：A11）
5	70	众数	=MODE（A2：A11）
6	77	中位数	=MEDIAN（A2：A11）
7	77		
8	80		
9	83		
10	85		
11	90		

图 5－1

（1）计算简单算术平均数。单击任一空单元格，输入“＝AVERAGE（A2：A11）”，回车，即可得到简单算术平均数。

（2）计算众数。单击任一空单元格，输入“＝MODE（A2：A11）”，回车，即可得到成绩的众数。

（3）计算中位数。单击任一空单元格，输入“＝MEDIAN（A2：A11）”，回车，即可得到成绩的中位数。

【例 5－20】 某单位职工的工资收入情况如表 5－11 所示。

表 5－11　　某单位职工工资

月工资（元）	职工人数（人）
1 000～1 200	10
1 200～1 400	16
1 400～1 600	25
1 600～1 800	13
1 800 元以上	6
合计	70

计算：算术平均数、众数和中位数。

1. 计算加权算术平均数

操作步骤如下：

将原始数据依次输入到 Excel 表中的 A～C 列，其中，月工资的下限位于 A 列、月工资的上限位于 B 列、职工人数位于 C 列，得到如图 5－2 所示。

	A	B	C	D	E
1	月工资		职工人数	组中值	工资总额
2	L	U	f	x	xf
3	1000	1200	10	1100	11000
4	1200	1400	16	1300	20800
5	1400	1600	25	1500	37500
6	1600	1800	13	1700	22100
7	1800	2000	6	1900	11400
8	合计		70	—	102800
9				算术平均数	1468.571429
10				众数	1485.714286
11				中位数	1472

图 5－2

（1）计算组中值。单击单元格 D3，输入“＝（A3＋B3）/2”，回车，即可得到第一组的组中值。再单击单元格 D3，将鼠标指针移至该单元格的右下角，当指针变成“＋”字形时，按住鼠标左键向下拖至 D7 单元格放开，即可得到其他几组的组中值。

（2）计算各组工资总额。单击单元格 E3，输入“＝D3＊C3”，回车，即可得到第一组工资总额。再单击单元格 E3，将鼠标指针移至该单元格的右下角，当指针变成“＋”字形时，按住鼠标左键向下拖至 E7 单元格放开，即可得到其他几组的工资总额。单击单元格 E8，点击工具栏符号“Σ”，即可得到工资总额合计数。

（3）计算加权算术平均数。单击任一空单元格，输入“＝E8/C8”，回车，得到平均工资。

2. 计算众数

单击任一空单元格，输入“＝A5＋（C5－C4）/（C5－C4＋C5－C6）＊200”，回车，得到众数。

3. 计算中位数

首先计算向上累计或向下累计次数，然后根据 $\frac{\sum f+1}{2}$ 确定中位数组，中位数在第三组。单击任一空单元格，输入“＝A5＋（C8/2－26）/C5＊200”，回车确认，得到中位数（注：26 为中位数所在组以前的累计次数）。

二、标志变异指标的计算

【例 5－21】　某商场上半年的月销售额资料如下：500 万元、630 万元、

520 万元、490 万元、570 万元、580 万元。试计算全距、平均差和标准差。

操作步骤如下：

将原始资料依次输入到 Excel 表中的 A2 ~ A7 单元格，得到图 5 - 3 所示的状况。

	A	B	C
1	月销售额		
2	500		
3	630	全距	=MAX（A2：A7）-MIN（A2：A7）
4	520	平均差	=AVEDEV（A2：A7）
5	490	标准差	=STDEVP（A2：A7）
6	570		
7	580		

图 5 - 3

（1）单击任一空单元格，输入“ = MAX（A2：A7） - MIN（A2：A7）”，回车，得到全距 140。

（2）单击任一空单元格，输入“ = AVEDEV（A2：A7）”，回车，得到平均差 45。

（3）单击任一空单元格，输入“ = STDEVP（A2：A7）”，回车，得到标准差 49.46941。

【例 5 - 22】 有资料如表 5 - 12 所示。

表 5 - 12

日产量（千克）	工人人数（人）
10 ~ 20	10
20 ~ 30	20
30 ~ 40	25
40 ~ 50	30
50 ~ 60	15
合计	100

试计算标准差和标准差系数。

操作步骤如下：

将原始数据依次输入到 Excel 表中的 A ~ C 列，其中，日产量的下限位于 A

列、日产量的上限位于 B 列、工人人数位于 C 列。

	A	B	C	D	E	F
1	日产量		工人人数	组中值	总产量	
2	L	U	f	x	xf	$(x-\bar{x})^2f$
3	10	20	10	15	150	4840
4	20	30	20	25	500	2880
5	30	40	25	35	875	100
6	40	50	30	45	1350	1920
7	50	60	15	55	825	4860
8	合计		100	—	3700	14600

图 5－4

（1）计算组中值。单击单元格 D3，输入“＝（A3＋B3）/2”，回车即可得到第一组的组中值。再击单元格 D3，将鼠标指针移至该单元格的右下角，当指针变成“＋”字形时，按住鼠标左键向下拖至 D7 单元格放开，即可得到其他几组的组中值。

（2）计算各组总产量。单击单元格 E3，输入“＝D3＊C3”，回车即可得到第一组总产量。再击单元格 E3，将鼠标指针移至该单元格的右下角，当指针变成“＋”字形时，按住鼠标左键向下拖至 E7 单元格放开，即可得到其他几组的总产量。单击单元格 E8，点击工具栏符号“∑”，即可得到总产量合计数。

（3）计算加权算术平均数。单击任一空单元格，输入“＝E8/C8”，回车确认，得到平均日产量 37。

（4）计算 $(x-\bar{x})^2f$。单击单元格 F3，输入“＝C3＊（D3－37）^2”，回车确认，得到第一组的 $(x-\bar{x})^2f$ 值。再击单元格 F3，将鼠标指针移至该单元格的右下角，当指针变成“＋”字形时，按住鼠标左键向下拖至 F7 单元格放开，即可得到其他几组的 $(x-\bar{x})^2f$ 值。单击单元格 F8，点击工具栏符号“∑”，即可得到 $\sum(x-\bar{x})^2f$ 的值。

（5）计算标准差。单击任一空单元格，输入“＝SQRT（F8/C8）”，回车确认，得到日产量的标准差 12.08305。

（6）计算标准差系数。单击任一空单元格，输入“＝12.08305/37”，回车确认，得到日产量的标准差系数 0.326569。

案例

案例5-1 现有居民住房面积调查

某调查机构对某市 1 000 户居民家庭现有住房面积进行调查，资料如表5-13所示。

表5-13

住房面积 m^2	户数（户）	频率（%）	累计	
			户数（户）	频率（%）
40 以下	20	2	20	2
40～60	30	3	50	5
60～80	73	7.3	123	12.3
80～100	230	23	353	35.3
100～120	280	28	633	63.3
120～140	200	20	833	83.3
140～160	100	10	933	93.3
160 以上	67	6.7	1 000	100
合计	1 000	100	—	—

计算分析如下：

（1）从表5-13 中数据可以看出，居民住房面积分布近似正态分布。即数列两端户数少，中间户数多，基本呈对称分布。

（2）随着居民收入的提高，居民对住房面积和住房条件的改善是日益增长的，假定 120 m^2 是三口之家的理想面积，那么还有 63.3% 的居民家庭低于该水平。因此，该市房地产投资开发仍有较大的市场潜力。

（3）经计算得到：

$$平均数\ \bar{x} = \frac{\sum xf}{\sum f} = 111.1\ (m^2)$$

$$全距 = 180 - 20 = 160\ (m^2)$$

$$标准差\ \sigma = \sqrt{\frac{\sum (x-\bar{x})^2 f}{\sum f}} = 30.41\ (m^2)$$

以上数据表明该市居民住房面积差距较大，单从居住条件看，贫富悬殊仍较严重。

案例 5－2 消费者对彩电售后服务满意度的调查

某地随机抽查了 1 200 名城乡消费者对彩电售后服务满意度的评价，资料如表 5－14 所示。

表 5－14　　消费者对彩电售后服务评价表

	等级	城镇		乡村	
	x	人数（人）	比重（%）	人数（人）	比重（%）
很满意	1	78	15.3	34	4.9
较满意	2	98	19.2	48	7.0
一般	3	206	40.4	69	10.0
不满意	4	102	20.0	318	46.1
很不满意	5	26	5.1	221	32.0
合计	—	510	100.0	690	100.0

计算分析如下：

（1）集中程度分析。从表 5－14 中资料可以看出，城镇消费者选择“一般”的最多，乡村消费者选择“不满意”的居多，城乡总体情况不容乐观。

或采用计算平均等级来反映集中程度，经计算得到城镇的平均等级为 2.8，农村的平均等级为 3.93，城乡总体为 3.45，说明城乡消费者对彩电售后服务均不太满意，生产商须大力提高售后服务质量和水平，以增强消费者的满意度。

（2）离散程度分析。经计算得知，城镇等级标准差 $\sigma=1.08$，标准差系数 $V=38.6\%$；乡村的等级标准差 $\sigma=1.07$，标准差系数 $V=27.2\%$，说明乡村消费者对售后服务的满意度相对较集中，且集中在不满意和很不满意的回答上。

关键词

平均指标　算术平均数　调和平均数　众数　中位数　标志变异指标　全距　平均差　标准差　标准差系数

技能训练与应用

1. 某厂三个车间第一季度生产情况如下：

第一车间实际产量为190件，完成计划95%，第二车间实际产量为250件，完成计划100%，第三车间实际产量为609件，完成计划105%，三个车间产品产量的平均计划完成程度为：

$$\frac{95\% + 100\% + 105\%}{3} = 100\%。$$

另外，一车间产品单位产品成本为18元/件，二车间产品单位成本为12元/件，三车间产品单位成本为15元/件，则三个车间的平均单位成本为：$\frac{18 + 12 + 15}{3} = 15$ 元/件。

以上平均指标的计算是否正确，如不正确请说明详细理由并改正。

2. 某中学为了了解学生的睡眠时间是否充足，随机抽查500名中学生进行调查，结果如表5－15所示。

表5－15　　某校500名学生每日睡眠时间调查

睡眠时间（小时）	学生人数（人）	人数比重（%）
6小时以下	50	
6～7	250	
7～8	180	
8小时以上	20	
合计	500	

要求：（1）用学生人数加权计算500名学生每日的平均睡眠时间。

（2）计算学生人数比重。

（3）用人数比重加权计算500名学生每日的平均睡眠时间。

3. 某餐馆提供外卖服务，有4元、5元、6元三种价格的饭菜供顾客选择，9月共销售了10 400份，各品种销售份额如图5－5所示。

要求：（1）用绝对数加权计算平均价格。

（2）用相对数加权计算平均价格。

4. 甲、乙两个企业某月生产同一产品，其资料如表5－16所示。

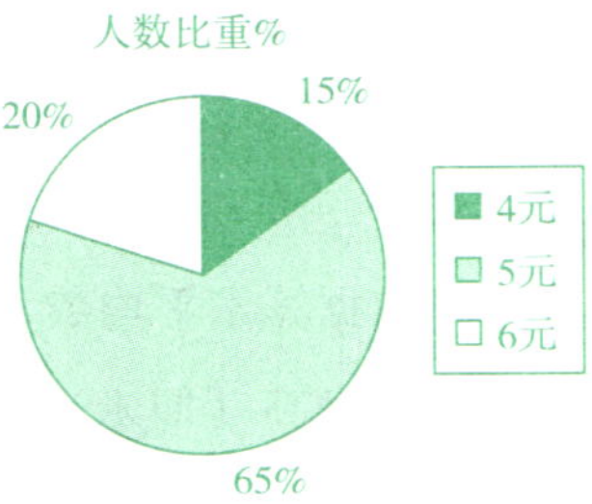

图 5－5

表 5－16

	甲企业		乙企业	
	单位成本（元）	产量比重（%）	单位成本（元）	产量比重（%）
第一批	1.0	10	1.0	40
第二批	1.1	20	1.1	25
第三批	1.2	70	1.2	35

要求：（1）分别计算甲、乙企业的平均单位成本。

（2）比较哪一企业的平均单位成本高？为什么？

5. 某品牌服装按原价 600 元销售，销售额为 30 000 元；“三・八”妇女节 9 折促销，销售额为 33 480 元；6 月“十周年店庆”8.5 折优惠，销售额为 27 030 元；8 月转季打 6.8 折，销售额为 40 800 元。试计算该品牌服装的平均售价。

6. 某鞋商随机调查了 100 名女士的鞋码，资料如表 5－17 所示。

表 5－17

鞋码（毫米）	人数
220	10
225	18
230	30
235	27
240	12
245	3
合计	100

注：新鞋码＝（旧鞋码＋10）×5，如：（34 码＋10）×5＝220mm。

要求：（1）计算鞋码的算术平均数；

（2）计算鞋码的众数；

（3）计算鞋码的中位数；

（4）若销售商进货，是依据算术平均数，还是中位数、众数合适呢？

7. 对 10 名成年人和 10 名幼儿的身高（厘米）进行抽样调查，结果如下：

成年组：166　169　172　177　180　179　163　173　164　160

幼儿组：68　69　68　70　71　73　72　73　74　75

（1）计算各组的平均身高。

（2）计算并比较哪一组的身高差异大？

8. 已知甲、乙两个班学生的成绩资料如下：甲班的平均成绩为 78.5 分，成绩标准差是 9.58 分；乙班的资料如表 5－18 所示。

表 5－18

按成绩分组	人数			
60 分以下	6			
60～70	12			
70～80	20			
80～90	8			
90 分以上	4			
合　计	50			

计算：（1）乙班学生的平均成绩、成绩标准差和标准差系数；

（2）哪个班的平均成绩更具有代表性？为什么？

项目六 统计资料分析

——时间数列的发展水平、速度与趋势

【学习目标】

本项目内容主要介绍统计资料中有关时间数列的含义、种类、编制原则等基本知识，以达到初步掌握对社会经济现象的变动进行动态分析的方法。通过学习，要掌握有关时间数列的发展水平、速度与趋势等动态分析指标的计算和具体应用，并依据社会经济现象在不同时间变动的数据，简单分析出其变动的规律。

【重点难点】

□ 时间数列的含义和种类

□ 水平指标计算方法

□ 各种速度指标的计算和换算

□ 时间数列的趋势分析方法

【案例导入】

某商品专卖店为加强管理的科学化，采集了过去四年的销售量资料如表 6－1 所示。

表 6－1

年份 / 销售额	2013 年				2014 年				2015 年				2016 年			
	春	夏	秋	冬	春	夏	秋	冬	春	夏	秋	冬	春	夏	秋	冬
销售额（万元）	26	31	19	28	25	30	20	28	27	34	23	32	27	35	21	31

根据这些以时间排序的销售量统计资料，我们该怎样描绘或反映该专卖店 2013—2016 年销售额时间数列中的指标呢？通过数据，结合图表，从中能否找到专卖店销售额的一般规律呢？从而制定出科学的销售策略，获取更大的利润空间。通过本项目知识的学习，相信这些问题将迎刃而解。

任务一

时间数列的作用与种类

在统计资料研究分析中，经常需要从时间发展变化的角度，探究某一事物或社会经济现象在不同时间上的发展状况，探索它们随时间推移的演变趋势和规律，揭示其数量变化和时间的关系，预测该事物或现象在未来时间上所可能达到的数量和规模，即发展趋势。所以，有关时间数列分析工具的学习，将大大提升我们对统计数据的分析处理能力。

一、时间数列的作用

时间数列，又称动态数列，是将某种社会经济现象在不同时间上发展变化的一系列指标，按时间先后顺序排列所形成的数列。如表 6－2 所示。

表 6－2　我国 2010—2014 年国内生产总值、人均国内生产总值及职工平均工资

年份	2010	2011	2012	2013	2014
国内生产总值（亿元）	408 903.0	484 123.5	534 123.0	588 018.8	636 138.7
人均国内生产总值（元/人）	30 567	36 018	39 544	43 320	46 629
城镇单位在岗职工平均工资（元）	37 147	42 452	47 593	52 388	57 346

资料来源：根据国家统计局官方网站公布数据整理。

任何一个时间数列，都具备两个基本要素：一是现象所属的时间，称为时间要素（常用 t 表示）；二是反映现象在不同时间上数量表现的统计数据，称为数据要素（常用 y_t 或 a_t 表示），即指标数值。如图 6－1 所示。

时间要素的单位，可以是年、季、月、周、日，也可以是小时、分钟等；数据要素的表现，可以是绝对量数据（包括表示现象总水平的总量数据和表示现象平均水平的平均数据），也可以是相对量数据，在时间数列的种类学习中，我们可以认识到。

例如：某企业各年生产总值资料如下：

年份	2013	2014	2015	2016	2017
生产总值（万元）	120	180	350	520	550

图 6－1

时间数列在统计研究和经济分析中具有十分重要的作用：

（1）可以展示现象发展变化的全过程；

（2）可以揭示现象的内在规律和未来的发展变化趋势；

（3）可以作为历史资料的积累。

编制时间数列是为了进行指标的前后对比，以研究现象的发展变化趋势，因此，保持各指标之间的可比性是编制时间数列的基本原则。具体要求包括：时间长短应可比；总体范围应可比；经济内容应可比；计算口径应可比等几个方面。

想一想

如果在某一时间数列的对比分析中，不满足以上具体要求，会出现什么问题？

二、时间数列的种类

时间数列按其指标数值的表现形式不同，可分为绝对数时间数列、相对数时间数列和平均数时间数列。其中，绝对数时间数列是基本数列，相对数时间数列和平均数时间数列是派生数列。

（一）绝对数时间数列

绝对数时间数列，是由一系列总量指标按时间先后顺序排列而成。用来反映现象在不同时间所达到的总规模、总水平。如表 6－1 中的 GDP 时间数列。按反映现象的时间状况不同，绝对数时间数列可分为时期数列和时点数列。

注 意

时期数列的指标数值是由时期指标构成；时点数列的指标数值是由时点指标构成。

（二）相对数时间数列

相对数时间数列，是由一系列相对指标按时间先后顺序排列而成。用来反映现象之间相互联系的发展变化情况。如表6－1中的人均GDP时间数列。在相对数时间数列中，各指标数值不能相加。

（三）平均数时间数列

平均数时间数列，是由一系列平均指标按时间先后顺序排列而成。它反映现象在不同时间的平均水平的发展变化情况。如表6－1中的职工平均工资数列。在相对数时间数列中，各指标数值也不能相加。

说一说

举例看看身边有哪些事物或现象的时间数列，它们属于哪一类型的时间数列？

任务二

时间数列的水平分析

时间数列的分析指标包括水平指标和速度指标两大类。**水平指标**包括发展水平、平均发展水平、增长量与平均增长量；**速度指标**包括发展速度和平均发展速度、增长速度和平均增长速度等。水平分析是速度分析的基础，速度分析是水平分析的深入。

一、发展水平

时间数列中的各项指标数值称为发展水平。用符号表示为 $a_1, a_2, \cdots, a_n$，根据发展水平在数列中所处的位置不同，可分为：

（1）最初水平：时间数列中的第一项指标数值，用符号 a_1 表示；

（2）最末水平：时间数列中的最后一项指标数值，用符号 a_n 表示；

（3）中间水平：时间数列中间各项指标数值，用符号 $a_2, a_3, \cdots, a_{n-1}$ 表示；

（4）报告期水平：计算期或考察期水平；

（5）基期水平：用来作为对比基础时期的水平。

二、平均发展水平

平均发展水平，又称序时平均数或动态平均数。动态平均数与前面所学的静态平均数都是用来反映现象的一般水平的，但也有明显的区别，主要表现在：动态平均数是由时间数列计算得到，静态平均数是由变量数列计算得到；动态平均数是同一现象在不同时间上的数量平均，静态平均数是总体单位在同一时间不同空间上的数量平均。

时间数列的发展水平可以是绝对数，也可以是相对数或平均数，因此，平均发展水平的计算可以由绝对数时间数列计算，也可以由相对数或平均数时间数列计算。

（一）由绝对数时间数列计算平均发展水平

绝对数时间数列可分为时期数列和时点数列，由于它们的性质不同，因此，计算方法也不一样。

1. 由时期数列计算平均发展水平

由于时期数列的各项指标具有可加性，因此，由时期数列计算平均发展水平可采用简单算术平均法计算，其计算公式为：

$$\bar{a} = \frac{\sum a}{n} = \frac{a_1 + a_2 + \cdots + a_n}{n}$$

式中：$\bar{a}$ 为平均发展水平；$a_1, a_2, \cdots, a_n$ 为各期发展水平；n 为指标项数。

【例 6 - 1】　某企业 2016 年上半年工业增加值如表 6 - 3 所示。

表 6 - 3

月份	1	2	3	4	5	6
工业增加值（万元）	70.2	73.4	75.6	76.3	76.8	77.0

试计算：上半年月平均工业增加值。

解：上半年月平均工业增加值：

$$\bar{a} = \frac{\sum a}{n} = \frac{70.2 + 73.4 + 75.6 + 76.3 + 76.8 + 77.0}{6} = 74.88\ （万元）$$

2. 由时点数列计算平均发展水平

时点数列按登记资料的时间不同，分为连续时点数列和间断时点数列。

（1）连续时点数列。有两种情况，一种是在所研究的时期中，按逐日发生、逐日登记的时点资料进行排列，称为间隔相等的连续时点数列；另一种是在所研究的时期中，不是逐日发生，只按发生之日登记资料进行排列，称为间隔不等的连续时点数列。

间隔相等的连续时点数列采用简单算术平均的方法计算平均发展水平，用公式表示为：

$$\bar{a} = \frac{\sum a}{n}$$

【例 6－2】　某班同学第 11 周人数统计如表 6－4 所示。

表 6－4

日期	星期一	星期二	星期三	星期四	星期五
学生出勤人数（人）	48	50	51	49	47

试计算：第 11 周平均每天的出勤人数。

解：第 11 周平均出勤人数 $\bar{a} = \frac{48 + 50 + 51 + 49 + 47}{5} = 49$（人）

间隔不等的连续时点数列采用加权算术平均的方法计算平均发展水平，用公式表示为：

$$\bar{a} = \frac{\sum af}{\sum f}$$

【例 6－3】　某服务中心 7 月人员变动如下：7 月 1 日共有职工 60 人，10 日离职 2 人，18 日面试合格招收 5 人，25 日解聘 1 人，试计算 7 月平均人数。

解：上述资料整理如下（见表 6－5）：

表 6－5

日期	1～9	10～17	18～24	25～31
间隔天数（天）	9	8	7	7
职工人数（人）	60	58	63	62

$$\bar{a}=\frac{60\times 9+58\times 8+63\times 7+62\times 7}{9+8+7+7}=60.61\text{（人）}$$

（2）间断时点数列：在所研究的时期中，资料按月初、月末、年初、年末等登记排列，称为间断时点数列。间断时点数列有间隔相等和间隔不等两种情况。

间隔相等的间断时点数列计算公式为：

$$\bar{a}=\frac{\frac{a_1}{2}+a_2+a_3+\cdots+a_{n-1}+\frac{a_n}{2}}{n-1}$$（称为“首尾折半法”）

【例6－4】 某校多媒体设备台数如表6－6所示。

表6－6

月初	1	2	3	4	5	6	7
设备台数（台）	120	125	123	130	137	138	140

试分别计算：

（1）第一季度月平均设备台数；

（2）第二季度月平均设备台数。

该题有两种解法：

方法Ⅰ：先分别计算1—6月的月平均台数，再计算第一、二季度的月平均台数。

1月的月平均数 $\bar{a}_1=\frac{\text{月初}+\text{月末}}{2}=\frac{120+125}{2}$

2月的月平均数 $\bar{a}_2=\frac{\text{月初}+\text{月末}}{2}=\frac{125+123}{2}$

3月的月平均数 $\bar{a}_3=\frac{\text{月初}+\text{月末}}{2}=\frac{123+130}{2}$

……

6月的月平均数 $\bar{a}_6=\frac{\text{月初}+\text{月末}}{2}=\frac{138+140}{2}$

$$\text{第一季度月平均设备台数}=\frac{\frac{120+125}{2}+\frac{125+123}{2}+\frac{123+130}{2}}{3}=124\text{（台）}$$

$$第二季度月平均设备台数=\frac{\frac{130+137}{2}+\frac{137+138}{2}+\frac{138+140}{2}}{3}=137（台）$$

方法Ⅱ：直接用“首尾折半法”计算。

第一季度月平均设备台数＝124.33（台）

$$第二季度月平均设备台数=\frac{\frac{130}{2}+137+138+\frac{140}{2}}{4-1}=137（台）$$

想一想

将月初资料改为月末资料后，又该如何计算？

间隔不等的间断时点数列计算公式为：

$$\bar{a}=\frac{\frac{a_1+a_2}{2}f_1+\frac{a_2+a_3}{2}f_2+\cdots+\frac{a_{n-1}+a_n}{2}f_{n-1}}{f_1+f_2+\cdots+f_{n-1}}$$

【例 6－5】　上述例题我们将时间和数值稍作变动，变动后的资料如表 6－7 所示。

表 6－7

月初	1	4	6	7	12
设备台数（台）	150	159	168	170	172

又知次年 1 月初的设备台数为 180 台，试计算全年月平均设备台数。

解题步骤如下：

（1）确定时点之间的间隔期数，即 f 值，经计算分别为 3、2、1、5、1。

（2）计算全年月平均设备台数：

$$\bar{a}=\frac{\frac{150+159}{2}\times3+\frac{159+168}{2}\times2+\frac{168+170}{2}\times1+\frac{170+172}{2}\times5+\frac{172+180}{2}\times1}{3+2+1+5+1}$$

$$=165.875（台）$$

（二）由相对数或平均数时间数列计算平均发展水平

由于相对数或平均数一般都是由两个有联系的指标对比而得到的，所以，由相对数或平均数时间数列计算平均发展水平时，首先要找出形成相对数或平均数时间数列的分子和分母资料，分别计算动态平均，最后进行对比。用公式表示为：

$$\bar{c}=\frac{\bar{a}}{\bar{b}}$$

其中，$\bar{c}$ 表示相对数或平均数时间数列的序时平均数，$\bar{a}$ 表示相对数或平均数时间数列的分子资料的序时平均数，$\bar{b}$ 表示相对数或平均数时间数列的分母资料的序时平均数。

由相对数或平均数时间数列计算平均发展水平有下面三种情况：

1. 分子、分母都是时期资料

$$\bar{c}=\frac{\bar{a}}{\bar{b}}=\frac{\frac{\sum a}{n}}{\frac{\sum b}{n}}=\frac{\sum a}{\sum b}$$

【例 6－6】 某企业第一季度产值如表 6－8 所示。

表 6－8

月份	1	2	3
计划产值（万元）	600	680	700
计划完成%	100	106	98

试计算：第一季度平均计划完成程度。

解： 首先计算各月实际产值：

1 月的实际产值 = 600 × 100% = 600（万元）

2 月的实际产值 = 680 × 106% = 720.8（万元）

3 月的实际产值 = 700 × 98% = 686（万元）

然后计算平均计划完成程度：

$$\bar{c}=\frac{\bar{a}}{\bar{b}}=\frac{(600+720.8+686)\div 3}{(600+680+700)\div 3}=101.35\%$$

2. 分子、分母都是时点资料

$$\bar{c}=\frac{\bar{a}}{\bar{b}}=\frac{\left(\frac{a_1}{2}+a_2+a_3+\cdots+\frac{a_n}{2}\right)\div(n-1)}{\left(\frac{b_1}{2}+b_2+b_3+\cdots+\frac{b_n}{2}\right)\div(n-1)}=\frac{\frac{a_1}{2}+a_2+a_3+\cdots+\frac{a_n}{2}}{\frac{b_1}{2}+b_2+b_3+\cdots+\frac{b_n}{2}}$$

【例 6－7】 某公司人员结构如表 6－9 所示。

表 6－9 单位：人

月份	1	2	3	4
月初全体职工人数	98	100	103	110
其中：技师人数	30	28	34	36

试计算：第一季度技师占全体职工的平均比重。

解： 平均比重 $\bar{c} = \dfrac{\bar{a}}{\bar{b}} = \dfrac{(\frac{30}{2} + 28 + 34 + \frac{36}{2}) \div (4 - 1)}{(\frac{98}{2} + 100 + 103 + \frac{110}{2}) \div (4 - 1)} = 30.94\%$

3. 分子是时期资料，分母是时点资料

$$\bar{c} = \frac{\bar{a}}{\bar{b}} = \frac{\sum a \div n}{(\frac{b_0}{2} + b_1 + b_2 + \cdots + \frac{b_n}{2}) \div (n' - 1)}$$

$$= \frac{a_1 + a_2 + a_3 + \cdots + a_n}{\frac{b_0}{2} + b_1 + b_2 + \cdots + \frac{b_n}{2}}$$

【例 6－8】 某企业上半年总产值与工人人数资料如表 6－10 所示。

表 6－10

月份	1	2	3	4	5	6	7
总产值（万元）	520	500	580	589	610	614	620
月初工人人数（人）	200	220	218	224	225	227	230

试计算：（1）该企业第一季度月平均劳动生产率；

（2）该企业第二季度月平均劳动生产率。

解：（1）第一季度月平均劳动生产率：

$$\bar{c} = \frac{\bar{a}}{\bar{b}} = \frac{(520 + 500 + 580) \div 3}{(\frac{200}{2} + 220 + 218 + \frac{224}{2}) \div (4 - 1)} = 2.46\ （万元/人）$$

（2）第二季度月平均劳动生产率：

$$\bar{c} = \frac{\bar{a}}{\bar{b}} = \frac{(589 + 610 + 614) \div 3}{(\frac{224}{2} + 225 + 227 + \frac{230}{2}) \div (4 - 1)} = 2.67\ （万元/人）$$

三、增长量和平均增长量

（一）增长量

增长量，又称增减量，是报告期水平与基期水平之差。用来反映现象在一定时期内增减的绝对量。其基本计算公式为：

增长量 = 报告期水平 - 基期水平

议一议

增长量会有负值吗？

根据基期不同，增长量可分为逐期增长量和累计增长量。

逐期增长量 = 报告期水平 - 前期水平

符号表示：$a_1 - a_0, a_2 - a_1, a_3 - a_2, \cdots a_n - a_{n-1}$

累计增长量 = 报告期水平 - 固定基期水平

符号表示：$a_1 - a_0, a_2 - a_0, a_3 - a_0, \cdots a_n - a_0$

逐期增长量和累计增长量的关系是：累计增长量等于相应各逐期增长量之和。

符号表示：$(a_1 - a_0) + (a_2 - a_1) + \cdots(a_n - a_{n-1}) = a_n - a_0$

（二）平均增长量

平均增长量是说明现象在一段时期内平均增减的绝对量。即各逐期增长量的序时平均数。其计算公式为：

$$平均增长量 = \frac{逐期增长量之和}{逐期增长量的个数} = \frac{累计增长量}{时间数列项数 - 1}$$

$$\bar{\Delta} = \frac{\Delta_1 + \Delta_2 + \cdots + \Delta_n}{n} = \frac{a_n - a_0}{n} = \frac{累计增长量}{m - 1}$$

（Δ、n、m 分别代表增长量、增长量个数、动态数列的项数）

【例 6-9】　某企业产量资料及增长量计算如表 6-11 所示。

表 6-11

年份		2013	2014	2015	2016	2017
产量（万台）		4.2	4.5	4.7	4.6	5.0
增长量（万台）	逐期	—	0.3	0.2	-0.1	0.4
	累计	—	0.3	0.5	0.4	0.8

$$平均增长量 = \frac{0.3 + 0.2 + (-0.1) + 0.4}{4} = 0.2（万台）$$

$$或 = \frac{0.8}{5-1} = 0.2（万台）$$

任务三

时间数列的速度分析

常用的时间数列速度指标有：发展速度、增长速度、平均发展速度、平均增长速度四种。

一、发展速度

发展速度是社会经济现象的报告期水平与基期水平之比，说明报告期水平已发展到基期水平的若干倍（或百分之几），用来反映现象发展变化的快慢程度。其基本计算公式为：

$$发展速度 = \frac{报告期水平}{基期水平} \times 100\%$$

根据基期不同，发展速度可分为环比发展速度和定基发展速度

$$环比发展速度 = \frac{报告期水平}{前期水平} \times 100\% \qquad \frac{a_1}{a_0}, \frac{a_2}{a_1}, \cdots \frac{a_n}{a_{n-1}}$$

$$定基发展速度 = \frac{报告期水平}{固定基期水平} \times 100\% \qquad \frac{a_1}{a_0}, \frac{a_2}{a_0}, \cdots \frac{a_n}{a_0}$$

两者的关系：

1. 定基发展速度等于相应的环比发展速度的连乘积。

$$\frac{a_1}{a_0} \times \frac{a_2}{a_1} \times \frac{a_3}{a_2} \times \cdots \frac{a_n}{a_{n-1}} = \frac{a_n}{a_0}$$

2. 相邻两个时期的定基发展速度之商等于相应的环比发展速度。

$$\frac{a_n/a_0}{a_{n-1}/a_0} = \frac{a_n}{a_{n-1}}$$

二、增长速度

增长速度，又称增减速度，是报告期的增长量与基期水平之比，用来反映现象的相对增长程度。其基本计算公式为：

$$增长速度=\frac{增长量}{基期水平}=\frac{报告期水平-基期水平}{基期水平}=发展速度-1$$

根据基期不同，增长速度可分为环比增长速度和定基增长速度

$$环比增长速度=\frac{逐期增长量}{前期水平}=\frac{a_n-a_{n-1}}{a_{n-1}}=环比发展速度-1$$

$$定基增长速度=\frac{累计增长量}{固定基期水平}=\frac{a_n-a_0}{a_0}=定基发展速度-1$$

算一算

请结合前面的计算公式，验证环比增长速度与环比发展速度、定基增长速度与定基发展速度之间的关系式。

在一般情况下，考察现象的发展程度常用环比增长速度来衡量。增长速度是从相对数上反映经济现象增长的相对程度，它们的计算基数可能不同，那么各期环比增长速度所隐藏的现象实际增长的绝对量效果可能不同，即每增长1%相对应的绝对量可能不同。因为在低水平基础上的平均增长速度与高水平基础上的平均增长速度是不可比的，所以对现象进行动态对比时，必须注意速度背后隐藏的绝对增长量。通常用增长1%的绝对值来考察速度背后隐藏的绝对增长量。

增长1%的绝对值是逐期增长量与环比增长速度之比，用来说明经济现象报告期比基期每增长1%所包含的实际经济效果。即：

$$增长1\%的绝对值=\frac{逐期增长量}{环比增长速度\times 100}=\frac{前期发展水平}{100}$$

例6－10是根据资料所计算的发展速度、增长速度及增长1%的绝对值。

【例6－10】 某企业2012—2016年商品销售收入如表6－12所示。

表 6－12

年份		2012	2013	2014	2015	2016
销售收入（万元）		2 253.4	2 366.4	2 475.6	2 622.2	2 936.4
发展速度（%）	环比	—	105.01	104.61	105.92	111.98
	定基	100	105.01	109.86	116.37	130.31
增长速度（%）	环比	—	5.01	4.61	5.92	11.98
	定基	—	5.01	9.86	6.37	30.31
增长 1% 的绝对值（元）		—	22.53	23.66	24.76	26.22

通过例 6－11，我们可以进一步理解为什么要计算增长 1% 的绝对值。

【例 6－11】 某工业企业工业总产值资料如表 6－13 所示。

表 6－13

年份	2013	2014	2015	2016
工业总产值（万元）	250	300	500	600

计算得

$$2014\text{ 年的环比增长速度} = \frac{300}{250} - 1 = 20\%$$

$$2016\text{ 年的环比增长速度} = \frac{600}{500} - 1 = 20\%$$

从增长速度来看，2013 年和 2015 年一样环比增长了 20%，但从绝对数来看，2013 年增长了 50 万元，2015 年增长了 100 万元，两者有显著的不同。

议一议

根据上面的例子，为什么要计算增长 1% 的绝对值？进一步理解因为发展速度是报告期水平与基期水平之比，若基期水平低，则速度就高；基期水平高，则速度就低。所以，有时高速度可能掩盖着低水平，低速度可能隐藏着高水平。

三、平均发展速度与平均增长速度

平均发展速度是社会经济现象各环比发展速度的序时平均数，反映现象在一定时期内平均发展变化的程度。平均增长速度反映现象在一定时期内平均增长的相对程度。

平均增长速度 = 平均发展速度 - 1

平均发展速度的计算有水平法（或称几何平均法）和累计法（或称方程式法）两种。

（一）水平法

由于平均发展速度是社会经济现象各环比发展速度的序时平均数，而总速度（或定基发展速度）等于相应各环比发展速度的连乘积，所以计算平均发展速度就不能用算术平均法计算，而需用几何平均法计算。其计算公式有：

公式一：$\bar{x} = \sqrt[n]{x_1 \cdot x_2 \cdot x_3 \cdot \cdots \cdot x_n} = \sqrt[n]{\prod x}$

公式二：$\bar{x} = \sqrt[n]{\frac{a_1}{a_0} \times \frac{a_2}{a_1} \times \frac{a_3}{a_2} \times \cdots \frac{a_n}{a_{n-1}}} = \sqrt[n]{\frac{a_n}{a_0}}$

公式三：$\bar{x} = \sqrt[n]{R}$

式中，$\bar{x}$ 为平均发展速度，$x_1, x_2, x_3, \cdots, x_n$ 为各期环比发展速度，$\prod$ 为连乘积符号，a_n 为报告期水平，a_0 为基期水平，R 为总速度（或定基发展速度）。

【例 6-12】 已知 2012—2016 年各年生产总值的环比发展速度分别为 130%、116%、106%、128% 和 110%，试计算 2012—2016 年平均每年的发展速度和平均增长速度。

解：根据公式一计算如下：

$\bar{x} = \sqrt[n]{x_1 \cdot x_2 \cdot x_3 \cdot \cdots \cdot x_n}$

$\bar{x} = \sqrt[5]{1.3 \times 1.16 \times 1.06 \times 1.28 \times 1.11}$

$= 1.2566(125.66\%)$

即 2012—2016 年生产总值平均每年的发展速度为 125.66%。

平均增长速度 = 125.66% - 1 = 25.66%

【例 6-13】 某企业 2015 年的工业增加值为 5 000 万元，计划 2020 年达到 10 000万元，问每年应以怎样的平均速度发展，才能达到预期的目标？

解：根据公式二计算如下：

已知 a_0 = 5 000 万元，a_5 = 10 000 万元

则 $\overline{x} = \sqrt[n]{\frac{a_n}{a_0}} = \sqrt[5]{\frac{10\ 000}{5\ 000}} = 114.87\%$

【例 6－14】 某企业规定 2016—2020 年五年内，劳动生产率应比 2015 年提高 50%，问平均每年应提高多少？

解：根据公式三计算如下：

已知 R＝1＋50%，则

平均发展速度 $\overline{x} = \sqrt[n]{R} = \sqrt[5]{1 + 50\%} = 108.45\%$

平均增长速度＝108.45%－100%＝8.45%

即平均每年应提高 8.45%。

（二）累计法

累计法，又称方程式法，其计算原理是：假定从最初水平 a_0 出发，若每期均以平均发展速度 $\overline{x}$ 发展，则第 n 期的发展水平为 $a_0\overline{x}^n$，以此计算的各期发展水平等于实际发展水平，用符号表示为：

$$a_1 = a_0\overline{x}$$

$$a_2 = a_0\overline{x}^2$$

$$a_3 = a_0\overline{x}^3$$

……

$$a_n = a_0\overline{x}^n$$

以上等式两边相加得：

$$a_0\overline{x} + a_0\overline{x}^2 + a_0\overline{x}^3 + \cdots + a_0\overline{x}^n = a_1 + a_2 + a_3 + \cdots + a_n$$

$$a_0(\overline{x} + \overline{x}^2 + \overline{x}^3 + \cdots + \overline{x}^n) = \sum a$$

$$[(\overline{x} + \overline{x}^2 + \overline{x}^3 + \cdots + \overline{x}^n) - \frac{\sum a}{a_0}] = 0$$

解此高次方程，所得 $\overline{x}$ 的正根就是平均发展速度。

但求解这个高次方程是一项非常复杂的工作，在实际中，往往采用平均增长速度查对表直接查出（见表 6－14）。

请思考

为什么说高水平难以高速度，低水平却可以高速度呢？为什么中国国内生产总值可以以每年大于或近乎7%的速度增长，美国国民生产总值每年增长不到4%，而美国仍然发展很快呢？

表6－14　　时间数列分析指标计算小结

时间		0	1	2	3	…	n
发展水平		y_0	y_1	y_2	y_3	…	y_n
增长量	逐期	—	y_1-y_0	y_2-y_1	y_3-y_2	…	y_n-y_{n-1}
	累积	—	y_1-y_0	y_2-y_0	y_3-y_0	…	y_n-y_0
平均增长量		—	y_1-y_0	$(y_2-y_0)\div2$	$(y_3-y_0)\div3$	…	$(y_n-y_0)\div n$
发展速度	环比	—	$y_1\div y_0$	$y_2\div y_1$	$y_3\div y_2$	…	$y_n\div y_{n-1}$
	定基	—	$y_1\div y_0$	$y_2\div y_0$	$y_3\div y_0$	…	$y_n\div y_0$
平均发展速度		—	$\frac{y_1}{y_0}$	$\sqrt{\frac{y_2}{y_0}}$	$\sqrt[3]{\frac{y_3}{y_0}}$	…	$\sqrt[n]{\frac{y_n}{y_0}}$
增长速度	环比	100	$y_1\div y_0-1$	$y_2\div y_1-1$	$y_3\div y_2-1$	…	$y_n\div y_{n-1}-1$
	定基	100	$y_1\div y_0-1$	$y_2\div y_0-1$	$y_3\div y_0-1$	…	$y_n\div y_0-1$
平均增长速度		—	$\frac{y_1}{y_0}-1$	$\sqrt{\frac{y_2}{y_0}}-1$	$\sqrt[3]{\frac{y_3}{y_0}}-1$	…	$\sqrt[n]{\frac{y_n}{y_0}}-1$
增长1%绝对值		—	$y_0\div100$	$y_1\div100$	$y_2\div100$	…	$y_{n-1}\div100$

任务四

时间数列的趋势分析

影响时间数列变动趋势的因素既有基本因素，也有偶然因素，基本因素对现象的影响是持续的，偶然因素对现象的影响一般是暂时的、不规则的，由于偶然因素的影响，现象在短期内的变动趋势往往不明显，时而上升，时而下降，因此，有必要对时间数列进行修匀，使修匀后的数列呈现明显的趋势。时间数列修匀的方法有很多，这里仅介绍常用的移动平均法和最小平方法。

一、移动平均法

移动平均法，是从原数列的第一项指标开始，按一定的项数计算序时平均数，由序时平均数构成新的时间数列。在新的时间数列中，短期的偶然的影响因素被削弱，长期趋势得到显现。但在计算中要记住：边移动，边平均。

移动平均法既可以采用奇数项移动平均，也可以采用偶数项移动平均，偶数项移动不能一次到位，其平均所得项数不能对正原数列，所以一般需要再进行一次偶数项移动平均才行，因此一般多采用奇数项移动平均，移动平均后所得的新数列比原数列的项数要少。移动平均法不能进行外推预测。

【例 6-15】 某企业产量移动平均法计算如表 6-15 所示。

表 6-15 单位：万吨

月份	产量	两项移动平均		三项移动平均
		第一次移动	第二次移动	
1	50		—	—
		52		
2	54		55.00	55.3
		58		
3	62		57.25	55.7
		56.5		
4	51		55.75	57.3
		55		
5	59		58.50	58.3
		62		
6	65		60.50	59.0
		59		
7	53		58.75	60.7
		58.5		
8	64		62.75	62.3
		67		
9	70		65.50	64.0
		64		

续表

月份	产量	两项移动平均		三项移动平均
		第一次移动	第二次移动	
10	58		63.00	64.7
		62		
11	66		65.50	65.3
		69		
12	72		—	—

记一记：边移动，边平均。

二、最小平方法

最小平方法，又称最小二乘法，它是利用数学模型配合一条趋势线，使得实际值与趋势值之间的离差平方和为最小。

最小平方法既可以用于直线模型的配合，也可以用于曲线模型的配合，这里仅介绍直线模型（又称线性模型）的配合。

如何判断现象是直线趋势还是曲线趋势？若时间数列的逐期增长量大致相等，则说明现象呈直线趋势。

设直线模型为 $y_t = a + bt$

则有 $\sum (y - y_t)^2 =$ 最小值

即 $\sum (y - a - bt)^2 =$ 最小值

对上式中的 a、b 分别求偏导，得到

$$\begin{cases} \sum y = na + b\sum t \\ \sum ty = a\sum t + b\sum t^2 \end{cases}$$

上式中，y_t 为趋势值，y 为实际值，a、b 为参数，t 为时间 序号

解方程组得：

$$\begin{cases} b = \dfrac{n\sum ty - \sum t\sum y}{\sum t^2 - (\sum t)^2} \\ a = \dfrac{\sum y}{n} - b\dfrac{\sum t}{n} \end{cases} \quad \text{（普通法常数公式）}$$

有时，为了计算简便，可采用最小平方法简捷法计算。简捷法令 $\sum t = 0$，若时间数列的项数为奇数项，则中间一项为原点 0，前后两端对称设置为：……、-3、-2、-1、0、1、2、3、……；

若时间数列的项数为偶数项，一般将 t 设置为：……、-5、-3、-1、1、3、5、……

由此计算得到：

$$\begin{cases} b = \dfrac{\sum ty}{\sum t^2} \\ a = \dfrac{\sum y}{n} \end{cases} \quad (\text{简捷法常数公式})$$

【例 6-16】 最小平方法普通法和简捷法计算如表 6-16 所示。

表 6-16 单位：万吨

	普通法					简捷法			
年份	产量 y	t	ty	t^2	y_t	t	ty	t^2	y_t
2010	50.3	1	50.3	1	50.48	-5	-251.5	25	
2011	56.8	2	113.6	4	56.22	-3	-170.4	9	
2012	62.0	3	186.0	9	61.96	-1	-62.0	1	
2013	67.5	4	270.0	16	67.70	1	67.5	1	
2014	72.4	5	362.0	25	73.44	3	217.2	9	
2015	80.0	6	480.0	36	79.18	5	400.0	25	
合计	389	21	1 461.9	91	388.98	0	200.8	70	

普通法：
$$\begin{cases} b = \dfrac{6 \times 1\,461.9 - 21 \times 389}{6 \times 91 - 21 \times 21} = 5.74 \\ a = \dfrac{389}{6} - 5.74 \times \dfrac{21}{6} = 44.74 \end{cases}$$

所以直线趋势方程为：$y_t = 44.74 + 5.74t$

预测 2016 年、2017 年的产量：

$y_{2016} = 44.74 + 5.74 \times 7 = 84.92$（万吨）

$y_{2017} = 44.74 + 5.74 \times 8 = 90.66$（万吨）

简捷法：$\begin{cases} b = \dfrac{200.8}{70} = 2.87 \\ a = \dfrac{389}{6} = 64.83 \end{cases}$

所以直线趋势方程为：$y_t = 64.83 + 2.87t$

预测 2016 年、2017 年的产量：

$y_{2016} = 64.83 + 2.87 \times 7 = 84.92$（万吨）

$y_{2017} = 64.83 + 2.87 \times 9 = 90.66$（万吨）

任务五

Excel 在时间数列分析中的应用

一、计算平均发展水平

【例 6－17】　某企业有月总产值和期初工人人数的时间数列如表 6－17 所示。

表 6－17

月份	1	2	3	4	5	6	7
总产值（万元）	300	310	309	308	310	314	320
期初工人人数（人）	120	123	125	126	130	138	140

（1）分别计算上半年月平均产值。

（2）分别计算上半年月平均工人人数。

（3）分别计算上半年月平均工人劳动生产率。

首先，将原始数据依次输入到工作表 A～C 列。其中，月份位于 A 列，总产值位于 B 列，期初工人人数位于 C 列（见表 6－18）。

表 6－18

	A	B	C	D	E
1	月份	总产值	期初工人人数		
2	1	300	120		
3	2	310	123	月平均产值	=AVERAGE（B2：B8）
4	3	309	125	月平均工人人数	=（C2/2+C3+C4+C5+C6+C7+C8/2）/6
5	4	308	126	月平均劳动生产率	=E3/E4
6	5	312	130		
7	6	314	138		
8	7	320	140		

（1）计算上半年月平均产值。

单击任一空单元格，输入"＝AVERAGE（B2：B7）"，按"回车"键，即可得到上半年月平均总产值 308.8333。

（2）计算上半年月平均工人人数。

单击任一空单元格，输入"＝（C2/2＋C3＋C4＋C5＋C6＋C7＋C8/2）/6"，按"回车"键，即可得到上半年月平均工人人数 128.66667。

（3）计算上半年月平均工人劳动生产率。

单击任一空单元格，输入"＝B9/C9"，按"回车"键，即可得到上半年月平均工人劳动生产率 2.4002591。

二、计算增长量、发展速度、增长速度、增长 1% 的绝对值

【例 6－18】 有时间数列如表 6－19 所示。

表 6－19

年份	2010	2011	2012	2013	2014	2015	2016
销售额（万元）	5 000	6 800	5 300	5 200	5 700	5 900	6 000

计算增长量、发展速度、增长速度、增长 1% 的绝对值。

首先，将原始数据依次输入到 A、B 列中，其中，年份位于 A 列，销售额位于 B 列（表 6－20）。

（1）计算增长量。

单击单元格 C3，输入"＝B3－B2"，按"回车"键，得到 2011 年的逐期增长量，再击单元格 C3，将鼠标指针移至该单元格的右下角，当指针变成"＋"字形时，按住鼠标左键向下拖至 C8 单元格放开，即可得到其他几年的逐期增长量。

表 6 - 20

	A	B	C	D	E	F	G	H	I
1	年份	销售额	逐期增长量	累计增长量	环比发展速度%	定基发展速度%	环比增长速度%	定基增长速度%	增长1%的绝对值
2	2010	5000	—	—	—	—	—	—	—
3	2011	6800	1800	1800	136	136	36	36	50
4	2012	5300	-1500	300	77.94117647	106	-22.05882353	6	68
5	2013	5200	-100	200	98.11320755	104	-1.886792453	4	53
6	2014	5700	500	700	109.6153846	114	9.615384615	14	52
7	2015	5900	200	900	103.5087719	118	3.50877193	18	57
8	2016	6000	100	1000	101.6949153	120	1.694915254	20	59

单击单元格 D3，输入“ = B3 - 5000”，按“回车”键，得到 2011 年的累计增长量，再击单元格 D3，将鼠标指针移至该单元格的右下角，当指针变成“ + ”字形时，按住鼠标左键向下拖至 D8 单元格放开，即可得到其他几年的累计增长量。

（2）计算发展速度。

单击单元格 E3，输入“ = B3/B2 * 100”，按“回车”键，得到 2011 年的环比发展速度，再击单元格 E3，将鼠标指针移至该单元格的右下角，当指针变成“ + ”字形时，按住鼠标左键向下拖至 E8 单元格放开，即可得到其他几年的环比发展速度。

单击单元格 F3，输入“ = B3/5000 * 100”，按“回车”键，得到 2011 年的定基发展速度，再击单元格 F3，将鼠标指针移至该单元格的右下角，当指针变成“ + ”字形时，按住鼠标左键向下拖至 F8 单元格放开，即可得到其他几年的定基发展速度。

（3）计算增长速度。

单击单元格 G3，输入“ = C3/B2 * 100”，或输入“ = E3 - 100”，按“回车”键，得到 2011 年的环比增长速度，再击单元格 G3，将鼠标指针移至该单元格的右下角，当指针变成“ + ”字形时，按住鼠标左键向下拖至 G8 单元格放开，即可得到其他几年的环比增长速度。

单击单元格 H3，输入“ = D3/5000 * 100”，或输入“ = F3 - 100”，按“回车”键，得到 2011 年的定基增长速度，再击单元格 H3，将鼠标指针移至该单元格的右下角，当指针变成“ + ”字形时，按住鼠标左键向下拖至 H8 单元格放开，即可得到其他几年的定基增长速度。

（4）计算增长 1% 的绝对值。

单击单元格 I3，输入“ = B2/100”，按“回车”键，得到 2011 年增长 1% 的绝对值，再击单元格 I3，将鼠标指针移至该单元格的右下角，当指针变成“+”字形时，按住鼠标左键向下拖至 I8 单元格放开，即可得到其他几年的增长 1% 的绝对值。

案例

某企业经营业绩的分析

表 6－21　资料某企业“十五”计划期间经营业绩

年份	2010	2011	2012	2013	2014	2015
年初职工人数（人）	1 500	1 520	1 489	1 502	1 518	1 520
其中：高级技工（人）	130	128	132	136	140	146
产值（万元）	1.2	1.0	1.3	1.8	2.0	2.5
利润（万元）	3 030	3 031	3 060	3 120	3 160	3 180

计算分析如下：

（1）通过计算得知，高级技工占全体职工的比重在逐年增加，这必将带动整个企业生产技术的改进和提高，从而提高劳动生产率，增强企业竞争力（见表 6－22）。

表 6－22　高级技工占全体职工比重计算表

年份	2010	2011	2012	2013	2014	2015
年初职工人数（人）	1 500	1 520	1 489	1 502	1 518	1 520
高级技工人数（人）	130	128	132	136	140	146
高级技工所占比重（%）	8.67	8.42	8.87	9.05	9.22	9.61

五年期间高级技工占全体职工的平均比重

$$=\frac{\left(\frac{130}{2}+128+132+136+140+\frac{146}{2}\right)\div 5}{\left(\frac{1\ 500}{2}+1\ 520+1\ 489+1\ 502+1\ 518+\frac{1\ 520}{2}\right)\div 5}=8.94\%$$

$$\text{全员年平均劳动生产率}=\frac{(3\ 030+3\ 031+3\ 060+3\ 120+3\ 160)\div 5}{\left(\frac{1\ 500}{2}+1\ 520+1\ 489+1\ 502+1\ 518+\frac{1\ 520}{2}\right)\div 5}$$

$$=2.04\ (\text{万元/人})$$

（2）该企业上下齐心，共同努力，利润指标逐年递增，发展势头良好（见表 6－23）。

表 6－23　　企业利润资料动态分析指标计算表

年份		2011	2012	2013	2014	2015
利润（万元）		3 030	3 031	3 060	3 120	3 160
增长量（万元）	逐期	—	1	29	60	40
	累计	—	1	30	90	130
发展速度（%）	环比	—	100.03	100.96	101.96	101.28
	定基	100	100.03	100.99	102.97	104.29
增长速度（%）	环比	—	0.03	0.96	1.96	1.28
	定基	—	0.03	0.99	2.97	4.29
增长1%的绝对值（万元）		—	30.30	30.31	30.60	31.20

$$年平均增长量=\frac{1+29+60+40}{4}=32.5（万元）$$

$$年平均增长速度=\sqrt[4]{104.29\%}-1=1.056\%$$

关键词

时间数列　绝对数时间数列　相对数时间数列　平均数时间数列　序时平均数　增长量　逐期增长量　累计增长量　平均增长量　发展速度　环比发展速度　定基发展速度　增长速度　环比增长速度　定基增长速度　平均发展速度　最小平方法

技能训练与应用

1. 某企业2016年10月1日有职工200人，上旬职工人数变动如下：10月3日增加新职工12人，5日3人参军入伍，6日调进5人，8日有4人退休离厂。要求计算该厂10月上旬平均职工人数。

2. 某厂工人人数资料如表6－24所示。

表 6－24　　单位：人

月份	1	2	3	4	5	6	7
月初工人人数	500	510	514	526			
月平均人数				533	549	564	577

要求：（1）填写表中空缺数值；

（2）计算第一季度、第二季度及上半年的月平均人。

3. 某地区各月月末人口资料如表 6－25 所示。

表 6－25 单位：万人

时间	1 月初	2 月初	3 月初	4 月初	6 月初	10 月初
人口数	22	23	21	24	25	27

要求：（1）计算第一季度月平均人口数；

（2）计算前三个季度的月平均人口数。

4. 某公司有资料如表 6－26 所示。

表 6－26

月份	1	2	3	4	5	6	7
月初工人人数（人）	100	102	103	104	102	101	106
工业总产值（万元）	200	202	203	206	204	210	212

计算：（1）第一季度月平均工人劳动生产率；

（2）第二季度月平均工人劳动生产率；

（3）上半年月平均工人劳动生产率。

5. 某企业 2010—2015 年资料如表 6－27 所示，计算填空。

表 6－27

年份	2010	2011	2012	2013	2014	2015
逐期增长量	—	70		80	85	
累计增长量	—			145		270

6. 某企业 2017 年 1—4 月资料如表 6－28 所示。

表 6－28

月份	1	2	3	4
月初工人人数（人）	1 200	1 120	1 290	1 280
利润总额（万元）	380	394	458	515

计算：（1）该企业第一季度月平均工人人数；

（2）该企业 1—4 月利润的平均增长量。

7. 某企业每年出口电冰箱的有关资料如表 6－29 所示，计算填空。

表 6－29

年份	出口量	增长量（台）		发展速度%		增长速度%		增长 1%
	（台）	逐期	累计	环比	定基	环比	定基	绝对值（台）
2013								
2014		250						20
2015			380					
2016							9	

8. 厂生产消毒碗柜，三次降价，由原来的 1 200 元降至 800 元，试计算平均每次降价的幅度。

9. 某人承包一咖啡厅，合同规定 2013 年应交租金 20 万元，今后每年以 5% 的速度递增，请你帮忙核算 2014 年、2015 年及 2016 年应交租金多少万元？

10. 某市社会商品零售额 2010 年至 2015 年的环比增长速度分别为 10. 10%、9. 50%、10. 23%、11. 28%、12. 03%，计算这些年的平均增长速度。

11. 某市 2015 年工业总产值是 2010 年的 230%，问 2010—2015 年年平均发展速度是多少？

12. 某企业 2013 年生产甲产品 400 万件，2014—2016 年有关资料如表 6－30 所示。

表 6－30

年份	2013	2014	2015	2016
定基增长速度%	—	－10. 0	15. 0	25. 0

计算：（1）计算各年的发展水平；

（2）计算 2014—2016 年各年的环比增长速度。

项目七 统计资料分析

——统计指数

【学习目标】

学习本项目旨在掌握有关统计指数的基本应用能力，为将来社会经济工作中的一些指数分析和因素分析打下良好的基础。要求在理解指数的含义、种类及作用等的前提下，着重掌握综合指数的编制原则和方法、了解和掌握综合指数与平均指数之间的变形关系以及平均指数的应用；熟练掌握指数体系及因素分析的方法，初步具备对社会经济现象总变动中各因素的影响方向、影响程度和影响绝对值进行分析的能力。

【重点难点】

- □ 指数的含义和作用
- □ 同度量因素
- □ 数量指标指数与质量指标指数的编制方法
- □ 指数体系
- □ 指数因素分析

【案例导入】

在日常生活中，我们可能在新闻媒体中看到克强指数、幸福指数、人的全面发展指数、地区创新指数以及社会和谐指数等统计指数名称，也经常听到和看到各种指数的统计数字。例如，《中国统计年鉴2014》提供的数字表明，与2013年相比，2014年居民消费价格指数为102%，商品零售价格指数为112%，工业品出厂价格指数为98.1%，工业生产者购进价格指数为97.8%，固定资产投资价格指数为100.5%，房屋销售价格指数为93.7%。那么什么是指数？它可以反映什么问题？它是如何计算出来的？它有什么用途？它有助于解决社会经济生活中的什么问题？相信通过本项目的学习，我们将加深对这些问题的认识和理解。

任务一

统计指数的作用与分类

一、统计指数的作用

统计指数，也叫经济指数，简称为指数，它有广义和狭义之分。从广义上讲，凡是说明现象数量对比关系的相对数，都可叫作指数。

例如，动态相对数、发展速度、计划完成情况相对数、比较相对数等，均可称为指数。

但通常所说的指数是指狭义的指数，它是反映不能直接相加的多因素组成的复杂现象总体的综合变动的相对数。

例如，要说明一种产品的价格、产量、成本的变动情况，就可简单地采用一般相对数的方法，但要反映多种产品的产量、价格、成本的综合变动情况，由于各种产品的经济用途、规格、型号、计量单位等不同，不能直接将各种产品的价格、产量、成本简单对比，为了解决这种复杂经济总体各要素相加进行比较的问题，就要使用本项目介绍的指数法。我国统计部门公布的商品零售价格指数、农产品收购价格指数、居民消费价格指数、工业生产指数以及金融领域里的各种证券价格指数等，都是利用指数的原理和方法编制的。

指数对于分析社会经济现象的发展变化和发展变化中各因素的影响程度具有重要作用。一般地讲，统计指数主要有以下三个方面的作用：

（一）综合反映事物的变动方向与变动程度

指数是用百分比表示的相对数。百分比大于或小于100%，反映现象变动方向是正还是负；而比100%大多少或小多少则反映现象变动程度的大小。

例如，商品零售物价指数为125%，则说明多种商品零售物价总的变动情况，具体到某种商品价格可能有涨有落，但从总体上看零售物价仍然上涨了 25%。

（二）分析现象总变动中各因素变动影响的变动方向和变动程度

复杂现象变动中，往往受到两个以上因素的影响。例如，商品销售额的变动受销售量和商品价格两个因素的影响，而职工平均工资的变动受工资水平与职工人数构成两个因素的影响。

例如，现象的总量指标是若干因素的乘积。

1. 商品销售额 = 商品销售量 × 单位商品价格 ⎫
2. 产品总成本 = 产品生产量 × 单位产品成本 ⎭ 一个总量指标受两个因素影响
3. 原材料费 = 产量 × 单位产品原材料消耗量 × 原材料单价

——一个总量指标受三个因素影响

商品销售额的变动（报告期同基期比较，不同时间的指标相比），取决于很多因素（经济、政治、社会文化、消费心理等），从可以测度的因素来考察，商品销售额的变动受销售量和价格两个因素的共同影响。我们可以利用指数体系分析各构成因素对总指数的变动影响，这种影响可以从相对数和绝对数两个方面进行分析。

（三）研究事物在长时间内的变动趋势

编制一系列反映某一现象变动情况的指数形成指数数列，可以反映被研究现象的变动趋势。例如，根据 1980—2015 年的零售商品物价指数资料，编制 35 个环比价格指数，从而构成价格指数数列。这样，就可以揭示价格的变动趋势，研究物价变动对经济建设和人民生活水平的影响。

此外，利用指数还可以进行地区经济综合评价、对比，研究综合执行情况等。

二、统计指数的分类

指数可按多种标志进行分类。常用的分类有下列几种：

（一）指数按其研究对象的范围不同，可分为个体指数和总指数

个体指数，是指反映一种现象数量变动情况的相对数。个体指数通常记作 K。例如：

$$个体产品产量指数\ k_q = \frac{q_1}{q_0}$$

$$个体物价指数\ k_p = \frac{P_1}{P_0}$$

式中：q 表示产量；p 表示产品或商品的单价；下标 1 表示报告期；下标 0 表示基期。

实际上，个体指数就是我们在前面学习过的动态相对数，也就是发展速度。

总指数则是指由多种要素构成的复杂现象的数量综合变动情况的相对数。例如，工业总产量指数、零售物价指数、股票价格指数等。

总指数与个体指数有一定的联系，可以用个体指数计算相应的总指数。用个体指数简单平均求得的总指数，称为简单指数；用个体指数加权平均求得的总指数，称为加权指数。

另外，还有一种介于个体指数与总指数之间的指数，叫类指数或组指数。它是在对总体分组的基础上，分别计算总体中各类或各组变动的相对数。类指数是相对于总指数而言的，它实质上仍属于总指数。

（二）指数按其说明的指标性质不同，可分为数量指标指数和质量指标指数

数量指标指数是说明数量指标变动的相对数。例如，产量指数、销售量指数、职工人数指数等。

质量指标指数是反映质量指标变动的相对数。例如，商品零售价格指数、产品单位成本指数、劳动生产率指数等。

（三）指数按其对比的情况不同，分为动态指数和静态指数

动态指数是指说明现象在不同时间上变动情况的指数。它是指数的最初含义。如通常计算的产量指数、价格指数、成本指数等都属于这种指数。静态指数是指用来综合反映现象在同一时间但不同空间上差异情况的相对数。例如，为了综合反映不同产品产量的计划完成情况，为了对比不同地区或不同单位多种现象的综合差异情况所计算的相对数，均可称为静态指数。

（四）指数按其计算方法及特点，分为综合指数和平均指数

这种分类是针对总指数而言的。综合指数的计算特点是先综合后对比，而平均指数的计算特点则是先对比后综合。

除了上述分类之外，在指数数列中，按所采用的基期不同，指数还可分为定

基指数和环比指数等。

议一议

列举日常生活或查阅相关国家和地区的统计报告中常见的指数，并指出它们的类别。

任务二

总指数与平均指数的编制

总指数是相对于个体指数而言的一个概括名称，它具体可分为综合指数和平均指数两种形式。

一、综合指数的编制

如果一个总量指标可以分解为两个或两个以上的因素，将其中一个或一个以上的因素固定下来，仅观察其中一个因素的变动，这样计算的总指数，就叫综合指数。其计算过程是：

首先，引入同度量因素，使不能直接相加的指标过渡到能够进行综合。所谓同度量因素，是指把不能直接相加和对比的因素指标过渡到另一个能够相加和对比的总量指标的因素指标。

例如，甲、乙两种产品，由于使用价值不同，计量单位不同，其产量是不能直接相加的，但不同产品的价值量可以相加。因此，我们可以利用产值与产量和价格之间的联系，将产量乘以各自的价格，得到产值，则两种产品便可以加总了。这里，价格起到将不同产品同度量的作用，被称为同度量因素。

其次，将同度量因素固定在同一时期，以观察其他因素变动的情况。

最后，通过不同经济内容的两个总量指标的对比，来考察被研究因素的综合变动，即复杂现象的总变动。

请讨论

同度量因素能否随着指数基期的改变而改变？是否一定是固定的？

由于总量指标都是由数量指标和质量指标“综合”而成的，因此，综合指数可以分别按数量指标指数和质量指标指数进行研究。

（一）数量指标指数

数量指标指数说明数量指标的综合变动情况。现用例 7－1 来说明数量指标指数的编制原理。

【例 7－1】 某商场销售的三种商品的资料如下（见表 7－1）：

表 7－1　　某商场销售三种商品的资料

商品名称	计量单位	销售数量		销售价格（元）	
		基期 q_0	报告期 q_1	基期 p_0	报告期 p_1
甲	支	100	115	100	100
乙	件	200	220	50	55
丙	个	300	315	20	25

这里设定用 p 和 q 分别代表商品的价格和销售量，并以 p_1、q_1 和 p_0、q_0 分别表示报告期和基期的相应指标。如果只是分别说明每一种商品销售量的增减情况，就不存在什么问题，只需计算各自的销售量个体指数（动态相对数）即可。但综合指数研究的是总变动情况，因此，必须同时对三种商品销售量的变动进行观察。下式虽然考虑了三种商品数量的总变动，但从经济分析的角度来看它是无意义的、是错误的。因为三种商品不仅使用价值有别，而且计量单位也不相同，也就是三种商品的销售量是不能直接相加的。

$$\frac{\sum q_1}{\sum q_0} = \frac{115 + 220 + 315}{100 + 200 + 300}$$

所以，要说明三种商品数量的总变动，就必须将其转化为可以直接相加的量才能进行综合比较。各种商品虽然其使用价值各不相同，计量单位千差万别，但有一点却是相同的，即它们都是人类劳动的结晶，都有价值，而商品的价值是可以相加的。因此，只要将三种商品的销售量转换成三种商品的销售价值即可。一定数量的商品，就是一定数量的价值。将使用价值不同的各种不能相加的具体商品转换成可以直接相加的抽象的商品价值，需要引进一个媒介因素——价格，各种商品的价格分别与它们的销售量相乘，便可得到抽象的价值形态的销售额，这样，复杂总体的同度量问题就可以解决了。商品价格这一因素在这里起着同度量的作用，故称之为“同度量因素。”

我们的任务是说明三种商品销售量总的变动情况，因此，“同度量因素”即价格必须是不变的，必须属于同一时期，只有这样，才能通过三种商品总销售额的对比单纯反映出销售量的总变动。价格的时期有两个选择，一是报告期，二是基期，从而就有两种不同的计算综合指数的方法：

$$I_q = \frac{\sum p_1q_1}{\sum p_1q_0} \qquad \text{（式 7－1）}$$

$$I_q = \frac{\sum p_0q_1}{\sum p_0q_0} \qquad \text{（式 7－2）}$$

对于表 7－1 资料，可得如下两种结果：

用式 7－1 计算：

$$I_q = \frac{\sum p_1q_1}{\sum p_1q_0}$$

$$= \frac{100 \times 115 + 55 \times 220 + 25 \times 315}{100 \times 100 + 55 \times 200 + 25 \times 300}$$

$$= \frac{31\ 475}{28\ 500} = 110.44\%$$

由于销售量变动而增加的销售额

$$= \sum p_1q_1 - \sum p_1q_0$$

$$= 31\ 475 - 28\ 500 = 2\ 975 \text{（元）}$$

计算结果说明：三种商品销售量报告期比基期平均增加了 10.44%，由于销售量增加而增加的销售额为 2 975 元。

再用式 7－2 计算：

$$I_q = \frac{\sum p_0q_1}{\sum p_0q_0}$$

$$= \frac{100 \times 115 + 50 \times 220 + 20 \times 315}{100 \times 100 + 50 \times 200 + 20 \times 300}$$

$$= \frac{28\ 800}{26\ 000} = 110.77\%$$

由于销售量变动而增加的销售额：

$$= \sum p_0q_1 - \sum p_0q_0$$

$$= 28\ 800 - 26\ 000 = 2\ 800 \text{（元）}$$

计算结果说明：三种商品销售量平均增加了 10.77%，由此增长的销售额为 2 800元。

想一想

上面两式计算结果虽有差异，但二者差别不大，到底采用个公式更合理呢？

如果对上面的问题还有疑惑，我们下面从公式分子、分母代表的经济含义加以比较说明。

先来分析式 7－1　$I_q = \frac{\sum p_1q_1}{\sum p_1q_0}$

式 7－1 的分子 $\sum p_1q_1$ 是报告期三种商品的实际销售总额，而分母 $\sum p_1q_0$ 则是按报告期价格计算的基期三种商品的（混合）销售总额，无论是从卖者还是从买者的角度，这一混合销售额都没有现实的经济意义。再者，此式虽然也用的是相同时期的价格，但实际上报告期的价格同基期价格相比也发生了变动，这种变动已包括在分子、分母中而对销售量指数产生了影响，也就是说，式 7－1 实际上并不单纯地反映销售量的变动，它同时也包含了价格的隐性变化。

再来分析式 7－2　$I_q = \frac{\sum p_0q_1}{\sum p_0q_0}$

式 7－2 的分母是基期三种商品的实际销售总额，分子是报告期三种商品按基期价格计算的销售额，即不变价格的价值量指标。分子与分母之差说明在价格不变的情况下，单纯由于报告期销售量的增加而增加的销售额，符合人们一般的思维习惯并具有一定的经济内涵。加之该式用的是基期价格，这里不存在价格变化的隐性影响问题，因此，该式虽然从形式上看对比的是两个时期的总销售额，实际上反映的却是销售量的总变动状况。

根据以上分析，计算销售量指数时，式 7－2 比式 7－1 更合理。从式 7－2 可知，销售量指数是数量指标指数，同度量因素是基期价格，而价格又是质量指标，因此，把销售量指数的计算特点普遍化，就可得出**数量指标指数的一般计算规则：计算数量指标指数，一般要以基期的质量指标作为同度量因素**。

（二）质量指标指数

仍用表 7－1 资料，以商品价格指数为例来说明质量指标指数的编制原理。

从表 7－1 可以看出，甲商品价格未变；乙商品价格上涨 5 元，涨幅 10%；丙涨价 5 元，提高 25% 。但三种商品价格的综合变动却不能直接显示出来。计算价格指数的目的就是求出三种商品价格总的变动情况。

三种商品由于计量单位不同，价格是不能相加的，因此，首先要使不能相加的因素变成可以相加的因素，即必须解决同度量问题。根据对数量指标指数的分析，各种商品的销售额是可以相加的，那么，当研究价格的综合变动时，销售量就成为同度量因素。

由于选用的时期不同，价格指数也有两种不同的计算形式：

$$I_P = \frac{\sum P_1 q_0}{\sum p_0 q_0} \qquad \text{（式 7－3）}$$

$$I_p = \frac{\sum p_1 q_1}{\sum p_0 q_1} \qquad \text{（式 7－4）}$$

式 7－3 的分母是基期三种商品的实际销售总额，分子是基期三种商品按报告期价格计算的假定销售额，其经济意义是：如果基期所销售的三种商品按现在的价格计算，其销售额是多少。分子与分母之差说明基期销售的三种商品如按报告期价格计算，将增加的销售额。此式虽然也能反映价格的综合变动，但它说明的是基期三种商品的价格变动。由于我们分析问题一般是立足于现实，站在报告期的角度，所以，式 7－3 的经济意义不够现实。式 7－4 与式 7－3 相比，无论从相对意义上，还是从绝对意义上来看，都更合理、更具有现实意义。根据上述分析，计算价格指数应以式 7－4 为宜，即宜将同度量因素固定在报告期。

推广到一般便可得出计算质量指标指数的一般原则：**计算质量指标指数，一**

般应以报告期的数量指标为同度量因素。

现用式 7－4 计算上面三种商品的价格指数如下：

$$I_p = \frac{\sum p_1 q_1}{\sum p_0 q_1}$$

$$= \frac{100 \times 115 + 55 \times 220 + 25 \times 315}{100 \times 115 + 50 \times 220 + 20 \times 315}$$

$$= \frac{31\ 475}{28\ 800} = 109.29\%$$

$$价格变动影响额 = \sum p_1 q_1 - \sum p_0 q_1$$

$$= 31\ 475 - 28\ 800 = 2\ 675（元）$$

计算结果说明：虽然三种商品价格变动情况各不相同，但总的来说报告期比基期上涨了 9.29%，由于价格上涨而增加的销售额为 2 675 元。

（三）综合指数编制的一般原则

由以上分析可知，计算综合指数的关键问题是如何选择同度量因素，它包括两个方面：一是选择什么作为同度量因素；二是确定同度量因素的时期。**编制综合指数的一般原则：在编制数量指标指数时，一般以基期的质量指标作同度量因素；在编制质量指标指数时，一般以报告期的数量指标作同度量因素**。

特别需要指出的是，上面讲的计算综合指数的两条规则，虽具有一般的应用意义，但并不是固定不变的“定律”。要根据研究对象的不同情况以及分析任务的具体要求，确定同度量因素所属的时期。

知识拓展

习惯上，将同度量因素固定在基期的综合指数称为拉斯拜尔指数，简称拉氏指数（由德国学者 Laspeyres 于 1864 年提出）；而将同度量因素固定在报告期的综合指数称为派斯彻指数，简称派氏指数（由德国另一学者 Paasche 于 1874 年提出）。

另外，从综合指数的编制方法来看，我们可以进一步认识到它具有以下特点：

（1）先综合后对比。即先解决总体中各个个体由于使用价值、经济用途、计量单位、规格、型号等不同不能直接简单相加对比的问题。为此，需要引入一个媒介因素（权数），使不能直接相加、不能直接对比的现象变成能够直接相加、直接对比的现象，这个因素称之为同度量因素。

（2）把总量指标中的同度量因素加以固定，以测定所要研究因素的影响程度。例如，若要观察两个时期多种商品销售总额中的销售量的影响，需要把两个时期各种商品的价格作为权数固定在同一时期，以测定两个时期各种商品销售量的影响。

（3）分子与分母所研究对象的范围原则上必须一致。

（4）综合指数的计算对资料要求较高，需要使用全面资料。

二、平均指数的编制

总指数的另一重要计算形式是平均指数，它是通过先计算个体指数，而后对个体指数加权平均来测定现象的总变动程度的。

平均指数是个体指数的加权平均数。因此，选择什么作为权数就成为重要的问题。前面讲过，综合指数的同度量因素也是一种权数，它要么是一个数量指标 q，要么是一个质量指标 p。而这里，由于个体指数是两个不同时期的个别现象的对比结果，因此，所引进的权数只有是一个价值指标 pq，计算结果才具有经济意义。

从理论上讲，平均指数可采用的权数有四种价值形式：p_0q_0、p_0q_1、p_1q_0、p_1q_1。但在实际工作中，出于对计算结果的经济意义和资料获取的可行性的考虑，将 p_0q_1、p_1q_0 用作权数的较少，常用的是 p_0q_0 和 p_1q_1。并且，p_0q_0 一般用于指数的算术平均形式，而 p_1q_1 则常用于指数的调和平均形式中。

（一）加权算术平均指数

使用加权算术平均法计算总指数的步骤为：

（1）计算个体指数。将报告期的物量（如产量、销售量、购进量、人数或工时等）除以基期的物量，求得物量的个体指数，即 $k_q = \frac{q_1}{q_0}$。

（2）取得基期的价值指标 p_0q_0 的数据。

（3）以求得的个体指数为变量、基期的价值指标（p_0q_0）为权数，使用加权算术平均方法计算总指数。其计算公式为：

$$I_q = \frac{\sum k_p p_0 q_0}{\sum p_0 q_0} = \frac{\sum \frac{q_1}{q_0} p_0 q_0}{\sum p_0 q_0} \quad \text{（式 7-5）}$$

下面举例说明采用这种平均指数计算总指数的方法。

【例 7-2】 某三种产品的有关资料如表 7-2，试问三种产品产量平均增长了多少？产量增长对产值有什么影响？

表 7-2 三种产品的资料 单位：万元

产品名称	产量		个体产量指数 $\frac{q_1}{q_0}$	基期产值 p_0q_0	报告期产值 p_1q_1
	基期 q_0	报告期 q_1			
甲	16	20	1.25	100	120
乙	20	22	1.10	100	115
丙	12	18	1.50	60	85

解： 根据已知资料和题目要求，不便于用综合指数计算，应以基期产值为权数计算产量的算术平均指数。即

$$\text{产量算术平均数指数} = \frac{\sum k_q p_0 q_0}{\sum p_0 q_0}$$

$$= \frac{1.25 \times 100 + 1.10 \times 100 + 1.50 \times 60}{100 + 100 + 60}$$

$$= \frac{325}{260} = 125\%$$

计算结果表明，三种产品产量平均增长了 25%，由于产量增长而增长的产值为 65（即 325 - 260）万元。

（二）加权调和平均指数

使用加权调和平均法计算总指数的步骤为：

1. 计算个体指数

将报告期的质量指标（单价、单位成本、劳动生产率等）除以基期的质量指标，求得质量指标的个体指数，即 $K_P = \frac{p_1}{p_0}$。

2. 取得报告期的价值指标（p_1q_1）的资料

3. 以求得的个体指数为变量、报告期的价值指标 p_1q_1 为权数，采用加权调

和平均方法计算总指数

其计算公式为：

$$I_P = \frac{\sum p_1 q_1}{\sum \frac{p_1 q_1}{k_p}} = \frac{\sum p_1 q_1}{\sum (p_1 q_1 \div \frac{p_1}{p_0})} = \frac{\sum p_1 q_1}{\sum (p_1 q_1 \times \frac{p_0}{p_1})} = \frac{\sum p_1 q_1}{\sum (p_1 q_1 \times \frac{1}{k_p})} \quad (\text{式}7-6)$$

下面举例说明加权调和平均法计算总指数的方法。

【例7-3】　三种商品销售的资料如表7-3所示，通过计算说明其价格总的变动情况。

表7-3　　三种产品的资料　　单位：万元

产品名称	价格		个体价格指数 $\frac{p_1}{p_0}$	基期产值 p_0q_0	报告期产值 p_1q_1
	基期 p_0	报告期 p_1			
甲	10	9	0.90	80	86
乙	20	19	0.95	20	34
丙	20	17	0.85	160	144

根据表中资料可得：

$$I_P = \frac{\sum p_1 q_1}{\sum \frac{p_1 q_1}{k_p}}$$

$$= \frac{86 + 34 + 144}{\frac{86}{0.90} + \frac{34}{0.95} + \frac{144}{0.85}}$$

$$= \frac{264}{300.76} = 87.8\%$$

计算结果说明，三种商品价格平均下降了12.2%。

（三）固定权数的平均指数

除了上面介绍的两种平均指数外，实践中还广泛使用一种固定权数的平均指数。

从理论上讲，固定权数平均指数也可分为固定权数加权算术平均指数和固定权数加权调和平均指数两种，但在实际工作中，调和平均的形式很少使用。因此，这里主要介绍固定权数加权算术平均指数，其计算公式如下：

固定权数加权算术平均指数 $I = \frac{\sum KW}{\sum W}$ （式 7－7）

式中：K 代表个体指数或类指数；W 表示固定权数，为相对数，即比重权数。

这类权数确定之后，一般要使用较长时间（如 3 年、5 年等）才调整一次，所以称它为固定权数。权数可以根据有关的普查资料、抽样调查资料或典型调查资料来确定和计算。

我国的商品零售价格指数、生活费用价格指数，西方国家的消费者价格指数、生产者价格指数以及工业生产指数等都是采用固定权数平均数指数的形式计算的。

（四）编制平均指数的一般原则

由上分析，我们可以得出**编制平均指数的一般原则：计算数量指标指数时，要采用基期的价值指标（p_0q_0）为权数进行加权算术平均；计算质量指标指数时，应使用报告期的价值指标（p_1q_1）为权数进行加权调和平均**。

平均指数与综合指数之间的区别：一是解决同度量问题的思路不同，综合指数是通过引进同度量因素，先综合后对比；而平均指数则是通过计算个体指数，然后加权平均，先对比后综合。二是两种指数所需要的资料有别，综合指数通常依据总体的全面资料，而平均指数则一般使用总体的非全面资料。

任务三

指数体系及因素分析

一、指数体系的作用

社会经济现象的数值变动，常取决于两个或两个以上因素的共同作用。因此，在分析现象的变动时，应考虑各个因素和总体现象之间的内在联系，需要将相互联系的若干指数结合起来加以运用，分析各个因素对总体现象变化的影响方向及程度，这就要求编制相应的“指数体系”。

指数体系可以有两种不同的含义。“广义的指数体系”类似于指标体系的概念，泛指由若干个内容上互相关联的统计指数所结成的体系。根据考察问题的需要，构成这种体系的指数可多可少。

“狭义的指数体系”仅指几个指数之间在一定的经济联系基础之上所结成的较为严密的数量关系式。其最为典型的表现形式就是：从相对数来看，一个总值指数等于若干个（两个或两个以上）因素指数的乘积；从绝对数来看，各个因素指数的分子与分母差额之和应等于总体变动指数分子与分母的差额，也就是各个因素影响总体差额之和应等于总体变动差额。

我们下面专门讨论这种以数量关系式存在的狭义形式的指数体系。例如：

销售额指数 = 销售价格指数 × 销售量指数

用符号表示即为：

$$\frac{\sum p_1q_1}{\sum p_0q_0} = \frac{\sum p_1q_1}{\sum p_0q_1} \times \frac{\sum p_0q_1}{\sum p_0q_0}$$

就绝对水平来看其关系式为：

$$\sum p_1q_1 - \sum p_0q_0 = (\sum p_1q_1 - \sum p_0q_1) + (\sum p_0q_1 - \sum p_0q_0)$$

在经济分析中，这种关系式还可以列举出很多。例如，

总产值指数 = 产量指数 × 产品价格指数

总成本指数 = 产量指数 × 单位产品成本指数

总产量（或总产值）指数 = 员工人数指数 × 劳动生产率指数

增加值指数 = 员工人数指数 × 劳动生产率指数 × 增加值率指数

销售利润指数 = 销售量指数 × 销售价格指数 × 销售利润率指数

显然，这些指数体系都是建立在有关指数化指标之间的经济联系基础之上的。

具体而言，编制指数体系的作用表现为如下几个方面：

（一）对编制综合指数具有指导意义

在使用综合指数形式计算总指数时，为了满足指数体系的要求，从现实经济意义出发，计算数量指标指数应以基期质量指标为同度量因素。质量指标指数则

要以报告期的数量指标为同度量因素。

（二）利用指数体系可以进行现象之间数量的相互推算

在实际工作中，往往缺少一些必要的统计资料，按照现象之间的动态联系，利用指数体系可以将它们推算出来。它既可以推算指数，也可以推算平均指标或相对指标。现举例说明之。

【例7－4】　某百货商店上期销售收入为525万元，本期要求达到556.5万元。在规定销售价格下调2.6%的条件下，该商店商品销售量要增加多少，才能使本期销售达到原定的目标？

根据题意，可以建立销售额指数体系：

$$\text{销售额指数}=\text{销售量指数}\times\text{销售价格指数}$$

由此可推得销售量指数为：

$$\text{销售量指数}=\frac{\frac{556.5}{525}}{100\%-2.6\%}=108.8\%$$

计算结果表明，该商店本期商品销售量至少要增加8.8%，才能使销售额在售价降低2.6%的情况下达到556.5万元的目标。

【例7－5】　某地区报告期平均职工人数为229.5万人，比基期增加2%；报告期工资总额为167 076万元比基期多支出9 576万元。试推算基期职工的平均工资。

根据指数体系就可推算出职工平均工资。

$$\text{工资总额指数}=\text{平均工资指数}\times\text{平均职工人数指数}$$

$$\text{平均工资指数}=\frac{167\ 076}{167\ 076-9\ 576}\div 1.02=\frac{1.0608}{1.02}$$

$$=104\%$$

有了平均工资指数，就可算出基期的平均工资：

$$\text{基期平均工资}=\frac{\frac{167\ 076}{167\ 076-9\ 576}}{104\%}=700\ (\text{元})$$

本例也可以按下面的方法推算基期的平均工资：

$$\text{基期平均工资}=\frac{\text{基期工资总额}}{\text{基期职工人数}}$$

$$= \frac{167\ 076 - 9\ 576}{229.5 \div 1.02}$$

$$= \frac{157\ 500}{225} = 700\ (元)$$

（三）利用指数体系可以分析复杂现象总变动中各个因素变动对其影响的程度

具体表现详见下面的因素分析知识内容。

二、因素分析

我们知道，社会经济现象的变动，总是受多种因素变动的影响。因素分析就是根据指数体系，分析现象总变动中各个因素的影响作用有多大。因素分析按其分析的指标性质不同，可分为总量指标变动的因素分析、相对指标变动的因素分析和平均指标变动的因素分析。按其分析因素的多少不同，又可分为两因素分析和多因素分析等。

下面以总量指标变动的两因素分析和平均指标变动的两因素分析为例，来说明这一分析方法的技能及应用。

（一）总量指标变动的两因素分析

若某一总量指标的变动受两个因素影响，我们可以分别测出每个因素变动对总变动的影响程度和数量。

【例 7－6】 仍以表 7－1 三种商品销售的资料为例（见表 7－4）：

表 7－4 总量指标变动的两因素分析计算表

商品名称	计量单位	销售数量		销售价格（元）		销售总额（元）		
		(q_0)	(q_1)	(p_0)	(p_1)	p_0q_0	p_1q_1	p_0q_1
甲	千克	100	115	100	100	10 000	11 500	11 500
乙	台	200	220	50	55	10 000	12 100	11 000
丙	件	300	315	20	25	6 000	7 875	6 300
合计	—	—	—	—	—	26 000	31 475	28 800

计算分析过程如下：

商品销售额的总变动：

$$商品销售额指数\quad I_{pq} = \frac{\sum p_1q_1}{\sum p_0q_0} = \frac{31\ 475}{26\ 000} = 121.06\%$$

$$商品销售总增加额 = \sum p_1q_1 - \sum p_0q_0$$
$$= 31\ 475 - 26\ 000 = 5\ 475（元）$$

其中：

（1）销售量变动的影响：

$$销售量指数 \quad I_q = \frac{\sum p_0q_1}{\sum p_0q_0} = \frac{28\ 800}{26\ 000} = 110.77\%$$

$$销售量变动的影响额 = \sum p_0q_1 - \sum p_0q_0$$
$$= 28\ 800 - 26\ 000 = 2\ 800（元）$$

（2）价格变动的影响：

$$价格指数 \quad I_p = \frac{\sum p_1q_1}{\sum p_0q_1} = \frac{31\ 475}{28\ 800} = 109.29\%$$

$$价格变动的影响额 = \sum p_1q_1 - \sum p_0q_1$$
$$= 31\ 475 - 28\ 800 = 2\ 675（元）$$

（3）指数体系：

相对数 121.06% = 110.77% × 109.29%

绝对数 5 475 元 = 2 800 元 + 2 675 元

计算结果表明，三种商品由于销售量平均增加 10.77%，使销售额增加 2 800 元；由于价格提高 9.29%，使销售额增加 2 675 元。二者共同作用的结果使销售额提高 21.06%，增加的绝对额为 5 475 元。

（二）总量指标变动的多因素分析

在具体分析任务的要求下，总量指标指数体系可以由更多的指数组成，用以分析多因素变动对现象总体变动影响程度，说明总体现象变动的具体原因。

例如，工业企业原材料支出总额的变动可以分解为产品产量、单位产品原材料消耗量和单位原材料价格三个因素的变动影响，因此，需要编制原材料支出总额指数及其包括的三个因素指数形成的总量指标指数体系，来进行多因素变动的分析。

多因素现象的指标体系，由于所包含的现象因素较多，因此指数的编制过程比较复杂，所以，以下两点是编制多因素指数时需要加以注意的原则：

（1）在编制多因素指标所组成的综合指数时，为了测定某一因素指标的变动影响，要把其他所有因素都固定不变。

（2）综合指数中的各因素要按合理顺序排列，一般是数量指标在前，质量指标在后；主要指标在前，次要指标在后。总之，要根据所研究现象的经济内容，依据各因素之间的内在联系加以具体确定。

例如，就工业企业原材料支出总额的组成因素的排列顺序而言，要按产品产量、单位产品原材料消耗量（单耗）、单位原材料价格的顺序排列，如下：

原材料支出总额 = 产量 × 单耗 × 单位原材料价格

上述公式中，产量与单耗的乘积为原材料消耗量，它具有经济意义；而单耗与单位原材料价格的乘积表示单位产品原材料的消耗额，也具有经济意义。可见上述公式中各因素的排列顺序，能够保持它们之间彼此适应和互相结合，因而是合理的。

设 q、m、p 分别代表产量、单耗和原材料单价，则原材料支出总额指数体系及绝对量关系式如下：

$$\frac{\sum q_1m_1p_1}{\sum q_0m_0p_0}=\frac{\sum q_1m_0p_0}{\sum q_0m_0p_0}\times\frac{\sum q_1m_1p_0}{\sum q_1m_0p_0}\times\frac{\sum q_1m_1p_1}{\sum q_1m_1p_0} \qquad \text{（式 7-12）}$$

$$\begin{aligned}&\sum q_1m_1p_1-\sum q_0m_0p_0\\&=\left(\sum q_1m_0p_0-\sum q_0m_0p_0\right)+\left(\sum q_1m_1p_0-\sum q_1m_0p_0\right)\\&\quad+\left(\sum q_1m_1p_1-\sum q_1m_1p_0\right)\end{aligned} \qquad \text{（式 7-13）}$$

【例 7-7】 设有某企业三种产品的产量、单耗和原材料单价的有关资料，以及原材料支出总额的计算资料分别如表 7-5 和表 7-6 所示。

表 7-5　三种产品的产量和单耗情况

产品名称	产量（台）		材料名称	单位产品原材料消耗量（千克）		单位原材料价格（元）	
	基期 q_0	报告期 q_1		基期 m_0	报告期 m_1	基期 p_0	报告期 p_1
甲	50	60	A	150	145	3	3.2
乙	50	50	B	62	65	1.5	1.8
丙	150	200	C	90	90	0.5	0.85

表 7－6　　三种产品原材料支出总额计算表

产品名称	原材料支出总额（元）			
	$q_0m_0p_0$	$q_1m_1p_1$	$q_1m_0p_0$	$q_1m_1p_0$
甲	22 500	27 000	26 100	27 840
乙	4 650	4 650	4 875	5 850
丙	10 800	14 400	14 400	15 300
合计	37 950	46 050	45 375	48 900

根据表 7－5 和表 7－6 的资料，可以分析原材料支出总额的变动情况及其原因。

（1）原材料支出总额的变动情况，即

原材料支出总额指数：

$$I_{qmp} = \frac{\sum q_1m_1p_1}{\sum q_0m_0p_0} = \frac{48\ 990}{37\ 950} = 129.09\%$$

原材料支出实际总差额：

$$\sum q_1m_1p_1 - \sum q_0m_0p_0 = 48\ 990 - 37\ 950 = 11\ 040(\text{元})$$

它说明该工厂报告期原材料支出总额比基期增长 29.09%，增加金额即多用 11 040 元。

（2）产量变动影响情况，即

产量指数：

$$I_q = \frac{\sum q_1m_0p_0}{\sum q_0m_0p_0} = \frac{46\ 050}{37\ 950} = 121.34\%$$

产量影响差额：

$$\sum q_1m_0p_0 - \sum q_0m_0p_0 = 46\ 050 - 37\ 950 = 8\ 100\ (\text{元})$$

它说明由于产量增加使原材料支出额增长 21.34%，多支出费用 8 100 元。

（3）单位产品原材料消耗量变动影响，即

产品单耗指数：

$$I_m = \frac{\sum q_1m_1p_0}{\sum q_1m_0p_0} = \frac{45\ 375}{46\ 050} = 198.53\%$$

产品单耗影响差额：

$$\sum q_1m_1p_0 - \sum q_1m_0p_0 = 45\ 375 - 46\ 050 = -675\text{（元）}$$

它说明由于单位产品原材料消耗量的降低，使原材料支出额下降1.47%，少支出675元。

（4）单位原材料价格变动影响，即

原材料价格指数：

$$I_p = \frac{\sum q_1m_1p_1}{\sum q_1m_1p_0} = \frac{48\ 990}{45\ 375} = 107.97\%$$

原材料价格影响差额：

$$\sum q_1m_1p_1 - \sum q_1m_1p_0 = 48\ 990 - 45\ 375 = 3\ 615\text{（元）}$$

它说明由于原材料价格提高，使原材料支出额增加7.97%，绝对额增加3 615元。

以上各指数之间的关系如下：

129.09% =121.34% ×98.53% ×107.97%

其因素影响差额之间的关系为：

1 104（元）=8 100（元）+（-675）（元）+3 615（元）

可见，原材料支出总额增加29.09%（绝对额为11 040元）是由于产量、单耗、原材料价格三个因素分别影响增支21.34%（或8 100元）-1.47%（或-675元）7.97%（或3 615元）共同变动、共同作用而造成的。

通过相对数和绝对数两个方面的分析，影响超支的因素一目了然，便于管理者找出控制成本费用的方法，改善企业的经营管理。事实上，因素分析作为一个非常有用的统计分析方法，可以被引入企业财务分析等诸多领域。

多因素指数分析方法和前面的两因素分析方法基本类似，只是由于研究目的和要求不同，对影响现象的因素分解的程度不同。因此，通过因素之间的合并，多因素指数体系可以变成两因素指数体系。如上例，若把单位原材料消耗量与单位原材料价格合并，上述指数体系则变成了单位产品原材料消耗额和产量两因素构成的指数体系。相反，我们也可根据实际经济分析的需要把两因素进一步分解为多个因素。明确了这个道理，也就掌握了多因素指数体系的应用。

做一做

请利用百度或其他网页搜索工具，学习统计指数因素分析方法中的连环替代法，加深对上述知识技能的认识。

（三）平均指标变动的两因素分析

由前面所学加权算术平均数的计算公式：

$$\bar{x}=\frac{\sum \bar{x}\times f}{\sum f}=\sum\left(\bar{x}\times\frac{f}{\sum f}\right)$$

可以看出，在分组的情况下，加权算术平均数的大小，不仅受各变量值 x 的影响，同时也受各变量值的次数（f）在总次数（$\sum f$）中所占的比重（$\frac{f}{\sum f}$）的影响。这样，也可以利用指数体系对总平均指标的变动进行因素分析。此时，指数体系以及影响的绝对量关系式如下：

可变构成指数 = 固定构成指数 × 结构影响指数

$$\frac{\dfrac{\sum x_1 f_1}{\sum f_1}}{\dfrac{\sum x_0 f_0}{\sum f_0}}=\frac{\dfrac{\sum x_1 f_1}{\sum f_1}}{\dfrac{\sum x_0 f_1}{\sum f_1}}\times\frac{\dfrac{\sum x_0 f_1}{\sum f_1}}{\dfrac{\sum x_0 f_0}{\sum f_0}}$$

总平均指标变动额 = 各组水平变动影响额 + 结构变动影响额

$$\left(\frac{\sum x_1 f_1}{\sum f_1}-\frac{\sum x_0 f_0}{\sum f_0}\right)=\left(\frac{\sum x_1 f_1}{\sum f_1}-\frac{\sum x_0 f_1}{\sum f_1}\right)+\left(\frac{\sum x_0 f_1}{\sum f_1}-\frac{\sum x_0 f_0}{\sum f_0}\right)$$

上述各项指数的具体含义说明如下：

1. 可变构成指数（I_{xf}）

统计上把在分组条件下包含各组平均水平及其相应的单位数结构这两个因素变动的总平均指标指数，称为可变构成指数。其计算公式为：

$$I_{xf}=\frac{\dfrac{\sum x_1 f_1}{\sum f_1}}{\dfrac{\sum x_0 f_0}{\sum f_0}}$$

式中：$\bar{x}$ 为总平均指标；x 为各组标志值，即平均水平；f 为各组单位数。

2. 固定构成指数（I_x）

为了单纯反映变量值变动的影响，就需要消除总体中各组单位数所占比重变化的影响，即需要将总体内部结构固定起来计算平均指标指数，这样的指数叫固定构成指数。它只反映各组平均水平对总平均指标变动的影响。其计算公式可表示为：

$$I_x = \frac{\dfrac{\sum x_1 f_1}{\sum f_1}}{\dfrac{\sum x_0 f_1}{\sum f_1}}$$

3. 结构影响指数（I_f）

为了单纯反映总体结构变动的影响，就需要把变量值固定起来，这样计算的平均指标指数叫作结构影响指数。它只反映总体结构变动对总平均指标变动的影响。其计算公式为：

$$I_f = \frac{\dfrac{\sum x_0 f_1}{\sum f_1}}{\dfrac{\sum x_0 f_0}{\sum f_0}}$$

由指数体系可知，可变构成指数是通过报告期与基期平均指标的实际水平对比来计算的，它同时包含两个因素变动的综合影响，全面反映了总平均指标的实际变动情况。

在平均指标变动的两个影响因素中，一般把各组水平看成质量指标，而把总体构成或结构（即各组比重）当作数量指标，这样，根据综合指数的一般规则，固定构成指数是将总体构成固定在报告期，它消除了总体结构变动的影响，单纯反映各组水平变动对总平均指标变动的影响。而结构影响指数是将各组水平固定在基期，仅仅反映由于总体结构变动对总平均指标变动的影响。

举例如下：

【例 7－8】 某厂所属两个分厂的某产品成本资料如表 7－7 所示，试分析该厂某产品总平均单位成本的变动受各分厂成本水平变动以及全厂产量结构变动的影响情况。

计算分析过程如下：

全厂平均单位成本是：

表 7－7　　平均指标变动影响因素分析表

厂别	单位成本（元）		产量（件）		总成本（元）		
	x_0	x_1	f_0	f_1	$x_0 f_0$	$x_1 f_1$	$x_0 f_1$
一分厂	10.0	9.0	300	1 300	3 000	11 700	13 000
二分厂	12.0	12.2	700	700	8 400	8 540	8 400
全厂	—	—	1 000	2 000	11 400	20 240	21 400

$$基期平均单位成本 = \frac{\sum x_0 f_0}{\sum f_0} = \frac{11\ 400}{1\ 000} = 11.4\ （元/件）$$

$$报告期平均单位成本 = \frac{\sum x_1 f_1}{\sum f_1} = \frac{20\ 240}{2\ 000} = 10.12\ （元/件）$$

$$假定平均单位成本 = \frac{\sum x_0 f_1}{\sum f_1} = \frac{21\ 400}{2\ 000} = 10.7\ （元/件）$$

全厂平均单位成本变动分析：

$$可变构成指数 = \frac{\dfrac{\sum x_1 f_1}{\sum f_1}}{\dfrac{\sum x_0 f_0}{\sum f_0}} = \frac{10.12}{11.4} = 88.8\%$$

$$单位成本变动额 = \frac{\sum x_1 f_1}{\sum f_1} - \frac{\sum x_0 f_0}{\sum f_0}$$

$$= 10.12 - 11.4 = -1.28\ （元/件）$$

其中：

（1）由于两分厂单位成本变动对平均单位成本的影响：

$$固定构成指数 = \frac{\dfrac{\sum x_1 f_1}{\sum f_1}}{\dfrac{\sum x_0 f_1}{\sum f_1}} = \frac{10.12}{10.7} = 94.6\%$$

由于各厂单位成本变动使全厂单位成本变化额

$$=\frac{\sum x_1 f_1}{\sum f_1}-\frac{\sum x_0 f_1}{\sum f_1}$$

$$=10.12-10.7=-0.58\text{（元/件）}$$

（2）各分厂产量变动对总厂平均单位成本变动的影响：

$$\text{结构影响指数}=\frac{\frac{\sum x_0 f_1}{\sum f_1}}{\frac{\sum x_0 f_0}{\sum f_0}}=\frac{10.7}{11.4}=93.9\%$$

产量结构变动使全厂单位成本变化额

$$=\frac{\sum x_0 f_1}{\sum f_1}-\frac{\sum x_0 f_0}{\sum f_0}$$

$$=10.7-11.4=-0.7\text{（元/件）}$$

（3）指数体系：

相对数　　88.8% =94.6% ×93.9%

绝对数　　−1.28 元/件 = −0.58 元/件 +（−0.7）元/件

计算结果表明，由于分厂单位成本下降使得总厂单位成本下降了 5.4%，从绝对数上看降低了 0.58 元；由于产量结构变动使全厂单位成本下降 6.1%，降低额为 0.7 元。两者综合使得全厂平均单位成本下降 11.2%，单位成本节约 1.28 元。

从上面的知识技能学习中，我们可以认识到统计指数作为一种重要的经济分析指标和方法，在实践中获得了广泛的应用。但在不同场合，往往需要运用不同的指数形式。一般而言，选择指数形式的主要标准应该是指数的经济分析意义，除此而外，有时还要求考虑实际编制工作的可行性，以及对指数分析性质的某些特殊要求。这些要求我们在国内外常见的几个经济指数的编制及应用中可以进一步体会到。

通过互联网，结合本项目知识技能的学习，查找学习有关工业生产指数、产品成本指数、工业品出厂价格指数、农产品收购价格指数、商品零售价格指数、居民消费价格指数、股票价格指数的编制与运用。

知识拓展

任务四

Excel在统计指数分析中的应用

在Excel中进行指数分析，没有专门用于指数分析和因素分析的工具与统计函数，主要使用输入公式的方法结合填充柄功能进行操作。现举例加以说明。

【例7-9】 根据某企业三种产品的单位成本和产量资料，计算单位成本指数。

解： 原始数据及各步计算数据如图7-1所示，计算综合指数具体步骤如下：

第一步： 计算每一个“$p_0 * q_1$”。在G3中输入“=D3 * E3”，回车得到结果；然后，使用填充柄功能按住鼠标左键向下拖，至G5单元格，松开鼠标，可得G4~G5结果，即自动填入G4~G5的数值。

第二步： 计算每一个“$p_1 * q_1$”。在H3输入“=D3 * F3”，回车得到结果；然后，使用填充柄功能按住鼠标左键向下拖，至H5单元格，松开鼠标，可得H4~H5结果，即自动填入H4~H5的数值。

第三步： 计算“$\sum p_0 * q_1$”和“$\sum p_1 * q_1$”。选定G3：G5区域，单击工具栏上的“$\sum$”按钮，在G6出现该列的求和值。选定H3：H5区域，单击工具上的“$\sum$”按钮，在H6出现该列的求和值。

第四步： 计算单位成本指数“$\sum p_0 * q_1 / \sum p_0 * q_0$”。单击任一空单元格，本例中为C9，输入“=H6/G6”即可得单位成本指数91.8367%。

数量指标综合指数与质量指标综合指数的计算方法类似，这里不一一赘述。

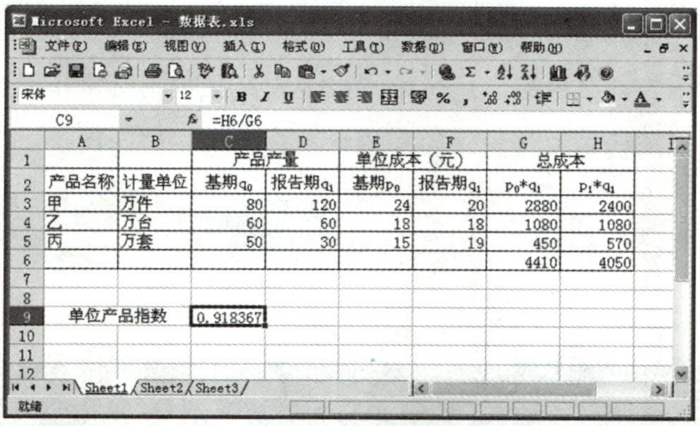

图 7－1 综合指数计算数据

【例 7－10】 根据某企业 3 种产品单位成本和报告期总成本资料，利用加权调和平均数指数计算单位成本指数。

解： 原始数据及各步计算数据如图 7－2 所示，计算平均指数具体步骤如下：

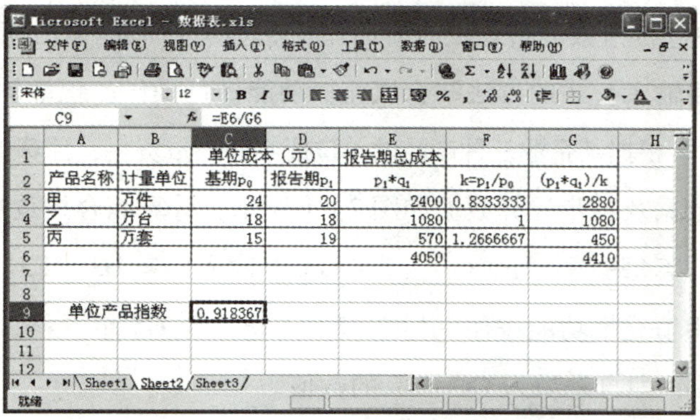

图 7－2 平均指数计算数据

第一步： 计算每一个个体指数 $k = p_1/p_0$：在 F3 中输入：“ = D3/C3”，回车得到结果；然后，使用填充柄功能按住鼠标左键向下拖，至 F5 单元格，松开鼠标，可得 F4 ~ F5 结果，即自动填入 F4 ~ F5 的数值。

第二步： 计算每一个 p_1q_1/k：在 G3 中输入“ = E3/F3”，回车得到结果；然后，使用填充柄功能按住鼠标左键向下拖，至 G5 单元格，松开鼠标，可得 G4 ~ G5 结果，即自动填入 G4 ~ G5 的数值。

第三步： 计算 $\sum p_1q_1$ 和 $\sum p_1q_1/k$：选定 E3：E5 区域，单击工具栏上的“Σ”按钮，在 E6 出现该列的求和值。选定 G3：G5 区域，单击工具上的“Σ”按钮，在 G6 出现该列的求和值。

第四步：计算单位成本指数$\sum p_0q_1/\sum p_1q_1/k$：单击任一空单元格，本例中为 C9，输入“=E6/G6”即可得单位成本指数 91.8367%。

加权算术平均数指标与加权调和平均数指数的计算方法类似，这里就不再举例说明。

【例 7-11】 根据例 7-10 中某企业 3 种产品单位成本和产量资料进行因素分析。

解：原始数据及各步计算数据如图 7-3 所示，进行因素分析的具体步骤如下：

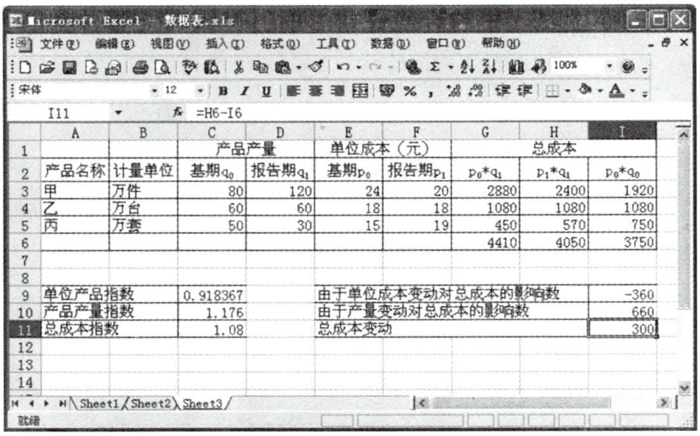

	A	B	C	D	E	F	G	H	I
1			产品产量		单位成本（元）		总成本		
2	产品名称	计量单位	基期q_0	报告期q_1	基期p_0	报告期p_1	p_0*q_1	p_1*q_1	p_0*q_0
3	甲	万件	80	120	24	20	2880	2400	1920
4	乙	万台	60	60	18	18	1080	1080	1080
5	丙	万套	50	30	15	19	450	570	750
6							4410	4050	3750
7									
8									
9	单位产品指数		0.918367		由于单位成本变动对总成本的影响数				-360
10	产品产量指数		1.176		由于产量变动对总成本的影响数				660
11	总成本指数		1.08		总成本变动				300

图 7-3 因素分析数据

第一步：计算每一个“p_0*q_1”和“$\sum p_0q_1$”：在 G3 中输入“=D3*E3”，回车得到结果；然后，使用填充柄功能按住鼠标左键向下拖，至 G5 单元格，松开鼠标，可得 G4～G5 结果。选定 G3：G5 区域，单击工具栏上的“$\sum$”按钮，在 G6 出现该列的求和值。

第二步：计算每一个“p_1*q_1”和“$\sum p_1q_1$”。在 H3 输入“=D3*F3”，回车得到结果；然后，使用填充柄功能按住鼠标左键向下拖，至 H5 单元格，松开鼠标，可得 H4～H5 结果，选定 H3：H5 区域，单击工具栏上的“$\sum$”按钮，在 H6 出现该列的求和值。

第三步：计算每一个“p_0*q_0”和“$\sum p_0*q_0$”。在 I3 输入“=C3*E3”，回车得到结果；然后，使用填充柄功能按住鼠标左键向下拖，至 I5 单元格，松开鼠标，可得 I4～I5 结果。选定 I3：I5 区域，单击工具栏上的“$\sum$”按钮，在

I6 出现该列的求和值。

第四步： 计算单位成本指数、产量指数和总成本指数：在 C9 中输入“=H6/G6”，求得单位成本指数；在 C10 中输入“=G6/I6”，求得产量指数；在 C11 中输入“=H6/I6”，总成本指数。

第五步： 计算由于单位成本变动对总成本的影响数、由于产量变动对总成本的影响数和总成本变动总数：在 I9 中输入“=H6－G6”，可求得单位成本指数；在 I10 中输入“=G6－I6”，可求得产量指数；在 I11 中输入“=H6－I6”，可求得总成本指数。

案 例

指数分析被广泛应用于测定社会经济现象综合数量变动方向与程度及社会经济现象的变动因素分析。但许多初学者对统计指数分析方法总觉得很难学，比如有很多学生不能正确计算指数、分析现象变动的数量原因等等。本项目中的案例拟通过对典型的例题讲解来谈谈统计指数在学习和应用中要注意的问题。

案例 7－1　综合指数计算

某企业报告期与基期的产量与单位成本资料如表 7－8 所示。

表 7－8

产品	单位	基期		报告期		基期总成本 p_0q_0	报告期总成本 p_1q_1	假定值 p_0q_1
		单位成本（万元）	产量	单位成本（万元）	产量			
甲	吨	40	200	38	220	8 000	8 360	8 800
乙	台	5	100	5	150	500	750	750
丙	套	12	500	10	600	6 000	6 000	7 200
合计		—	—	—	—	14 500	15 110	16 750

要求：（1）计算单位成本总指数、产量总指数、总成本总指数。

（2）从绝对数与相对数两个方面分析单位成本与产量变动对总成本的影响。

解析：（1）设单位成本为 p，产量为 q。则可求出以下三个总量（计算过程见表 7－8）：

基期总成本$\sum p_0q_0 = 40 \times 200 + 5 \times 100 + 12 \times 500 = 14\ 500$（万元）

报告期总成本$\sum p_1q_1 = 38 \times 220 + 5 \times 150 + 10 \times 600 = 15\ 110$（万元）

假定总成本$\sum p_0q_1 = 40 \times 220 + 5 \times 150 + 12 \times 600 = 16\ 750$（万元）

由综合指数的公式，三个总指数计算如下：

单位成本总指数 $I_p = \sum p_1q_1 / \sum p_0q_1 = 15\ 110/16\ 750 = 90.21\%$

产量总指数 $I_q = \sum p_0q_1 / \sum p_0q_0 = 16\ 750/14\ 500 = 115.52\%$

总成本总指数 $I_{pq} = \sum p_1q_1 / \sum p_0q_0 = 15\ 110/14\ 500 = 104.21\%$

（2）因素分析。

第一步，总变动：

相对数 $I_{pq} = \sum p_1q_1 / \sum p_0q_0 = 15\ 110/14\ 500 = 104.21\%$

绝对数$\sum p_1q_1 - \sum p_0q_0 = 15\ 110 - 14\ 500 = 610$（万元）

即报告期总成本比基期增长了4.21%，增加了610万元。

第二步，由于单位成本变动的影响：

相对数 $I_p = \sum p_1q_1 / \sum p_0q_1 = 15\ 110/16\ 750 = 90.21\%$

绝对数$\sum p_1q_1 - \sum p_0q_1 = 15\ 110 - 16\ 750 = -1\ 640$（万元）

即报告期单位成本比基期下降了9.79%，从而使总成本减少1 640万元。

第三步，由于产量变动的影响：

相对数 $I_q = \sum p_0q_1 / \sum p_0q_0 = 16\ 750/14\ 500 = 115.52\%$

绝对数$\sum p_0q_1 - \sum p_0q_0 = 16\ 750 - 14\ 500 = 2\ 250$（万元）

即报告期产量比基期增长了15.52%，从而使总成本增加了2 250万元。

第四步，综合影响：由于上述两个因素的共同影响，使报告期总成本比基期增长了4.21%，增加了610万元。即：

相对数 $104.21\% = 90.21\% \times 115.52\%$

绝对数 $610 = -1\ 640 + 2\ 250$

案例说明：本案例是综合指数计算的最基本题型。解题中应注意以下几点：**第一**，必须正确掌握统计指数编制的一般原则：质量指标指数一般应以报告期的数量指标为同度量因素，数量指标指数一般要以基期的质量指标作为同度量因素。根据这一一般原则，价格指数 I_p 总是价格从基期变动到报告期而销售量保持不变；销售量指数 I_q 则总是销售量从基期变动到报告期而相应的价格固定不变。**第二**，指数因素分析的一般步骤就如上例所示。其实，某一指数本身就是“相对影响”，而该指数的分子减去分母，就是该因素对总变动的“绝对影响”。**第三**，必须正确判断何为“数量指标”（q），何为质量指标（p）。若判断错误，则计算结果将完全相反。在两因素指数体系中，如产量、销售量、职工人数、面积总数等总量指标都是数量指标，而单位成本、人均产量、单价、亩产、平均工资等平均指标与相对指标都属于质量指标。

案例 7－2　加权调和平均指数计算

某企业报告期与基期有关商品销售资料如表 7－9 所示。

表 7－9

商品	2013 年销售额（万元）	2014 年销售额（万元）	销售价格提高（+）或降低（－）%
甲	100	150	+20
乙	200	250	+10
丙	500	600	－10
合计	800	1 000	

要求：（1）计算销售价格总指数、销售量总指数、销售额总指数。

（2）由于销售价格变动而使销售额增加或减少的数值是多少？

解析：（1）已知 $\sum p_0q_0 = 800$ 万元，$\sum p_1q_1 = 1\ 000$ 万元（p 为销售价格，q 为销售数量）

根据案例 7－1 的解题说明，我们知道还需要“假定值” $\sum p_0q_1$。本例的销售价格提高或降低比率加上 100% 之后实际上就是价格个体指数。故有：

$\sum p_0q_1 = \sum (p_1q_1/I_p) = 150/1.2 + 250/1.1 + 600/0.9 = 1\ 018.94$（万元）

所以，销售价格总指数 $I_p = \sum p_1q_1/\sum p_0q_1 = 1\ 000/1\ 018.94 = 98.14\%$

销售量总指数 $I_q = \sum p_0q_1/\sum p_0q_0 = 1\ 018.94/800 = 127.37\%$

销售额总指数 $I_{pq} = \sum p_1q_1/\sum p_0q_0 = 1\ 000/800 = 125\%$

（2）销售价格变动而使销售额减少 18.94 万元。

$\sum p_1q_1 - \sum p_0q_1 = 1\,000 - 1\,018.94 = -18.94$（万元）

案例说明：本案例属于指数中的平均数指数计算，但从上述示范过程不难发现，我们采用了综合指数的方式来计算总指数，结果是一致的。从形式上看，本案例的价格指数计算采用的是“加权调和平均数指数”公式。学习本题时应该注意以下几点：**第一**，本案例在求解过程中最易犯的错误是乱套平均数指数公式，不少考生会在调和平均与算术平均之间犹豫。其实，只要理解了“平均数指数是综合指数的变形”这一观点，从综合指数的计算公式入手，找出计算总指数所需要的那三个基本总量，就不难断定这是一个加权调和平均数指数。**第二**，本案例中还有一个容易犯的错误是：个体指数找不出来，或者不知道所给资料与个体指数有什么关系。如本例中，“销售价格提高或降低”的符号含义就是：p_1/p_0-1，只要加上100%即成为价格的个体指数。**第三**，销售价格变动对销售额的绝对影响就等于该指数分子与分母之间的差额。

案例7－3　加权算术平均指数

某企业报告期与基期有关商品销售资料如表7－10所示。

表7－10

商品	基期销售额（万元）	报告期销售额（万元）	销售量增长速度%
A	200	220	+8
B	300	360	+12
C	500	620	+10
合计	1 000	1 200	

要求：（1）计算销售量总指数与销售额总指数。

（2）推算销售价格总指数。

（3）从绝对数方面分析销售额变动的原因。

解析：（1）已知$\sum p_0q_0 = 1\,000$万元，$\sum p_1q_1 = 1\,200$万元（p为销售价格，q为销售数量），与案例类似，还需要计算“假定值”$\sum p_0q_1$。本例的产量增长速度加上100%之后即为产量个体指数。故有：

$\sum p_0q_1 = \sum(p_0q_0 \times I_q) = 200\times1.08+300\times1.12+500\times1.1 = 1\,102$（万元）

所以，销售量总指数 $I_q = \sum p_0q_1 / \sum p_0q_0 = \sum (p_0q_0 \times I_q) / \sum p_0q_0$

$= 1\,102/1\,000 = 110.2\%$

销售额总指数 $I_{pq} = \sum p_1q_1 / \sum p_0q_0 = 1\,200/1\,000 = 120\%$

（2）销售价格总指数 I_p = 销售额指数/销售数量指数

$= I_{pq}/I_q = 120\%/110.2\% = 108.89\%$

（3）销售价格变动而使销售额增加 98 万元，即

$\sum p_1q_1 - \sum p_0q_1 = 1\,200 - 1\,102 = 98$（万元）

销售数量变动而使销售额增加万元，即

$\sum p_0q_1 - \sum p_0q_0 = 1\,102 - 1\,000 = 102$（万元）

以上两个因素共同作用而使销售额增加 200 万元。

案例说明：本案例与案例 7－2 类似，属于仍然属于平均数指数的计算，但不同的是：本例所知的是“数量指标的个体指数”。因此，“假定值”只能采用 $\sum (p_0q_0 \times I_q)$ 的方式推算这里（I_q）是个体数量指数。这就不难看出“销售量指数”采用的是“加权算术平均数指数”公式。学习本案例时应该注意以下几点：**第一**，应该注意本案例与案例 7－2 之间的差异。**第二**，“推算价格总指数”，就是要求利用指数体系而不是直接由 $\sum p_1q_1 / \sum p_0q_1$ 来计算价格指数。利用指数体系进行指数推算正是指数体系的重要作用之一。

关键词

个体指数　总指数　综合指数　数量指标指数　质量指标指数　平均指数　加权算术平均指数　加权调和平均指数　同度量因素　指数体系　因素分析　可变构成指数　固定构成指数　结构影响指数

技能训练与应用

1. 某企业生产情况如表 7－11 所示。

表 7 – 11

产品	价格（千元）		产量（台）	
	基期	报告期	基期	报告期
甲	5.2	5.6	100	120
乙	6.9	7.2	400	500

要求：

（1）计算产量个体指数和价格个体指数；

（2）计算产量总指数和价格总指数。

2. 某企业产品成本情况如表 7 – 12 所示。

表 7 – 12

产品	计量单位	产量		单位成本（元）	
		报告期	基期	报告期	基期
甲	个	350	300	120	100
乙	件	800	720	100	80
丙	台	500	400	105	90

要求：

（1）计算成本个体指数和综合指数。

（2）分析全厂产品总成本变动的原因。

3. 某厂产品原材料消耗情况如表 7 – 13 所示。

表 7 – 13

商品	单位	产品产量		单位产品原材料消耗量		单位原材料价格	
		基期	报告期	基期	报告期	基期	报告期
甲	件	3 000	3 500	8	7	50	55
乙	套	1 500	1 700	15	16	70	80
丙	台	100	110	20	19	150	175

要求：

（1）计算原材料费用总额的变动；

（2）分析对原材料费用总额的变动原因。

4. 某企业的资料如表 7 – 14 所示。

表 7－14

工厂	单位成本（元）		产量（件）	
	基期	报告期	基期	报告期
A	25	24	1 500	1 500
B	24	24	1 000	1 000
C	22	21	1 000	2 500

要求：

（1）计算成本总额的变动并进行因素分析；

（2）总平均单位成本变动并进行因素分析。

5. 某商店商品销售情况如表 7－15 所示。

表 7－15

商品	销售额（万元）		价格指数 2016 年比 2015 年提高（%）
	2016 年	2015 年	
甲	140	100	2.0
乙	180	150	10.5

要求：

（1）计算零售价格总指数；

（2）计算商品销售量总指数；

（3）分析商品零售价格上扬，居民购买商品多支付的货币量。

6. 某公司下属三个厂生产某种产品的情况如表 7－16 所示。

表 7－16

	单位产品成本（元）		产量（吨）	
	上月	本月	上月	本月
一厂	960	952	4 650	4 930
二厂	1 010	1 015	3 000	3 200
三厂	1 120	1 080	1 650	2 000

根据表 7－16 资料计算可变组成指数、固定组成指数和结构影响指数，并分析单位成本水平和产量结构变动对总成本的影响。

项目八 统计资料分析应用

——企业统计资料分析的主要内容及方法

【学习目标】

本项目主要介绍统计资料分析的主要内容和分析方法。通过学习，要初步认识到统计资料分析的重要性，作为企业的统计工作者应该注意哪些方面的统计资料及其分析内容，要在前面项目知识技能的基础上，重点掌握描述性分析法、比较分析法、因素分析法、平衡分析法等统计资料分析方法，为统计分析报告的撰写打下坚实的基础。

【重点难点】

□ 企业统计资料分析的主要内容

□ 企业统计资料分析的主要方法

【案例导入】

在日常社会经济生活中，不少公司（企业），由于不重视统计工作，不善于运用统计资料的整理分析来对经济运行状况进行细致、科学的分析，造成公司（企业）经济活动的原始记录不全面、不准确，许多重要的经济、质量、成本、生产等各方面都缺乏准确的记录，导致企业各种经济数据失真、造假，在管理上只能看到结果，不能分析其原因，不能描述过程的状态，不能通过数量分析来揭示问题的内部本质及其相互关系和发展变化趋势。这些工作缺陷也有可能成为公司管理混乱、费用失控、经济效益低下的关键所在。因此，可以说切实加强公司（企业）的统计工作，发挥统计分析的作用，已经成为解决上述诸多矛盾的一个突破口，成为改进经营管理、降低生产成本、完善经济核算、提高产品质量、提高利润效益水平的关键因素。

任务一

分析的主要内容

统计资料分析在一个企业的运转中发挥着举足轻重的作用。从统计认识的全过程来看，通过统计设计、调查和初步整理所取得的统计资料，可以对客观现象总体的数量特点取得一定的认识。但这些认识却只是初步的、表面的，只有对这些资料进行由表及里的分析和研究，才能把握事物的本质特点、内在联系和发展变化规律，使企业管理人员对统计资料的认识得到进一步的深化。由于统计资料分析具有深化认识的作用，使得统计资料分析在企业当中得到广泛的应用。

一、企业统计资料分析的作用

从前面的学习中我们知道，统计具有信息、咨询和监督三大功能。而统计信息有两个鲜明的特点。一是数量性，即通过数字揭示事物在特定时间特定方面的数量特征，帮助我们对事物进行定量乃至定性分析，从而做出正确的决策。正因为如此，统计信息正越来越多地和其他信息结合在一起，如情报信息、商品信息等；而诸如此类信息，尚能以统计数字显示或以统计数字为依据，则可利用程度也大为提高。二是综合性。世间一切事物都具有普遍联系。统计信息从整体上看，涉及国民经济各个行业，社会、文化、科技各个领域和人民生活的各个方面；也涉及宏观与微观的各个领域和环节。利用统计信息，不仅可以对事物本身进行定量、定性分析，而且可以对不同事物进行有联系的综合性分析，既可横向对比，也可总结历史预测未来。可以说，统计资料分析工作是一个从感性到理性的认识客观世界的过程。对于企业而言，统计资料分析作用主要体现在以下几个方面：

1. 有助于认识企业的基本信息

通过企业统计资料分析，我们可以认识到：（1）企业在某一个时点或特定时期的基本情况。例如，从时点现状看，统计资料可以反映企业目前的各种社会与自然属性，反映企业的机构、人员、资产、负债等各方面情况。从动态时期看，它可以反映企业的生产发展情况、产品质量状况以及科技开发、经营销售（或称市场营销）、财务盈亏等方面的情况。（2）可以反映企业的规模、结构及发展速度。例如，从规模上，它可以反映企业的资产规模、人员规模、生产规模、营销规模和盈亏规模；从结构上，它可以反映企业的产业结构、产品结构、人员结构、技术结构和质量结构；从速度上，它可以反映生产（包括产值产量等）的发展和增长情况、劳务服务投入的发展与增长情况或人、财、物的投入及盈亏增长或下降的情况。（3）可以反映企业的诸多数量特征和质量特征。例如，在数量方面，包括了企业产供销、人财物投入与产出等凡是可以量化的方方面面；在质量方面，则主要是反映企业的产品质量、维修质量、设施质量和服务质量等。

议一议

结合实际企业，举例具体说明哪些统计资料可以反映企业的基本情况，哪些统计资料可以反映与本企业生产经营活动有关的情况。

2. 有助于企业生产经营过程的分析和控制

在企业生产经营计划方案的落实过程中，往往会出现一些不可预知的状况。需要及时地进行过程分析和阶段分析。例如，企业利用统计数据定期分析计划完成情况、进度情况等，可以及时地发现执行过程中所存在的问题；通过对完成阶段的结果进行对比分析，有利于确定指标完成率，便于衡量市场潜力相同的不同市场之间的业绩，进而作为销售目标制定的依据。

3. 有助于企业制定正确的生产经营决策

随着企业信息化建设的推进，企业受外部环境的影响逐步加深，这就要求企业及时对相关统计信息资料进行处理和分析，以利于对生产经营做正确的决策。例如，通过对居民的购买力、商品的潜在和实际市场需求量、品牌成熟度、订单满足率、消费偏好等市场需求和供给能力的分析，可以判断企业的营利空间、供需缺口，开发新产品等，为领导层确定商品销售规模、制定阶段性营销策略等提供依据。又如通过国内、国际的宏观环境对我国行业发展的影响及对地方法规、民风民俗对企业的发展的影响等社会经济环境的分析，以及通过分析本行业其他企业的经营情况，在对比中认识自身发展的差距和潜力，从而为制定正确的发展战略提供参考。

4. 有助于企业生产经营的预测分析

每个企业在开展好正常的生产经营活动的同时，还要注重对未来生产经营活动的发展趋势的分析和预测，从而抓住新的发展契机，更好地促进企业发展进步。例如，企业应根据自身特点，重点进行年度、季度统计预测分析，确保企业目标管理和考核的有效性；根据企业的计划目标和历史销售数据确定各项数据指标，找出经济运行波动的共性和差异性，结合企业的总体规划和行业的特殊性，可以综合运用一定的预测模型来提高分析企业的产品、服务、价格、发展战略等与竞争者或其他因素的关系。

请讨论

儿童文学读物《哈利波特》在中国的热销与对出版市场的深入调查及对统计调查信息的研究分析有什么关系？

二、企业统计资料分析的主要内容

统计知识和技能应用领域非常广泛，包括自然科学、社会科学的各个方面。如在经济领域有：个人理财中的统计、会计中的统计、财务管理中的统计、储存管理中的统计、生产管理中的统计、企业营销中的统计、贸易中的统计、金融中的统计、经济研究中的统计等。自然科学中统计应用更加频繁，经常对大量实验室数据进行统计，找出规律。

但是，一般来讲，生产经营企业生产车间或相关部门统计资料分析的主要内容如下：

车间统计资料分析：（1）产品品种、产量、产值、质量、生产进度和产品质量、原材料、燃料、设备、动力消耗的统计信息分析；（2）单位生产成本、车间生产成本、工人出勤、劳动工时、生产定额、设备利用完成情况等统计分析。

业务部门统计资料分析：（1）采购和库存的统计信息分析，如公司原材料、燃料、设备、零配件和外协配件等生产用或非生产用物资采购、供应、调拨、库存的统计、记录、核算等；（2）采购合同订货数量、价格、金额、合同执行情况、货款结算情况的统计信息分析；（3）产品销售量、销售额的统计信息分析；（4）营销广告发布数量、广告发布费用的统计信息分析；（5）产品用户调查档案和客户档案统计分析。

质量部门统计资料分析：（1）产品质量、原料利用率、产品合格率、返修率等统计信息分析；（2）原材料、产品及零部件质量检验检查情况、对比企业质量目标、质量指标及质量计划执行情况、产品质量问题的分布、原因，描述和监控产品在不同生产工序的状态等统计信息分析，进而为加强和改进质量管理、制定纠正措施提供依据。

财务部门统计资料分析：（1）成本和采购价格的统计资料分析，例如，在做好企业大宗原材料采购的价格统计、价格数据的收集和比价、询价等工作的基础上，结合会计报表，进行产品生产成本、消耗费用、原料采购价格和企业经济效益的统计信息分析与控制；（2）企业资产、负债及营业内外收支情况的统计资料分析。

市场外在环境的统计资料分析：（1）对自然资源、地理和气候环境等自然属性的统计资料分析；（2）对经济发展水平、消费水平、政治法律等经济环境的统计资料分析；（3）对消费需求（人口、购买力）、消费结构、消费者购买动机等消费需求市场的统计资料分析；（4）对商品供应来源、供应能力、供应范围的市场供应的统计资料分析；（5）对企业竞争者基本情况、主要竞争者所占有的商品市场份额、主要竞争者的竞争优势表现、主要竞争者劣势、行业竞争者采取的营销战略与策略等市场竞争对手的统计资料分析。

请思考

在上面内容的学习中，我们知道通过企业统计资料的分析，既可以反映本企业的情况，又可以反映与本企业生产经营活动有关的方方面面，尤其是后者，如国内外范围内，与本企业有联营、合资或者协作、配套关系的企业的情况；与本企业生产同类产品或提供同类服务的竞争对手的情况；本企业产品或服务的使用者、消费者的基本情况及信息反馈；本企业产品或服务已经占领或将要开拓的市场的各种信息；对本企业经营将产生直接或间接影响的有关社会经济发展的综合信息。试分析这些内容对企业生产经营活动的开展有什么作用。

任务二 分析的主要方法

企业统计资料分析，是根据研究的目的和要求，运用科学的方法和手段，对企业统计相关的数据资料进行定性和定量分析，揭示现象的本质和规律，为决策和管理提供咨询服务的过程。毋庸置疑，我们要做好统计资料分析工作，掌握必要的科学合理的分析方法是关键。结合前面所学的知识技能，我们要认识到企业常用的统计资料分析方法有以下几种：

一、描述分析法

描述统计分析法是指通过对统计数据进行综合整理和计算综合指标等加工处理，用来描述总体特征的统计方法。常用的方法有统计分组和结构分析两种方法。统计分组是根据统计分析的研究需要，将统计总体按照一定的标志区分为不同性质或不同数量的若干个组成部分。结构分析法则是在统计分组的基础上，计算结构相对数，进而分析总体现象的内部结构特征、总体的性质、总体内部结构依时间推移而表现出的变化规律性的统计方法。

请注意

结合前面统计分组及相对数等知识技能来认识描述统计分析方法的应用。

二、比较分析法

比较分析法是将企业的实际数据与相关的指标数据进行比较，全面评价和判断企业的实际状况，是企业生产经营中运用最为广泛的一种统计分析方法。常用的比较分析方法有：静态比较、动态比较、单指标比较及多指标比较等。例如，实际与计划比较，不同企业比较，与先进水平比较，与经验和理论数据比较，不同时期比较等。

【例 8 – 1】　某企业三年内的产品结构变化情况如表 8 – 1 所示。

表 8 – 1　　某企业三年内的产品结构变化表

	第一年		第二年		第三年	
	销售收入（万元）	比重（%）	销售收入（万元）	比重（%）	销售收入（万元）	比重（%）
高科技产品	100	20	220	40	350	58.3
一般产品	400	80	330	60	250	41.7
合计	500	100	550	100	600	100.0

显然，我们将不同时间的同一总体的产品结构进行对比，分析产品结构变化的过程。通过比较，揭示出该企业高科技产品和一般产品在销售收入和占比的变化情况。

【例 8 – 2】　某大型企业利润结构与职工结构比较如表 8 – 2 所示。

表 8 – 2

	主营业务	附营业务	投资收益	其他收益	合计
利润比重	59.38	9.12	19.78	11.72	100
职工人数比重	65.74	2.93	21.13	10.20	100

通过比较分析，表中数据显示主营业务职工人数比重相对较高、所获利润比重相对偏低，附营业务则正好相反，这种不平衡现象意味着主营业务劳动生产率明显低于附营业务、投资收益和其他收益。

【例 8 – 3】　某公司某月劳动生产率分组如表 8 – 3 所示。

表 8 – 3

工人分组	甲分厂			乙分厂		
	工人人数（人）	生产量（件）	劳动生产率（件/人）	工人人数（人）	生产量（件）	劳动生产率（件/人）
熟练工人	400	24 000	60	200	13 000	65
非熟练工人	200	6 000	30	400	12 800	32
合计	600	30 000	50	600	25 800	43

通过比较分析，可以反映出从总劳动生产率来看，甲分厂高于乙分厂，但就

熟练工人和非熟练工人劳动生产率乙分厂都高于甲分厂。

三、指数因素分析法

指数因素分析法，是通过逐个替换因素来确定多个相互联系的因素对企业生产经营中经济指标变动影响程度的一种分析方法。具体的指数因素分析的方法在指数分析的有关内容中已学。企业生产经营管理中，进行一些专项分析时，经常用到这种方法。它能清晰地从数量上比较分析出总量指标综合变动时各因素影响的方向、程度及绝对数量。使我们更清楚地了解到影响指标变动的主要原因，以便下一步更合理地安排生产经营决策。

下面以某企业主要生产消耗为例说明：

【例 8-4】 某企业主要生产消耗分析如表 8-4 所示。

表 8-4

物料名称	计量单位	单价（元）		单耗		消耗费用（万元）		
		2015 年	2016 年	2015 年	2016 年	P_0Q_0	P_1Q_1	P_0Q_1
		P_0	P_1	Q_0	Q_1			
矿石	吨	208	280	1.778	1.715	369.82	480.20	356.72
煤	Kg	0.391	0.406	287	285	112.22	115.71	111.44
纯碱	Kg	1.347	1.489	116	144	156.25	214.42	193.97
蒸汽	吨	56	67.7	4.07	4.13	227.92	279.60	231.28
电力	度	0.39	0.51	361	364	140.79	185.64	141.96
煤气	立方米	0.294	0.32	278	264	81.73	84.48	77.62
灰石	吨	90.35	115	0.53	0.53	47.89	60.95	47.89
合计		—	—	—	—	1 136.62	1 421.00	1 160.86

由表 8-4 中的资料可分析如下：

该企业 2016 年主要生产消耗费用增加了：

费用总指数变动 $\sum p_1q_1 - \sum p_0q_0 = 1\ 421.00 - 1\ 136.62 = 284.38$ 元，增加总费用为 284.38 元。

其中：

单耗变动影响费用升高值 $\sum p_0q_1 - \sum p_0q_0 = 1\ 160.86 - 1\ 136.62 = 24.24$ 元，费用升高了 24.24 元。

价格变动影响费用升高值$\sum p_1q_1 - \sum p_0q_1 = 1\ 421.00 - 1\ 160.86 = 260.14$ 元，费用升高了 260.14 元。

通过这个例子可以很清楚地了解到此企业产品消耗费用升高的原因，2016 年消耗费用升高了 284.38 元，并不是由于企业自身生产经营的缺陷，而在于原料、燃料、物料价格的上涨，使消耗费用升高了 260.14 元，占 91.5%，这是费用升高的主要原因。指数因素分析方法广泛应用于企业生产经营的各个方面，比如还可以作销售额变动情况分析、劳动生产率分析等。

在运用指数因素分析法进行分析时，应注意这种方法的特点：编制质量指标指数，宜采用报告期数量指标为同度量因素，来消除数量变动的影响；编制数量指标指数，宜采用基期质量指标为同度量因素来消除价格因素的影响。但实际工作中并不能把这一原则绝对化，如果为了研究较长时期工业产品产量变动的情况，就常采用不变价格作同度量因素。

四、平衡分析法

平衡分析法，是指通过经济指标间平衡关系的分析，查明其平衡程度和因素变动影响程度的一种分析方法。应用平衡分析法，就是把影响现象平衡的各因素列举出来，并用适当的方法表示它们的关系，进而判断企业生产经营是否平衡、协调，从企业的实际资料中寻找企业生产经营中的不平衡因素，以便及时采取措施，调整企业行为，为改善企业生产经营的平衡关系指明途径。

平衡分析法主要是通过经济指标之间的平衡关系来分析。企业生产经营中，常用的平衡关系有：

建立平衡关系式，进行分析和推算：

1. 实物平衡式

例：原材料期初库存 + 本期入库量 = 本期出库量 + 期末库存

产品期初库存 + 本期生产量 = 本期销售量 + 期末库存

2. 价值平衡式

（1）存量平衡。

例：资产 = 负债 + 所有者权益

（2）流量平衡。

例：

产品销售利润 = 产品销售收入 − 销售退回、折扣 − 产品销售成本 − 销售费用 − 销售税金及附加

营业利润 = 销售利润 + 其他业务利润 − 管理费用 − 财务费用

工业增加值 = 固定资产折旧 + 劳动者报酬 + 生产税净额 + 营业盈余

企业产品产、销、存之间均存在下述平衡关系：

期初产品库存量 + 本期产品生产量 = 本期产品销售量 + 期末产品库存量

以实例说明：

【例 8−5】 某公司下属的矿山企业 2012 年以来矿石平均生产、进厂、库存情况分析表：

（1）大料（见表 8−5）。

表 8−5 单位：吨

指标	计划	实际	差异
期初库存量	1 500	3 000	1 500
本期生产量	25 000	25 000	0
本期进厂量	25 000	23 000	−2 000
期末库存量	1 500	5 000	3 500

（2）小料（见表 8−6）。

表 8−6 单位：吨

指标	计划	实际	差异
期初库存量	1 500	300	−1 200
本期生产量	15 000	15 000	0
本期进厂量	15 000	15 250	250
期末库存量	1 500	50	−1 450

从计算的平衡表分析可以看出，此矿山 2012 年以来，大、小料的生产量计划和实际是持平的，但是大、小料的进厂量实际和计划却严重不平衡，大料月月压仓，而小料却供不应求，经过分析和调研后发现，是公司氧化铝系统由于一再的节能降耗和工艺改进，对成品矿大、小料的生产需求比例发生变化所致，矿山

要保持产销平衡减少外排，必须通过平衡表先分析大、小料需求比例，再考虑对决定大、小料产出率的破碎系统进行配套改造，提高小料产出率，否则大料就会越堆越多，造成生产成本费用升高，而小料却供不应求的情况发生。

五、时间数列分析法

时间数列分析法，是通过对企业生产经营各方面的发展过程和变动程度进行分析，揭示其特征、速度、趋势和规律性。时间数列是某一指标或标志数值按时间先后排列形成的数列。

时间数列分析的基本步骤：

1. 编制可比性的时间序列

例如：时期序列、时点序列、相对数、平均数时间序列等。

2. 计算时间序列分析指标，描述现象的变化特征

（1）时间序列分析的比较指标：

增长量 = 报告期水平 − 基期水平

发展速度 = 报告期水平/基期水平

增长速度 = 增长量/基期水平

（2）时间序列分析的平均指标：

平均发展水平

平均增长量

平均发展速度

平均增长速度 = 平均发展速度 − 1

3. 测定时间序列的变动规律，并据以进行预测和决策

任何社会经济现象的发展变化，都可分解为长期趋势变动、季节变动、循环变动、不规则变动四种，长期趋势变动是最主要的一种。长期趋势是某一经济指标在相当长的时间内向下或向上发展变化的总态势。

讨　论

该如何进行长期趋势分析？

该方法的具体应用请参考前面时间数列分析的相关知识技能。

六、相关回归分析

相关和回归分析是研究事物的相互关系，测定它们联系的紧密程度，揭示其变化的具体形式和规律性的统计方法，是构造各种经济模型、进行结构分析、政策评价、预测和控制的重要工具。该方法应用较广，需要同学们具备一定的概率论和数理统计知识及相关统计软件的使用等知识技能。考虑到中职学生的数学基础，我们在此不作具体介绍。

在统计资料分析过程中，要根据分析内容及目的的要求，灵活运用各种分析方法。为此要努力做到以下几个方面：

1. 要综合运用多种分析方法从多方面、多角度进行分析

例如，要分析一个企业的生产情况，只看全年的总产值就很难说明问题。如果我们用多种方法来分析，用动态数列法分析近几年工业总产值水平的高低和生产发展速度的快慢；用分组法对全厂车间班组进行解剖，对比分析各部门任务完成情况；用平衡法把现价工业总产值同销售收入、成品资金占有额进行分析，观察产销平衡情况；再联系报告期的利润、税金、劳动生产率、产品质量、物资消耗等情况分析经济效益，那么我们对这个企业的基本状况就有了总体的认识和了解。然后在此基础上抓住其中的主要矛盾和关键问题，就可以把分析引向深入。当然，并不是分析每个问题都必须综合运用各种分析方法，这要针对分析对象灵活选择。

2. 要定性分析与定量分析相结合

定性分析是根据现有资料和经验，主要运用演绎、归纳、类比以及矛盾分析的方法，对事物的性质进行分析研究。定性分析主要从实地调查搜集资料，通过选择能代表事物本质特征的典型进行研究而获得结论。定性分析可以较快地从纷繁复杂的事物中找出其本质要素。但由于定性分析忽略了同类事物在数量上的差异，结论多具有概貌性，并带有一定程度的主观成分，因此不容易根据定性分析的结论来推断所涉及的社会经济现象的总体。定量分析是研究社会经济现象的数量特征、数量关系和发展过程中的数量变化的方法。定量分析可以为认识社会经济现象提供量的说明，可以反映事物总体的数量情况，定量分析是现代统计调查分析的主要方法。但定量分析也有一定的局限性，只有把定量分析与定性分析结

合起来，才能形成完整的、科学的分析方法体系。

3. 要善于使用比较分析的方法

比较是认识事物的基本方法，也是统计分析的基本方法。统计分析离不开比较，如分组法、动态数列法、指数法等统计分析方法，它们有一个共同的特点，都是通过比较来说明问题的。比较可以分为纵比和横比。纵比是事物现状与历史的比较，它可以反映事物前后的变化，揭示事物的内部联系。横比是一事物与其他同类事物的比较，它可以反映事物之间的差距，找出事物的外部联系。在统计分析中使用比较的地方较多，如实际完成数与计划数比、本期与上期比、本期与上年同期比、本单位与外单位比等等。使用比较应注意可比性。指标的口径范围、计算方法、计量单位必须一致；比较的指标类型必须统一；比较单位的性质必须相同。

4. 要善于进行系统分析

社会是一个错综复杂、互相联系的有机整体。在分析过程中，不但要注意研究对象所包括的各因素之间的相互联系、相互制约的关系，而且要用系统的眼光将所研究的对象放在社会的大系统中去考察。如多年来，我国房地产业超高速发展，单从房地产业本身看，似乎没有多大问题，速度虽然快一点，但经济效益也较好。但是当我们把这个现象放在整个国民经济大系统中来分析，能源、原材料、教育、老百姓的收入水平、银行信贷风险等就缺少相应的负担能力。因此，房地产业超高速发展是不能持久的，这就是从系统分析中得出的观点。

只要我们从多层次、多角度去进行分析，就可以使我们的认识不断深化，逐步由感性上升到理性、弄清事物的本质和规律。而且也要知道，虽然传统统计分析多采用表格形式，将众多数据分类排进表中，便于对比，但是随着计算机技术的广泛应用，相关统计分析工具在企业生产经营中、统计资料分析中的应用更加广泛。例如，利用直方图、柱状图、饼状图、折线图等图形工具，再配以不同的颜色，更能直观地看到现象发展的规律，及时发现问题，解决问题，使得统计分析结论更加客观明确。

案例

汉水酒精厂利润滑坡的原因与对策

一、选题

汉水酒精厂上年盈利33万元，报告年度亏损39万元，出现利润大滑坡。年底上级调换了厂长，新厂长上任后决心带领职工扭转亏损局面。新厂长年轻有为，大学经济管理专业毕业，搞过几年工业统计，又当了一年多副厂长，他深知要扭转亏损局面，必须首先搞好企业诊断，进行科学的决策。为此，新任厂长将统计学会咨询服务组请来拟订决策方案，并派本厂统计人员与咨询服务组一起工作。

二、资料搜集整理分析

咨询服务组对以下资料进行了搜集整理分析。

1. 汉水酒精厂近两年经营情况，资料见表8－7。

表8－7

项目	单位	上年度	报告年度	比上年增减量	比上年增减（%）
产值（不变价）	万元	611	425	－186	－30.44
酒精销售量	吨	5 823	4 052	－1 771	－30.41
出厂价	元/吨	1 283	1 782	+499	+38.89
销售收入	万元	747	722	－25	－3.35
单位成本	元/吨	1 130	1 746	+616	+54.51
总成本	万元	658	707	+49	+7.45
税金	万元	56	54	－2	－3.57
利润	万元	33	－39	－72	－218.18

2. 销售收入变动的影响因素。销售收入受销售量和价格两个因素的影响。由于销售量减少，销售收入减少了227万元。即：

$$(4\ 052-5\ 823)\times 1\ 283=2\ 272\ 193\text{（元）}$$

由于价格上升销售收入增加了202万元。即：

$$(1\ 782-1\ 283)\times 4\ 052=2\ 021\ 948\text{（元）}$$

增减相抵，销售收入减少了25万元。

3. 总成本变动的影响因素。总成本受单位成本和产量两个因素的影响。由于单位成本上升总成本增加了249.6万元。即：

（1 746 – 1 130） ×4 052 = 2 496 032（元）

由于产量减少总成本减少 200.1 万元。即：

（4 052 – 5 823） ×1 130 = 2 001 230（元）

增减相抵，总成本增加 49.5 万元。

4. 单位成本的影响因素。单位成本可分解为单位变动成本和单位固定成本两部分。具体项目见表 8 – 8。

表 8 – 8　　汉水酒精厂酒精单位成本构成

项目	单位	上年度			报告年度		
		数量	单价/元	金额	数量	单价/元	金额
单位成本	元			1 130.0			1 746.0
1. 单位变动成本	元			901.1			1 422.3
粮食	吨	2.89	240	693.6	3.03	400	1 212.0
电	度	383	0.2	76.6	431	0.2	86.2
煤	吨	1.54	85	130.9	1.46	85	124.1
2. 单位固定成本	元			228.9			323.7
固定成本总额	万元			133.3			131.2
（1）管理费	万元			68.3			64.2
（2）财务费	万元			30.0			31.0
（3）折旧费	万元			25.0			25.0
（4）工资	万元			10.0			11.0
酒精产量	吨	5 823			4 052		

注：单位固定成本 = 固定成本总额 ÷ 酒精产量。

5. 单位变动成本的影响因素。单位变动成本可以分解为数量和价格两个因素，现计算成本指数如表 8 – 9 所示。

表 8 – 9　　单位变动成本指数计算资料　　单位：元

项目	单位	数量		价格		金额		
		上年度 q_0	报告年度 q_1	上年度 p_0	报告年度 p_1	上年度 q_0p_0	报告年度 q_1p_1	假定 q_1p_0
粮食	吨	2.89	3.03	240	400	693.5	1 212	727.2
电	度	383	431	0.2	0.2	76.6	86.2	86.2
煤	吨	1.54	1.46	85	85	130.9	124.1	124.1
合计	元	—	—	—	—	901.1	1 422.3	937.5

数量指数 $\overline{K}_q = \dfrac{\sum q_1p_0}{\sum q_0p_0} = \dfrac{937.5}{901.1} = 104.04\%$

$\sum q_1p_0 - \sum q_0p_0 = 937.5 - 901.1 = 36.4$（元）

价格指数 $\overline{K}_p = \dfrac{\sum q_1p_1}{\sum q_1p_0} = \dfrac{1\,422.3}{937.5} = 151.71\%$

$\sum q_1p_1 - \sum q_1p_0 = 1\,422.3 - 937.5 = 484.8$（元）

单位变动成本总指数 $\overline{K}_{qp} = \dfrac{\sum q_1p_1}{\sum q_0p_0} = \dfrac{1\,422.3}{901.1} = 157.84\%$

$\sum q_1p_1 - \sum q_0p_0 = 1\,422.3 - 901.1 = 521.2$（元）

$\overline{K}_{qp} = \overline{K}_q \times \overline{K}_p = 104.04\% \times 151.71\% = 157.84\%$

$\sum q_1p_1 - \sum q_0p_0 = (\sum q_1p_0 - \sum q_0p_0) + (\sum q_1p_1 - \sum q_1p_0)$

$= 36.4 + 484.8 = 521.2$（元）

6. 劳动生产率变动情况（见表 8－10）。

表 8－10　劳动生产率变动情况

项　目	单　位	上年度	报告年度	比上年增减（%）
工人劳动生产率	元/人	30 725	21 273	－30.76
全员劳动生产率	元/人	23 698	16 239	－31.48

7. 主要经济指标横向对比资料（见表 8－11）。

表 8－11　报告年度横向对比资料

项　目	单位	全国最高水平	全国平均水平	本厂水平	比最高（%）	比平均（%）
企业年产量	吨	33 083	10 088	4 052	－87.75	－59.83
实物劳动生产率	吨/人	235.9	80.38	15.47	－93.44	－80.75
淀粉出酒率	%	57.29	52.14	50.27	－12.25	－3.59
标煤单耗	千克/吨	428	808	1 046	+144.39	+29.46
电单耗	度/吨	160	255	431	+169.38	+69.02

8. 酒精市场供求状况调查资料。为了更好地安排今后的酒精生产和销售工作，咨询组对该地区范围内的 31 家酒精生产和使用单位进行了问卷调查，调查情况如下：

（1）该地区共有 10 家酒精生产单位，报告年度共生产酒精 27 400 吨。

（2）报告年度该地区酒精消费量为 25 409 吨，其中企业自产自用 16 900 吨，从市场购买 8 509 吨。

（3）目前，该地区生产酒精的厂家平均售价为 2 330 元/吨，而使用酒精的厂家平均购价为 2 350 元/吨，这说明使用单位在外地的购价高于本地平均售价。

三、主要分析结论

汉水酒精厂是一个拥有自动化设备的现代化企业，系轻工部定点生产单位，产品质量好，价格合理，建厂初期经济效益较好，年利润在 100 万元左右。上年利润下降到 33 万元，报告年度则亏损 39 万元，出现利润大滑坡。

从表 8－7 反映的情况看，报告年度比上年的利润减少 72 万元，主要是销售收入减少使利润减少 25 万元，总成本增加使利润减少 49.5 万元。

销售收入为什么减少呢？从表 8－7 和资料 2 可以看出，由于报告年度酒精销售量比上年减少 1 771 吨，销售收入减少 227 万元，由于酒精出厂价上涨 38.89%，销售收入增加 202 万元，两个因素增减相抵，销售收入减少 25 万元。

总成本为什么增加呢？从资料 3 和表 8－7 可以看出，报告年度单位成本达到 1 746 元，比上年的 1 130 元上升 616 元，由于单位成本上升总成本增加 249.6 万元，由于产量减少总成本减少 200.1 万元，增减相抵，总成本增加 49.5 万元。

单位成本为什么大幅度上升呢？从表 8－8 可以看出，单位变动成本报告年度为 1 422.3 元，比上年的 901.1 元增加 521.2 元，由于单位变动成本的增加，总成本增加 211 万元，即：

$$(1\,422.3-901.1)\times 4\,052=2\,111\,902\text{（元）}$$

单位固定成本报告年度为 323.7 元，比上年的 228.9 元增加 94.8 元，由于单位固定成本的增加，总成本增加 38 万元，即：

$$(323.7-228.9)\times 4\ 052=384\ 129\text{（元）}$$

单位固定成本增加，主要是由于产量减少，而固定成本总额并没有增加。单位变动成本为什么大幅度上升呢？从资料 5 可以看出，一个因素是单位消耗数量增长 4.4%，使单位变动成本增加 36.4 元，单位消耗数量增加使总成本增加 15 万元（36.4 ×4 052）；另一个因素是原材料价格上涨 51.71%，使单位变动成本增加 484.8 元。原材料价格上涨使总成本增加 196 万元（484.8 × 4 052）。

原材料涨价使总成本增加，同时使利润减少 196 万元。这在出厂价中已经得到补偿，因为出厂价上涨使利润增加了 202 万元。这两项价格因素正负相抵后，使利润增加了 6 万元（202 – 196）。

综上所述，报告年度的利润比上年减少 72 万元，其原因如下：（1）销售收入减少使利润减少 25 万元；（2）单位固定成本增加使利润减少 38 万元；（3）单位消耗数量增加使利润减少 15 万元；（4）产品出厂价增加额大于原材料进价增加额使利润增加 6 万元。即：

$$6-25-38-15=-72\text{（万元）}$$

从本质上看，汉水酒精厂利润滑坡是个管理问题。下面作进一步的分析论证。

第一，缺乏市场竞争意识，忽视营销管理。

上面归纳的利润减少的原因中第 1、第 2 两项，实际上都是个产销问题。因为产销量减少直接减少销售收入，减少利润；因为产销量减少，也间接地增大了单位固定成本，使利润减少。

报告年度的酒精产销量为什么会大幅度下降呢？一个原因是原材料供应不足。酒精生产的主要原材料是红薯干，当时红薯干供不应求，价格猛涨，该厂又储备很少，所以原材料供应时断时续，对生产有一定的影响。另一个原因是忽视营销管理。报告年度酒精市场逐渐从供不应求转变为供过于求，市场出现了竞争，而该厂对市场竞争形势缺乏思想准备。既没有设立营销机构，也没有开展营销工作，结果失去了一些用户。

第二，生产管理和成本管理松弛。

从资料 5、6、7 可以看出，报告年度与上年比较，物质消耗上升，劳动生产率下降，几项主要经济指标远远低于全国平均水平。由于单位产品物质消耗上升，利润减少 15 万元，全员劳动生产率下降 31.48%。

实物劳动生产率全国最高水平为 235.9 吨/人，全国平均水平为 80.38 吨/人，该厂只有 15.47 吨/人，比最高水平低 93.44%，比平均水平低 80.75%。

淀粉出酒率全国最高水平为 57.29%，全国平均水平为 52.14%，该厂则为 50.27%，比最高水平低 7.02 个百分点，比平均水平低 1.87 个百分点，该厂如果能达到全国平均水平，以年产量 6 500 吨计算，则可节约淀粉 464 吨（6 500/50.27% − 6 500/52.14%），如果淀粉含量达到 66%，可折合红薯干 703 吨，按每千克红薯干 0.4 元计算，可节约原材料费 28.12 万元。

标煤单耗全国最低为 428 千克/吨，全国平均水平为 808 千克/吨，而该厂的标煤单耗达 1 046 千克/吨，比平均水平高 29.47%。如果标煤单耗能降至全国平均水平，仍以年产 6 500 吨计算，可节约标煤 1 547 吨［6 500 ×（1.046 −0.808）］，可节约燃料费 18.4 万元（1 547/0.7143 ×85）。

电单耗全国最低为 160 度/吨，全国平均水平为 255 度/吨，该厂为 431 度/吨，为平均水平的 169%，高出平均水平 176 度，如能达到平均水平，可节约电力 114.4 万度［6 500 ×（431 −255）］，可节约电费 22.88 万元。

第三，劳动管理方法陈旧。

改革开放三十多年，该厂在劳动管理方面仍然是大锅饭、铁饭碗，干多干少一个样，干好干坏一个样，不能充分调动职工劳动生产和参与管理的积极性，因此，劳动效率低，原材料和能源浪费严重。

针对上述情况，提出如下对策：

1. 深化经济体制改革，充分调动职工群众的积极性。发动群众提出改革措施，尽快改革在分配上的平均主义，劳动报酬要与产量和成本挂钩。

2. 全面实行现代科学管理，向管理要效益，建立健全各项规章制度，尽快变人治为制度治。当前要重点抓好营销管理、生产管理和成本管理，努力缩小几项主要经济指标与全国平均水平的距离。

3. 加强市场调查，大力开拓市场，提高设备利用率，努力增加产销量。该厂设计生产能力为年产酒精 10 000 吨，实际最高产量为 8 600 吨，鉴于当前生产有一定的困难，建议次年安排生产 6 500 吨，销售 6 500 吨。

四、实践效果

该厂领导采纳了统计咨询服务组的意见，迅速组织实施，结果效益骤增。次年生产酒精 5 894 吨，比报告年度增长 45.46%，产销率达到 98%，各项经济指标都有程度不同的进步，实现了扭亏为盈，全年利润总额 41 万元。

五、启示

帮助一个亏损企业扭亏为盈要有良策。这种良策从哪里来？良策只有一个来源，那就是来源于实践，来源于实事求是的调查研究。

一个企业亏损，既有一般性的原因，又有其特殊的原因。只有通过实践，通过深入细致的调查研究，通过去粗取精，去伪存真，由此及彼，由表及里的分析，真正找出这个企业亏损的根本原因，认识问题的个性和共性，才能找出解决问题的良策。而要做到这一点，必须下功夫搜集足够多的信息，熟练地应用统计方法，认真分析和研究，才能实现调查分析研究的目的。

关键词

描述分析法　比较分析法　因素分析法　平衡分析法　时间数列分析法　相关回归分析法

技能训练与应用

1. 在一家财产保险公司的董事会上，董事们就最近公司的发展战略问题展开了激烈讨论，其中一个引人关注的问题就是如何借鉴国外保险公司的先进管理经验，提高自身的管理水平。有位董事提出，2014 年公司的各项业务与上年相比没有太大增长，除经济环境和市场竞争等因素外，对家庭财产保险的业务开展得不够，公司在管理方式上也存在问题。他认为，中国的家庭财产保险市场潜力巨大，应加大在这方面业务扩展的力度，同时，对公司家庭财产推销员实行目标管理，并根据目标完成情况建立相应的奖惩制度。董事长认为该董事的建议有一定的道理，准备采纳。会后，他责成财务部经理尽快拿出具体的实施方案。

财务部经理接到任务后感到有些头痛，她不知道该从何处下手，不知道如何确定推销员的具体销售目标。如果目标定得过高，多数推销员完不成任务，会使推销员失去信心；如果目标定得过低，将不利于充分挖掘员工的工作潜力，提高公司的业绩水平。她首先把公司 2014 年的一些主要业务数据搬了出来，如表 8－12，看了看有关的保险业务状况。

表 8－12　　公司 2014 年的主要业务数据

保险项目	保险金额（亿元）	保费收入（万元）	赔款及付给（万元）
企业财产险	19 042.1	332 148.6	149 303.2
家庭财产险	1 250.1	36 035.9	13 260.9
机动车辆险	7 161.0	900 886.6	502 605.3
船舶险	3 646.8	32 516.4	29 410.9
货物运输险	4 373.8	103 719.4	40 278.6
卫星及核能险	249.2	4 504.1	5 038.9
建筑、安装工程险	849.7	16 656.3	6 575.0
其他险	746.4	29 111.6	15 234.1
合计	37 319.1	1 455 578.9	761 706.9

但这些数据对制定销售目标提供的信息有限。她又从公司几千名业务员中随机抽取了 160 人，对他们的月销售额作了统计。结果如表 8－13 所示。

表 8－13　　公司 160 名业务员月销售额统计数据　　（单位：千元）

25.05	17.48	13.80	25.29	15.42	16.22	21.09	17.93	26.51	22.28
8.81	22.38	23.40	17.93	18.64	15.56	13.22	21.72	17.52	17.75
24.26	17.57	21.66	25.53	23.94	17.07	21.19	17.97	18.69	22.65
9.64	17.57	18.73	12.37	15.48	17.14	17.16	18.02	15.43	15.88
11.05	15.64	26.74	25.83	16.98	21.25	21.31	32.40	17.57	13.85
19.05	15.64	14.52	26.07	18.78	17.31	8.40	18.24	13.61	23.27
25.64	17.61	21.81	14.26	17.79	15.13	15.88	14.87	18.96	15.84
19.27	15.46	14.78	26.70	15.76	18.22	18.29	17.39	14.16	21.92
12.96	15.77	18.28	17.84	17.61	17.25	21.64	13.51	19.25	23.50
21.16	17.70	14.92	26.93	15.82	21.53	13.97	18.33	11.43	15.15
17.25	23.16	15.08	17.66	21.53	17.34	15.34	23.45	19.35	23.76
13.33	17.75	21.42	27.76	15.86	19.46	14.61	18.42	31.34	17.62
17.25	15.71	13.25	31.16	17.16	17.41	21.88	18.51	17.43	24.20
13.61	27.50	15.27	19.45	22.84	23.65	17.96	17.48	19.55	12.74
21.40	17.90	18.94	21.34	15.99	17.43	18.55	18.63	19.91	24.80
13.68	25.40	15.37	32.55	16.16	22.13	22.16	18.64	21.03	9.24

这些数据对制定目标有何帮助？如果你是财务部的经理，如何根据上面的数据制定具体的销售目标？

具体要求如下：

（1）对数据进行分组（分10组，组距为2千元），绘制直方图。

（2）一般水平的销售额是多少？

（3）中间的销售额是多少？

（4）最多的销售额是多少？

（5）每一个销售人员的销售额与一般水平的销售额相差多少？

（6）你的销售目标是多少？为什么？

2. 有顾客反映某家航空公司售票处售票的速度太慢。为此，航空公司搜集了100位顾客购票所花费时间的样本数据（单位：分钟），结果如表8－14所示。

表8－14

2.3	1.0	3.5	0.7	1.0	1.3	0.8	1.0	2.4	0.9
1.1	1.5	0.2	8.2	1.7	5.2	1.6	3.9	5.4	2.3
6.1	2.6	2.8	2.4	3.9	3.8	1.6	0.3	1.1	1.1
3.1	1.1	4.3	1.4	0.2	0.3	2.7	2.7	4.1	4.0
3.1	5.5	0.9	3.3	4.2	21.7	2.2	1.0	3.3	3.4
4.6	3.6	4.5	0.5	1.2	0.7	3.5	4.8	2.6	0.9
7.4	6.9	1.6	4.1	2.1	5.8	5.0	1.7	3.8	6.3
3.2	0.6	2.1	3.7	7.8	1.9	0.8	1.3	1.4	3.5
11.0	8.6	7.5	2.0	2.0	2.0	1.2	2.9	6.5	1.0
4.6	2.0	1.2	5.8	2.9	2.0	2.9	6.6	0.7	1.5

航空公司认为，为一位顾客办理一次售票业务所需的时间在5分钟之内就是合理的。上面的数据是否支持航空公司的说法？顾客提出的意见是否合理？请你对上面的数据进行适当的分析，回答下列问题：

（1）对数据进行适当的分组（分10组），分析数据的分布特点（绘制直方图）。

（2）根据分组后的数据，计算中位数、众数、平均数和标准差。

（3）分析顾客提出的意见是否合理？为什么？

（4）使用哪一个平均指标来分析上述问题比较合适？

3. 某开发区一外贸企业近期需要人工组装一批产品出口。为了提高产量，赶船期，企业准备对现有的组装方法进行改进，现有三种可供选择的组装方法。为确定哪种方法更好，随机抽取 15 个工人，让他们分别用三种方法组装。表 8－15 是 15 个工人用三种方法在相同的时间内组装的产品数量（单位：个）。

表 8－15

方法 A	方法 B	方法 C
164	129	125
167	130	126
168	129	126
165	130	127
170	131	126
165	130	128
164	129	127
168	127	126
164	128	127
162	128	127
163	127	125
166	128	126
167	128	116
166	125	126
165	132	125

（1）你准备采用什么方法来评价组装方法的优劣？

（2）如果让你选择一种方法，你会做出怎样的选择？试说明理由。

4. 多年以来，我国的啤酒生产企业一直是群雄割据、各自为战的局面。各地都有自己的生产企业，它们受到地方主义的保护，企业规模小，经营业绩不佳，抵御市场风险的能力差。近几年来，这种格局正在被打破，国内的一些啤酒巨头，如青岛啤酒、燕京啤酒等，开始进行跨地区的大规模重组，对市场进行重新整合，逐步扩大企业的生产规模，形成新的市场竞争优势。

啤酒的生产和销售所需的时间相对也比较短，库存量比较低。原因是啤酒在短时间内可能会变质，而库存费用和生产费用相对也比较高。要减少库存量，又要保持较强的市场竞争能力，就需要对生产和需求量的变化做出迅速反应。这就要求对需求量做出科学的预测，以作为制定下一年度生产计划的依据。

某地区一家啤酒生产企业现正着手制定2016年的生产计划，这就需要对市场需求量做出预测，作为制定计划的参考依据。经理室要求财务部负责测算工作，并提出预测数据。计划财务部认为企业最近15年的销售数据对预测有用，于是找来企业历年的销售数据如表8－16所示。

表8－16

序 号	年 份	季度（单位：万吨）				合 计
		一	二	三	四	
1	2001	6	7	9	8	30
2	2002	9	12	13	10	44
3	2003	13	14	17	13	57
4	2004	15	18	19	14	66
5	2005	18	20	24	19	81
6	2006	22	24	29	23	98
7	2007	23	26	32	24	105
8	2008	25	32	37	26	120
9	2009	30	38	42	30	140
10	2010	29	39	50	35	153
11	2011	30	39	51	37	157
12	2012	29	42	55	38	164
13	2013	31	43	54	41	169
14	2014	33	45	58	42	178
15	2015	34	46	60	45	185

经理室要求计划财务部提供下列有关数据：

（1）这些年平均每年啤酒销售的增长量是多少？若按此增长量，2016年啤酒销售量将达到多少万吨？

（2）这些年平均每年啤酒销售的增长率是多少？若按此增长速度增长，2016年啤酒销售量将达到多少万吨？

（3）判断这些年啤酒销售量的变动趋势，并用适当的方法预测2016年企业啤酒销售量。

（4）充分利用最近四年的资料对企业啤酒销售量进一步作季节变动分析，并预测2016年和2017年各个季的销售量。

（5）尽快提出你的建议和意见。

项目九 统计分析报告的撰写

【学习目标】

本项目主要介绍统计分析报告的特点、基本格式和撰写步骤，以及撰写过程中要注意的有关问题等。通过学习，要初步掌握撰写统计分析报告的能力。

【重点难点】

□ 统计分析报告的基本格式

□ 统计分析报告的撰写步骤

【案例导入】

在前面知识学习的过程中，我们陆续接触了很多做好统计分析工作的知识技能，当我们对统计工作开展了资料搜集、资料整理、资料分析之后，我们该怎样把这些统计分析的结果表述出来、如何以恰当的形式传达给他人，同他人进行交流呢？这就是撰写统计分析报告的工作。可以说，统计分析报告是整个统计资料搜集、整理及分析工作的最终成果。所以，统计分析报告撰写的好坏，将直接影响整个统计分析研究工作的成果和社会作用，因此，我们要认真对待统计分析报告的撰写。

任务一 分析报告的基本格式

事实上，统计分析报告是整个统计资料搜集、整理及分析工作的最终成果。前面几个环节是统计基础工作，统计资料分析才是出成果的阶段。一般来说，高质量的统计分析报告，来自高质量的统计设计、统计调查、统计整理、统计资料分析及分析报告的撰写。但是，如果仅有较好的写作水平，统计设计、统计调查、统计整理和统计资料分析都是低质量的，也不可能产生高质量的统计分析报告。当然，统计资料分析的结果虽可以用多种形式表达（如表格式、图形式等），但只有统计分析报告为最好，也最为常用。可见，统计分析报告也是表现统计工作成果的最好表现形式。

一、统计分析报告的特点

统计分析报告是根据统计学的原理和方法，运用大量统计数据来反映、研究和分析社会经济或企业经营活动的现状、成因、本质和规律，并做出结论，提出解决问题办法的一种统计应用性文体。与别的文体相比，统计分析报告一般有以下几个特点：

1. 数量性

以反映社会经济情况的统计数量为基础，主要运用数字语言（包括运用统计表和统计图），从数量方面来表现事物的规模、水平、构成、速度、质量、效益等情况，强调让统计数字来说话，从定量分析入手，逐步上升到定性认识，通过确凿、翔实的数字和简练、生动的文字进行说明和分析。

2. 实用性

统计分析报告是统计工作的最终成果，它不但包含了统计数据反映的信息，更为重要的是，它还能进行分析研究，能进行预测，能指出工作中的不足和问题，能提出有益于今后工作的措施和建议，从而直接满足企业单位管理层和社会各界在了解形势、制定政策、编制计划、经营管理、检查监督、总结评比、科研教学等方面的实际需要。

3. 准确性

准确性是统计分析报告乃至整个统计工作的生命。它既要反映客观事物（被研究对象）的数量特征和数量关系，又要揭示其内在的联系和本质；如果所依据的统计数据不准，或者没有通过定量分析得出准确的结论，或者脱离数据空泛议论，都不是好的，甚至是贻害无穷的统计分析。当然，其准确性除了数字准确、情况真实、不能有虚假之外，还要求论述有理，不能违反逻辑，观点正确，不能出现谬误，建议可行，不能脱离实际。

4. 时效性

这是由统计分析的实用性决定的，是统计信息价值的重要条件。同样的信息，先提供的，发挥作用就大，称之为“及时雨”；后提供的，作用就小甚至成为失效的信息，称之为“雨后送伞”。如果失去了时效性，也就失去了实用性，统计分析报告写得再好，也成了无效劳动。要保证统计分析报告的时效性，统计人员要保持“一叶知秋”、“见微知著”的敏感，要有争分夺秒的时间观念，要有连续作战的工作作风。争取“雪中送炭”，避免“雨后送伞”，把统计信息分析报告提供在管理层决策之前和社会各界需要之时。

5. 通俗性

统计分析报告的通俗性要求报告的撰写风格应当大众化。表现在结构上，不宜过于复杂曲折，要考虑人们思考和阅读的习惯；论事说理时，要深入浅出，不可故弄玄虚；文字上，要简明朴实，易于理解，少用“术语”“行话”，不宜晦涩华丽；语气上，要平易近人，不可居高临下。

议一议

（1）统计资料分析是统计分析报告写作的前提和基础。即要写好统计分析报告，必须首先做好统计资料分析。（2）统计分析报告的基本特色是运用大量的统计数据。（3）作为一种文体，统计分析报告既要遵循一般文章写作的普遍规律和要求，同时，在写作格式、写作方法、数据运用等方面也有自身的特点和要求。

二、统计分析报告的基本格式

统计分析报告的结构一般都是按照“提出问题—分析问题—解决问题”的顺序来展开报告内容的，大致可分为四个部分：一是说明基本情况和所要分析的问题；二是根据问题和有关资料进行分析；三是通过分析得出结论；四是提出建议。但一般地说，统计信息分析报告由“标题”“前言”“正文”“结尾”“附录”等部分组成，有的统计信息分析报告在前言之前还有“简介”，在结束语之后还有“后记”等。

（一）标题

标题，是统计分析报告的题目。一个好的标题往往能起到“画龙点睛”的作用，因此有“题好一半文”之说。撰写统计分析报告，应该十分重视标题的推敲。

标题的写作，通常有几种方式：

1. 直叙式

即直接用统计分析对象或调查分析内容作标题。例如，《当前能源、原材料价格上涨对我公司产品成本的影响》《关于黑恶犯罪搅乱市场秩序的调查》《关于城镇居民经济状况的调查分析》《关于当前中职学生思想状况的分析》《关于90后青年结婚消费问题的调查分析》等。

这类标题，直接指明了统计分析对象，概括了报告主题，比较客观、简明，但显得呆板，太一般化，缺乏吸引力。这种形式的标题，多用于综合性、专业性较强的统计调查报告。

2. 判断式

即用某种结论式的语言或警句、格言，判断句等作标题，或者以作者的判断或评价作标题。例如，《创新是企业的生命》《择友不当是青少年犯罪的重要原因》《家庭养老面临挑战》等。

这类标题，揭示了统计分析报告主题，表明了作者态度，比较吸引人，但分析对象和报告的主要内容在标题中往往不易看出。这种形式的标题，多用于总结经验、政策研究、支持新生事物等类型的分析报告。

3. 提问式

即用提问的方式作标题。例如，《公司商品库存为什么升高》《他们为什么选择出国》《天之骄子为何弃学经商》《部分学生学习成绩下降的原因在哪里?》《中学生早恋问题说明了什么?》。

这类标题提出了问题，设置了悬念，比较尖锐、鲜明，有较强吸引力，但一般看不出分析的结论。这种形式的标题，一般用于揭露、探讨问题的统计信息分析报告。

4. 抒情式

即用抒发作者感情的方式作标题。例如，2002 年第 1 期《求是》刊载的云南建设民族文化大省的调查，其标题就是："等闲识得春风面，万紫千红总是春"。

这类标题，充分表达了作者感情，具有较强的感染力和吸引力，但仅仅从标题很难判断报告的内容。这种形式的标题，一般用于表彰新生事物或鞭挞消极社会现象的调查报告。

5. 双标题

即两个标题。它又分两种形式：一种是主标题和副标题。例如，"加强企业管理，提升企业竞争力——××企业管理现状分析""他们也有爱的权利——××市老年人再婚问题调查分析""艰苦奋斗精神不能丢——××中学学生生活态度和表现分析""独生子女都是小皇帝吗——对××市 1 000 名小学生的调查"等。

这类标题，既表明了作者的态度，又鲜明地揭示了主题，而且颇具吸引力。虽然比较复杂、冗长，但它综合了多种标题的优点，因而是各种统计分析报告使用得比较多的一种形式。

标题的写法灵活多样，无论采取哪种标题形式，都力求概括、简明、新颖、对称。这就是说，标题要概括统计分析报告主要内容；要简明表达分析报告主题；要有新鲜感、吸引力和感染力；要与分析报告的内容相对称，既不应"头大帽小"，也不应"头小帽大"。

（二）前言

前言又称导言或导语，是统计分析报告的开头部分。前言的内容主要是说明为什么进行分析、怎样进行分析和分析的结论如何。

前言的写作，有以下几种方法：

1. 主旨陈述法

即在前言中着重说明统计分析的主要目的和宗旨。例如，为了明确对财经类中职学校的人才培养目标、课程体系重构内容、教育教学方法等情况的改革思路，某地区职业技术教育学会财经专业指导委员会于2015年1—12月，在该地区内抽查了36所财经类中职学校2011—2015年毕业生的就业情况。下面是这次统计调查的方法及主要结果。

又如，2014年3月，某学校对2013级电子商务专业的学生进行有关心理障碍统计信息分析研究，目的是要有针对性地对学生进行健康教育，矫正疏导各种不良心理，使学生健康成长。

这种写法，有利于读者准确地把握分析报告的主要宗旨和意义，是一种最常见的写作方法。

2. 情况交代法

即在前言中着重说明分析工作的具体情况。例如，“某地区吸毒人群特征调查分析”，其前言包括以下一些内容：第一，调查目的，了解吸毒人群的基本特征；第二，调查时间，2014年7月；第三，调查地点，某地区强制戒毒中心；第四，调查对象，352名吸毒者等等。

这种写法，有利于读者了解调查分析工作的具体情况，便于读者对统计信息分析结论做出自己的判断。

3. 结论现行法

即在前言中先简要说明调查的基本结论。例如，“今日农村谁种田”这篇调查报告，开头就有这样一段话：“阳春三月，记者来到大别山南麓的黄冈山区走村串户，一路所见都是‘种田的老汉采茶的婆，村村难见年轻人’，农业精壮劳力都进城打工去了，广阔农村是一片‘老人村’景象。”

这种写法，开门见山，直奔主题，有利于读者对分析报告的观点一目了然。

4. 提问设悬法

即在前言中只提出问题、设置悬念，而不作正面回答。例如，“塔石化‘晒太阳’令人费解”这篇调查分析报告，开头就提出了一系列问题：“为什么一个国家投资高达36亿元的现代化化工厂‘晒太阳’会达4年之久？为什么在国家加大西部大开发投入的同时，已经投入巨额资金的现代化设备却不能发挥其应有的作用？塔石化‘晒太阳’说明了什么？”

这种连续提问、设置悬念的写法，增强了吸引力，常用于总结经验和揭露问题的统计分析报告。

前言部分如何写，没有固定不变的模式。究竟采用何种写法为好，这要根据统计分析报告的种类和写作目的来确定，不可千篇一律。主旨直述法，即在前言中着重说明统计分析的目的和主旨；情况交代法，即在前言中着重说明分析的目的、时间、地点、对象、方法等情况；结论现行法，即直接把分析的结论写在前头，开门见山使人一目了然；提问设悬法，即开头首先提出问题，设下悬念，引发兴趣。但不论采用何种写法，都应围绕着为什么进行该统计资料分析、怎样进行分析以及分析的结论如何等做文章，并且文字力求简明、精练，具有吸引力。

（三）主体——正文

主体，是统计分析报告的主要、核心部分，它写得如何，直接决定着统计分析报告的质量和社会作用。

统计分析报告主体部分的结构，通常有三种形式，即纵式结构、横式结构和纵横交错式结构。

1. 纵式结构

就是按照事物发展的历史顺序和内在逻辑来叙述事实，阐明观点。其特点是把整体纵向展开为几个部分，各部分之间具有发展或递进关系，位置顺序较严格，不可随意交换。

例如，分析企业主要产品在不同发展阶段的生产经营情况及决策，主体可分成“从现实地位看作用和贡献”“从过去地位看发展中的潜力”“从未来地位看决策和措施”三部分。

2. 横式结构

就是把调查的事实和形成的观点，按性质或类别分成几个部分，并列排放、分别叙述，从不同方面综合说明调查报告的主题。其特点是把整体横向展开为几个部分，各个部分之间是并列关系，没有严格的先后次序，然后通过由此及彼的横向联系，共同表现分析对象整体和分析报告的基本观点。

例如，一项对当前中职教育情况的分析报告，就可将其主体分为：①教师状况；②学生状况；③校舍条件；④实验实训室、教学仪器设备；⑤教材建设等几个部分。又如：对企业发展情况的分析报告中，可将主体分为“企业发展的主要成就”“企业发展中的主要问题”“展望与建议”等内容。

这种结构的优点是，问题展得开，每个问题的论述比较集中，而且条理清楚，有较强的说服力。

3. 纵横交错式结构

就是纵式结构和横式结构结合使用的方式。这种结构一般有两种情况：其一，以纵为主、纵中有横。其二，以横为主、横中有纵。

例如，一项反映新中国成立以来某省小学教育状况发展变化的分析报告，其主体部分可以先按时间分为两部分（纵式结构），各部分再按教育状况的不同方面进行二次划分（横式结构）：

（1）“改革开放”前：①教师状况；②学生状况；③校舍条件；④教学仪器设备；⑤教材及参考书等；

（2）“改革开放”后：①教师状况；②学生状况；③校舍条件；④教学仪器设备；⑤教材及参考书等。

上述两种纵横交错结构，既有利于按照历史脉络讲清楚问题的来龙去脉，又有利于按问题的性质或类别分别展开论述，因此，许多大型统计分析报告的主体部分往往采用这种结构。

（四）结尾

这一部分也可叫作结语或结论。分析报告的结尾部分，从形式上看有三种不同的处置方法：一是没有结束语；二是简短的结束语；三是较长的结束语。从内容上看，结尾有以下几种写法：

1. 概括全文，深化主题

即根据统计分析报告的情况，概括出主要观点，进一步深化主题，增强分析报告的说服力和感染力。

例如，既然经济增长仍在潜在增长区间；既然在10.2%的速度下经济增长的产业协调性还有所增强，经济增长的动力仍具有可持续性，经济发展的瓶颈约束还有所减缓，经济增长的效益又明显提高，经济增长的金融环境整体平稳，那就不要轻言10.2%的速度“过热”了，更不要草率做出宏观调控政策需要紧缩的结论。

2. 总结经验，形成结论

即根据统计资料分析的情况，总结出基本经验，形成统计资料分析的基本结论。

例如，通过对以上经济效益指标的定量分析，说明工业品出厂价格和燃料购进价格的变动已成为影响工业经济效益的主要因素。因此，逐步理顺工业品的价格关系，已成为当前一个十分重要的问题。

3. 指出问题，提出建议

即根据统计资料分析的结论，指出存在的问题和不足，提出弥补或改进的具体建议。

例如，针对客户反馈回来的意见分析，我们应对原来的部分产品进行改进。停止生产9寸大白碗和4.5寸花碗，生产4寸小花碗；再设计几款陶瓷供用户选择；并对美术瓷造型进行再设计等等，以迎合市场需求。

4. 说明危害，引起重视

即根据统计资料分析的基本情况，说明存在问题的严重性、危害性，以便引起有关方面的重视，有的还提出对策性的具体意见。

例如，不论是2014级毕业生还是在校大学生，品德都被他们排在非常靠后的位置，2014级毕业生选择中，“品德”排在最后一位，在校大学生中，“品德”排在倒数第二位，而对企业来说对“品德”的选择仅次于“专业水平”及“沟通能力”这种差异的形成值得我们思考：到底大学生“成才”的价值取向该如何选择呢？

5. 展望未来，指明意义

即根据统计资料的分析结论，由点到面、由此及彼，开拓视野、展望未来，指出有关问题的重要意义。

例如，我们认为，只要趋利避害，操作得当，2016年我们公司仍可望继续保持“低成本、高利润”的良好运行格局（根据发展趋势预测未来）。

统计分析报告的结尾不是可有可无的，而是相当重要的。但究竟如何写，则应根据写作目的、内容的需要采取灵活多样的写法，要简明扼要，意尽即止，切不可画蛇添足，弄巧成拙。

（五）附录

附录，是统计分析报告的附加部分。附录的内容，主要是分析报告正文包括不了，或者没有说到而又需要说明的情况和问题。它一般包括以下一些内容：

（1）引用资料的出处；

（2）调查问卷或量表；

（3）相关指标的解释或说明；

（4）计算公式和统计用表；

（5）搜集或调查的主要数据；

（6）参考文献；

（7）典型案例；

（8）名词注释、人名和专业术语对照表。

附录也不是统计分析报告不可缺少的部分。只有大型统计信息分析报告才需要附录。附录的内容不应随意扩张，只有那些与分析报告密切相关，而又无法为分析报告所包含的内涵才应列入附录之内。

总的来说，统计分析报告前言部分以介绍情况、说明目的为主；主体部分则以详细描述社会经济现象的实际统计资料的分析结果为主；结尾部分则以对这一社会经济现象的讨论、总结为主，在必要的时候，还要提出作者的看法以及解决问题的建议，以引起社会的重视，或供有关部门参考。

任务二 分析报告的撰写步骤

一、撰写步骤

统计分析报告的撰写步骤一般分以下几方面：

（一）确立主题

统计分析报告的写作，首先要解决写什么题目的问题，确定题目对统计分析报告写作很重要，第一，关系到分析报告是否具有实用性，是否“产品对路”。如果没有实用性，写得再好，也是不会有人需要的。第二，关系到写作过程是否能顺利进行。如果选的题目难度超过了作者本身的能力和条件，写作也不会成功，不但不能实现写作目的，而且造成人力、物力、财力和时间的浪费。

统计分析报告的选题应同时具备两个基本条件：一是有实用价值；二是有新颖性，必须有新的内容或新的见解。

一般来说，统计分析报告的选题要具有实用价值和新颖性，应该遵循以下几条原则：一是要根据工作重点来选题；二是根据服务对象的需要来选题；三是围绕当前热点、难点问题确定主题；四是要根据本身的工作条件来选题。一般情况下，最好是结合自己的专业工作，选择自己熟悉的、适合自己业务水平的、各项资料也比较齐全的课题来写，这样成功的把握较大。切不可好高骛远，选题过大过难，以致于力不从心，半途而废，即使勉强写出来了，也不会有较好的质量。

议一议

要遵循以上四个原则，选好主题，我们需要做哪些方面的努力？

但有些时候，可能会由于某些原因，使得统计分析报告的主题不能与分析的主要问题统一起来。例如，当一项统计资料的内容很多，涉及的范围和领域很广，一份分析报告难以容纳全部内容时，就需要从中选择部分内容形成分析报告，并确立相应的分析报告主题。显然，这时的分析报告主题比起分析的主题来，范围就缩小了。还有的时候，由于某些因素的影响，使得分析资料与分析最初的目的之间存在一定的差距，无法说明事先预定的分析主题，此时也要根据实际的资料和结果重新确立分析报告的主题。

（二）拟定提纲

主题确立以后，不可马上动笔写分析报告，而应先构思好分析报告的整体框架，并进一步将这种框架转变为具体的写作提纲。如果说主题是分析报告的魂，那么提纲就是分析报告的骨架。

写作提纲的主要作用是理清思路，明确分析报告内容，安排好分析报告的整体结构，为实际写作打下基础。拟定写作提纲的方法是对分析报告的主题进行分解，并将分解后的每一部分进一步具体化。

例如，拿前面所举的青年结婚消费问题调查分析的例子来说，可先将“青年结婚消费问题”这一主题分解成“青年结婚消费的现状”“青年结婚消费的特点”“青年结婚消费的趋势”“青年结婚消费中存在的主要问题”“正确引导青年结婚消费的建议”等几个大的部分，然后将每一部分的内容具体化。比如，将第一部分内容具体化为：①结婚消费的数值；②结婚消费的内容和形式；③结婚消费费用的来源；④当事人的职业、文化程度等背景与消费形式间的关系等等。

（三）选择材料

在统计分析报告的撰写中，搜集到的资料与分析报告所用的材料并不是一回事。统计资料往往都与分析主题有关，但不一定与分析报告的主题紧密相连。或者说，并非所有的统计资料都能成为撰写分析报告时所用的材料。因此，在写分析报告前必须对所用的材料进行选择。这种选择首先应以写作提纲的范围和要求为依据，即应按照分析报告的“骨架”来进行，这样才能保证所选取的材料与分析报告的主题密切相关。其次还要坚持精练、典型、全面的原则，做到既不漏掉一些重要的材料，又使所用的材料具有最大的代表性和最强的说服力。

为了充分分析主题，应该精心选择以下几种类型的材料：

1. 典型材料

典型材料是最能反映事物本质、说明和表现主题的材料，如典型事件、典型例证、典型经验、典型事迹等。典型材料必须真实、具体、生动，具有代表性。典型材料的运用，有助于说明事物的本质，加深对问题的认识，增强说服力。

2. 综合材料

综合材料是指能说明事物总体概貌的材料。写作时，要注意处理好典型材料和综合材料的关系，没有综合材料说明不了广度，缺少典型材料体现不了深度，只有把这两种材料有机地结合起来，才能充分说明事物总体的状况。

3. 对比材料

对比材料是一组具有可比性的材料。如历史与现实的对比，成功与失败的对比，新与旧的对比，好与坏的对比，优点与缺点的对比，先进与落后的对比等等。有比较才有鉴别，通过对比，可以使分析报告的主题更加突出，给人以更强烈、更深刻的印象。

4. 数值材料

数值材料包括绝对数、相对数、平均数、指数、动态数列等等。统计数值材料具有很强的概括力、表现力，而且有具体性、准确性的特点。许多问题用文字很难表达清楚，但如果选用恰当的统计数值材料就可一目了然。因此，恰当地使用统计数值材料，对于论证基本观点、突出报告主题、增强分析报告的科学性、准确性和说服力具有重要作用。

（四）撰写分析报告

当前三步工作完成后，我们就已有了一个结构分明、材料齐备的分析报告雏形，剩下所要做的就是用适当的文字把它们流畅地组织在一起了。

撰写时通常要从头到尾一气呵成，而不要经常地在一些小的环节上停下来推敲修改，以免耽误过多时间。这样做的好处是便于整个分析报告紧紧围绕所确立的主题来展开，使得分析报告在整体思想、体系结构、内容形式、行文风格等方面都前后一致，浑然一体。当分析报告全文写完后，再反复地从头阅读、审查和推敲每一个部分，认真地修改好每一个细节，使得分析报告不断丰富和完善。

（五）修改分析报告

当分析报告初稿写完后，还需反复阅读、审查和推敲每一个部分，认真修改每一个细节，使得分析报告不断丰富和完善。对于报告中使用的数据要再次和原始资料进行审核，确保数据的可靠。修改报告时要注意审视报告中心明确与否、运用的材料丰富与否、结构紧密与否、观点是否正确、论据是否充分、说理是否透彻、意义是否深刻等，还要一方面听取领导同志的意见，一方面听取其他统计人员的意见，以完善报告中的不妥之处。

议一议

下面文字的修改是否更好？好在哪些方面？

“由于一季度‘禽流感’的影响，我市农户的养殖生产，特别是家禽养殖受到较大冲击，我市各级政府迅速反应、正确引导，由于措施得力，在二季度家禽生产得以较快恢复。”改为：“受‘禽流感’影响，我市一季度家禽养殖业受到较大冲击，由于各级政府迅速反应，正确引导，措施得力，二季度家禽生产得以较快恢复。”

二、报告撰写中应注意的问题

（一）行文要则

（1）用简单平实的语言写作。统计分析报告与新闻报道和文学作品不同，它的写作不像文学作品那样强调文学性、可读性等等，而是十分强调报告的客观性、准确性、实用性、简洁性。所以，在行文时，应该尽量用准确、简练、通俗、生动等平实的语言写作，以简单明了、科学严谨为标准，清楚明确地表达统计资料分析的结果。

（2）陈述事实力求客观，避免使用主观或感情色彩较浓的语句。叙述中最好使用第三人称或非人称代词，尽量不用第一人称。

例如，用“作者发现……”“笔者认为……”，或者用“这一结果表明……”“这些数据说明……”等等，而不用“我认为……”“我们发现……”等等。

（3）行文时，应以一种向读者报告的口气撰写，而不要表现出力图说服读者同意某种观点或看法的倾向，更不能把自己的观点强加于人。因为读者在阅读你的报告时，所关心的是你通过统计资料分析得到的客观事实，是你的分析结果和发现，而不是你个人的一些主观看法。

（二）引用与注释

分析报告中有时需要援引别人的论述、结果、资料或数据，来支持、佐证或说明自己的某种观点或结论。需要注意的是，报告中凡是引用别人的资料，一定要注明来源，而不能将别人的工作和成果不加注明地在自己的报告中使用。引用的具体方式主要有两种：一是引用别人的原话、原文时，要用引号引起来，再做上记号注明；二是只援引别人的观点、结论但并非别人的原话、原文时，则不用引号，只需在其后做上记号注明即可。

对于报告中引用的别人的资料，以及某些不易理解的内容需要加注释来进行说明。注释的作用主要有：指出所引用资料的来源，供读者参考查证；表示作者遵守学术道德，不把别人的成果据为己有；既可帮读者解释报告中的疑难，又不使报告中断和过于冗长。

注释的形式主要有三种，即夹注、脚注和尾注。

夹注，即直接在所引资料之后，用括号将其来源或有关说明括起来，对引文进行注释或提示。

例如，“使用某一特定的数学模型要以已达到的某一量度层次为前提。”（布莱洛克，1960）

“我国 15 ~ 24 岁青年中，有 82.3% 的人已经就业。”（中国青年报. 1986. 4. 10）

前一个夹注形式往往与报告最后的“参考文献”相呼应。在参考文献中，一定要列出一条与此夹注相配合的文献。如：

［美］布莱洛克. 社会统计学. 北京：中国社会科学出版社，1988.

脚注，即在所引的资料处只注明一注释号，比如在该资料后的右上角用①、②、③等等来标明，然后在该页的最下端，用小一号的字体分别说明引文的出处、时间等情况，或做出有关的解释。

尾注，则是在所有引用的资料处按顺序注明注释号，最后在文尾用小一号字体全部按注释顺序排出，分别说明引用资料的出处、时间等情况，或做出有关解释，并冠以“注释”的标题，而不是分别排在各页之下。在目前学术刊物上所发表的研究报告中，三种注释形式都在使用中，不过不同的刊物要求往往不大一致。

做一做

课后到图书馆，找几篇通俗刊物或报纸上的统计分析报告，看看它们与学术刊物上的文献资料有何不同？

案例

2014 年全国重点企业物流统计调查报告

根据《社会物流统计报表制度》要求，国家发展改革委、国家统计局和中国物流与采购联合会对 2013 年全国重点工业、批发和零售业企业物流状况和物流企业经营情况进行了统计调查。

一、调查样本概况

本次调查共收到 1 069 家企业资料，其中工业企业 401 家，占 37%；批发和零售业企业 125 家，占 12%；物流企业 543 家，占 51%。

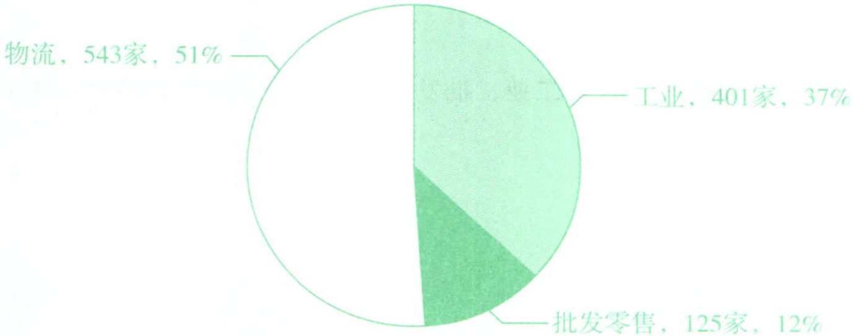

图 9－1　重点调查企业行业分布情况

二、工业、批发和零售业企业物流情况

2013 年工业、批发和零售业企业销售总额保持平稳较快增长，物流成本增速持续回落，企业物流外包比例提高，物流费用率有所下降，物流效率有所提升。

（一）企业物流规模平稳较快增长

2013 年工业、批发和零售业企业销售总额比上年增长 10.4%，增幅同比回落 0.5 个百分点。其中，工业企业销售总额增长 9.3%，批发和零售业企业销售总额增长 11.4%，增幅分别回落 0.5 个和 0.8 个百分点。尽管企业销售总额增幅小幅回落，但仍保持平稳较快增长。

从物流实物量看，2013 年工业、批发和零售业企业货运量比上年增长 11.3%，增幅同比回落 1.3 个百分点。其中，工业企业货运量增长 11.8%，增幅回落 0.3 个百分点；批发和零售业企业货运量增长 9.1%，增幅回落 4.8 个百分点。

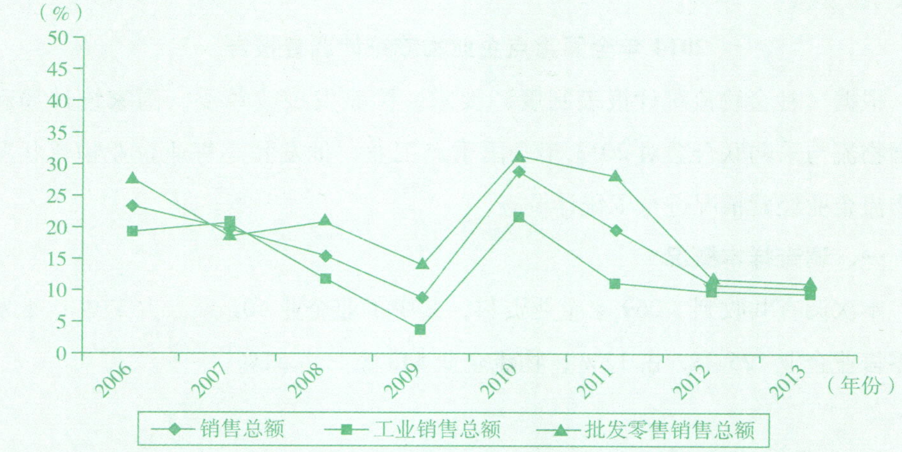

图 9-2　2006—2013 年工业、批发和零售业企业销售总额增长情况

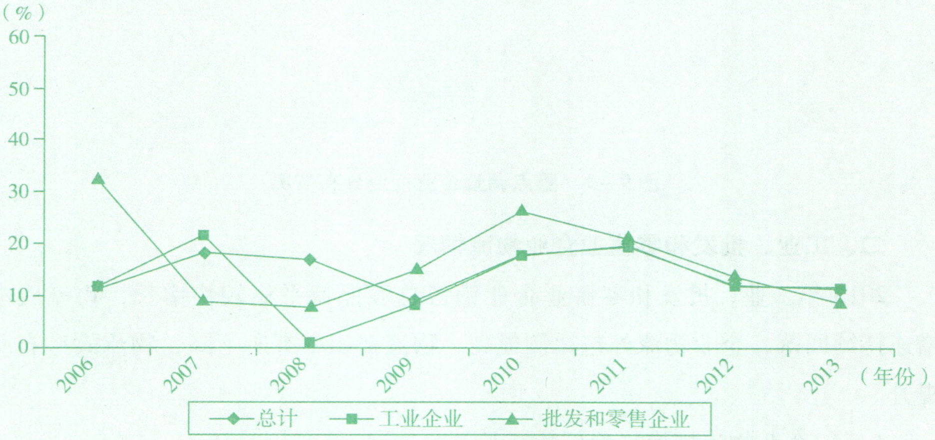

图 9-3　2006—2013 年工业、批发和零售业企业货运量增长情况

（二）物流成本增速持续回落

2013 年工业、批发和零售业企业物流成本比上年增长 10.1%，增幅同比回落 1.9 个百分点，连续三年回落。其中，运输成本增长 9.0%，增幅回落 0.2 个百分点；管理成本增长 12.5%，增幅提高 0.2 个百分点；保管成本增长 10.3%，增幅回落 1.7 个百分点。在保管成本中，仓储成本增长 9.9%，增幅回落 1.6 个百分点；利息成本增长 3.9%，增幅回落 8.8 个百分点。

2013 年工业、批发和零售业企业物流成本中，运输成本占 47.9%，比上

图 9－4　工业、批发和零售业企业物流成本增长情况

年降低 2.3 个百分点；保管成本占 36.0%，比上年提高 2.3 个百分点；管理成本占 16.1%，与上年持平。

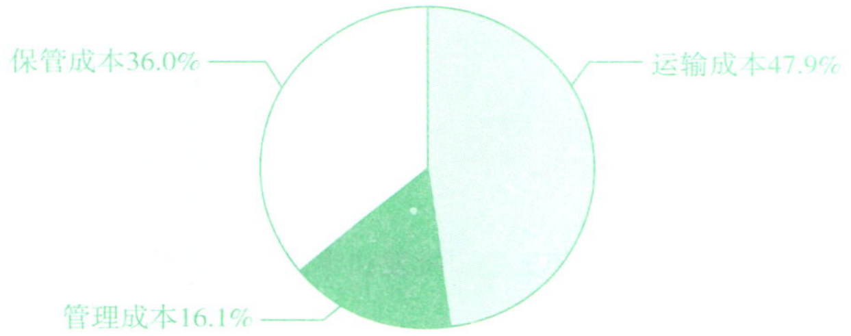

图 9－5　工业、批发和零售业企业物流成本构成情况

（三）物流费用率有所下降

2013 年工业、批发和零售业企业物流费用率为 8.4%，比上年下降 0.15 个百分点。其中，工业企业物流费用率为 9.1%，下降 0.14 个百分点；批发和零售业企业物流费用率为 7.8%，与上年基本持平。总体来看，近年来我国工业、批发和零售业企业物流费用率呈下降趋势，2013 年比 2008 年下降了 0.9 个百分点。

然而，与发达国家相比，2013 年我国工业、批发和零售业企业物流费用率仍高于日本 3.6 个百分点。

（四）物流外包比例持续提高

2013 年工业、批发和零售业企业对外支付的物流成本比上年增长 13.5%，占企业物流成本的 62.9%，同比提高 1.9 个百分点。

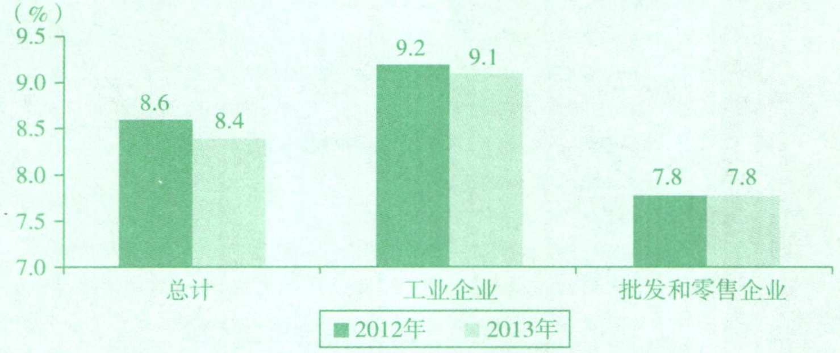

图 9－6　工业、批发和零售业企业物流费用率情况

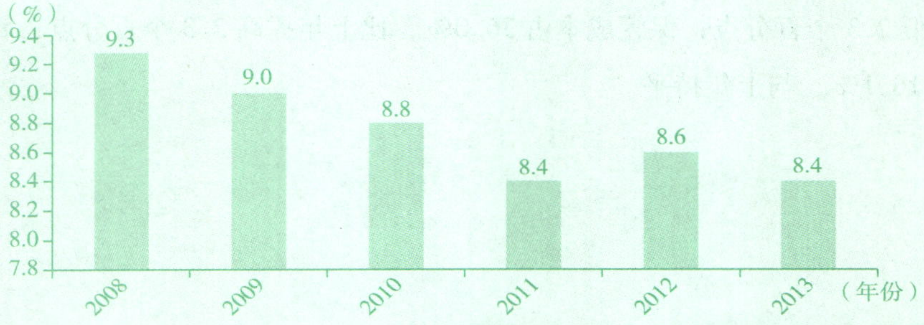

图 9－7　2008—2013 年工业、批发和零售业企业物流费用率情况

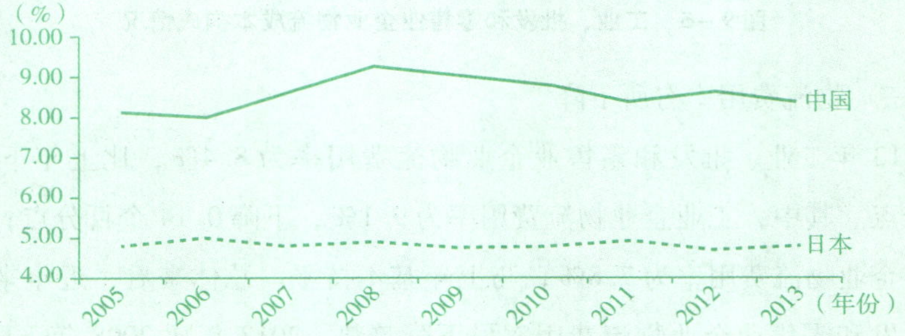

图 9－8　中日物流费用率情况对比

从不同登记注册类型看，港澳台商投资企业、外商投资企业物流外包比例明显较高，分别高于全部调查企业 14.6 个和 10.6 个百分点；内资企业物流外包比例为 57.2%，在内资企业中，私营企业物流外包比例高于其他内资企业，为 62.4%。

1. 运输外包比例处于较高水平。从物流运输量看，2013 年工业、批发和

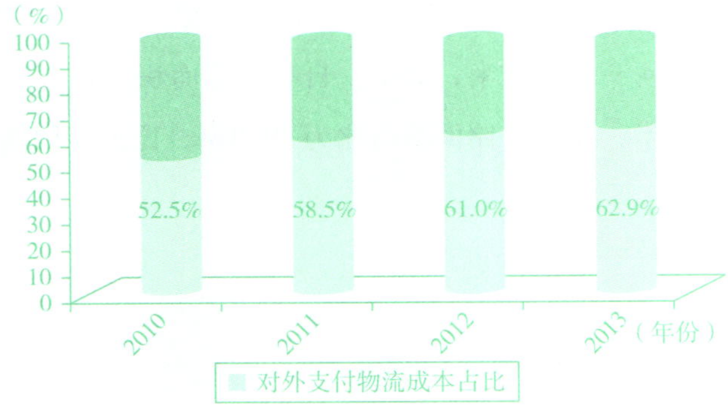

图 9－9　2010—2013 年工业、批发和零售业企业对外物流支付成本占比情况

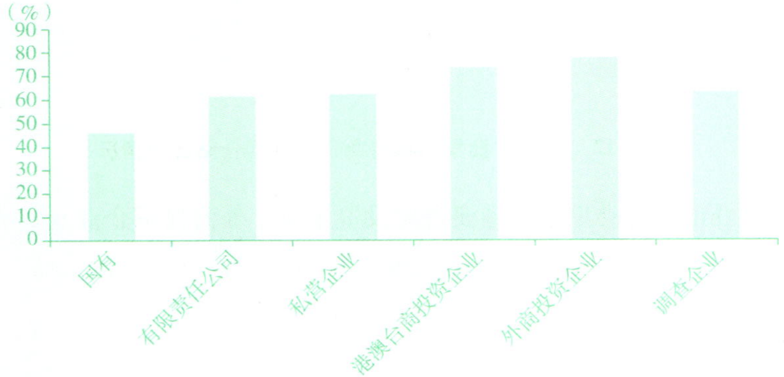

图 9－10　工业、批发和零售业企业对外支付物流成本占比情况

(按登记注册类分)

零售业企业委托代理货运量比上年增长 11.6%，占货运量的 79.6%。企业运输外包比例仍处于较高水平。

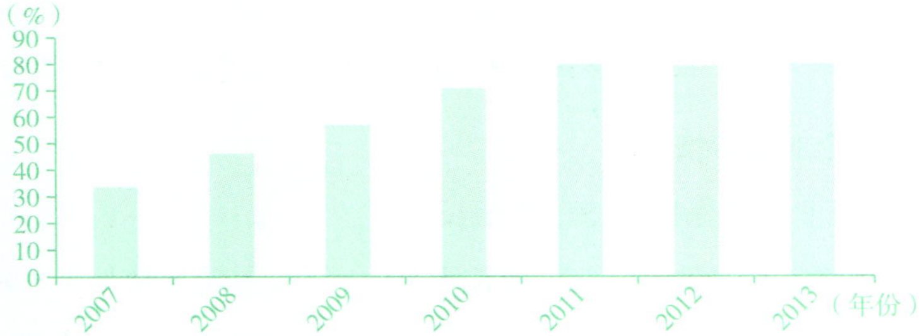

图 9－11　2007—2013 年工业、批发和零售业企业委托代理货运量占比情况

2. 仓储保管外包比例有所下降。从仓储面积看，工业、批发和零售业企业平均仓储面积为4.9万平方米，其中：自有仓储面积2.0万平方米，租用仓储面积2.9万平方米，租用仓储面积占比为59.9%，比上年同期下降4.7个百分点。

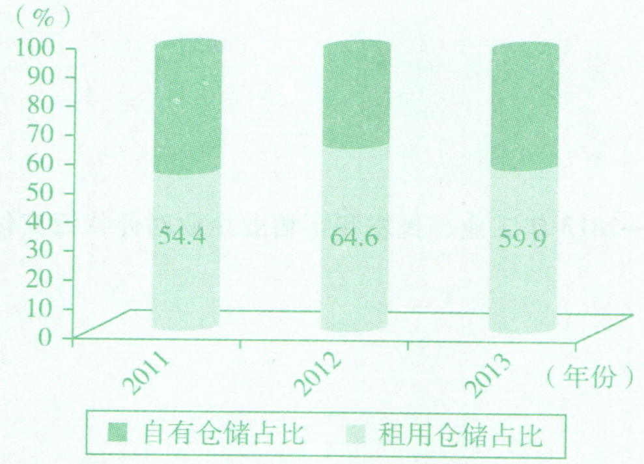

图9－12　工业、批发和零售业企业平均仓储面积情况

从不同登记注册类型看，港澳台商投资企业、外商投资企业仓储外包比例明显较高为68.8%，内资企业为59.8%，其中国有企业仅为22.4%。

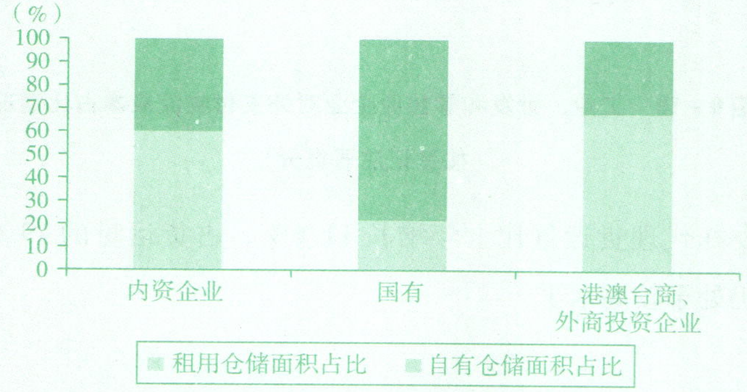

图9－13　工业、批发和零售业企业仓储面积情况（按登记注册类型分）

三、物流企业经营情况

（一）物流业务量保持平稳较快增长

2013年物流企业货运量比上年增长4.4%，货运周转量增长1.9%，配送量和装卸搬运量增长19.4%和12.5%。除周转量增幅同比提高0.2个百分点之外，货运量、配送量、装卸搬运量增幅分别回落0.1个、1.3个和2.4个百分点。

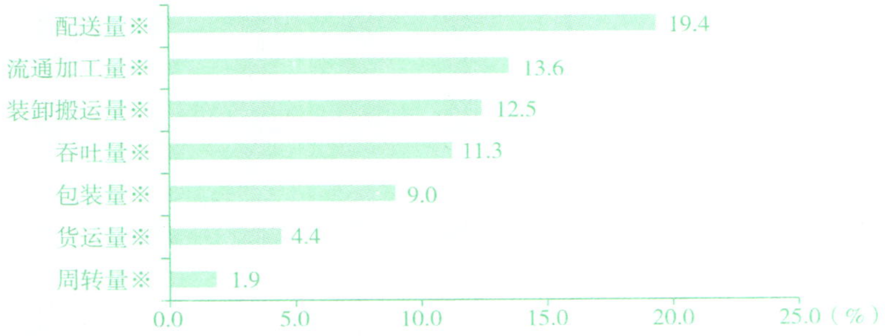

图 9－14 物流企业业务量增长情况

（二）物流业务收入结构优化，一体化、信息化成亮点

2013 年物流企业物流业务收入比上年增长 6.7%，增幅同比回落 5.4 个百分点。其中，运输收入增长 0.4%，回落 5.1 个百分点；仓储收入增长 9.7%，回落 8.5 个百分点。与此同时，信息及相关服务收入和一体化物流业务收入保持高速增长，比上年分别增长 94.0% 和 31.0%，表明在经济转型升级阶段，一体化和信息化服务收入正逐步成为物流企业新的收入增长点。

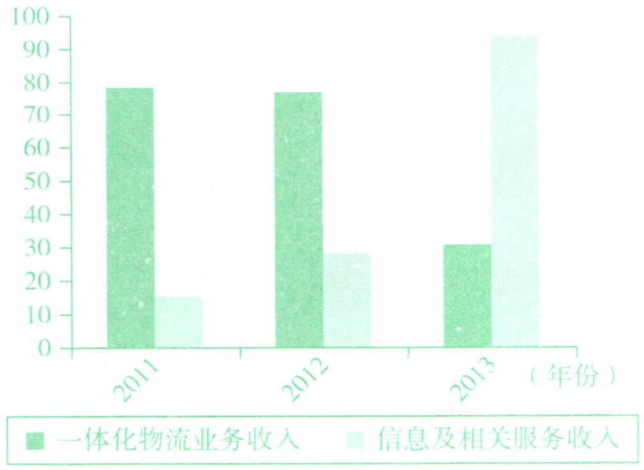

图 9－15 2011—2013 年物流细分收入增长情况

从收入构成看，物流收入结构有所优化。其中，运输收入占 56.8%，按可比口径计算，同比下降 2.5 个百分点，一体化物流业务收入占 9.7%，信息及相关服务收入占 1%，同比分别提高 1.9 个和 0.5 个百分点。

（三）物流企业成本压力依然较大，人工成本快速上涨

2013 年物流企业物流业务成本比上年增长 6.4%，增幅同比回落 5.1 个百

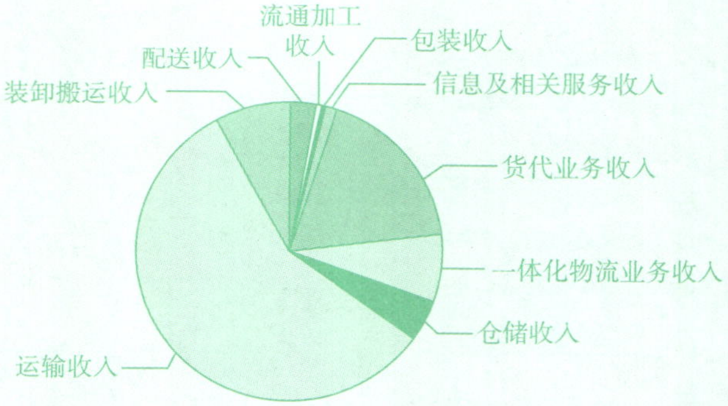

图 9－16　物流企业物流业务收入增长情况（单位：%）

分点。其中运输成本比上年增长 0.4%，增幅回落 3.9 个百分点；仓储成本比上年增长 11.4%，增幅高于物流业务成本 5 个百分点。

此外，物流企业人工成本快速上涨，2013 年物流人员劳动报酬比上年同期增长 10.9%，增幅同比提高 3.8 个百分点。近年来，物流人员劳动报酬占物流业务收入比例也逐年提高，2013 年达 9.0%，同比提高 0.8 个百分点。

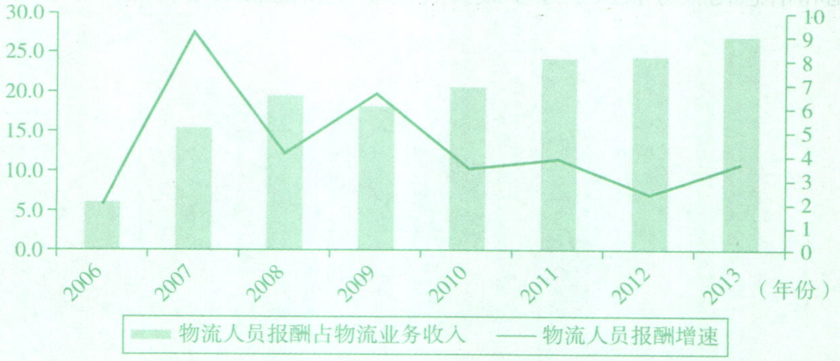

图 9－17　2006—2013 年物流人员劳动报酬增长情况（单位：%）

（四）企业资产规模增幅回落

2013 年物流企业资产总计比上年增长 9.5%，增幅同比回落 4.4 个百分点。从近 5 年情况看，物流企业资产规模增速逐步放缓，进入平稳增长阶段。

2013 年物流企业资产负债率为 43.3%，比上年同期提高 1.8 个百分点。从不同登记注册类型看，私营企业最高为 55.6%，国有企业为 41.3%；港澳台商投资企业和外商投资企业相对较低，仅为 19.6% 和 23.8%。

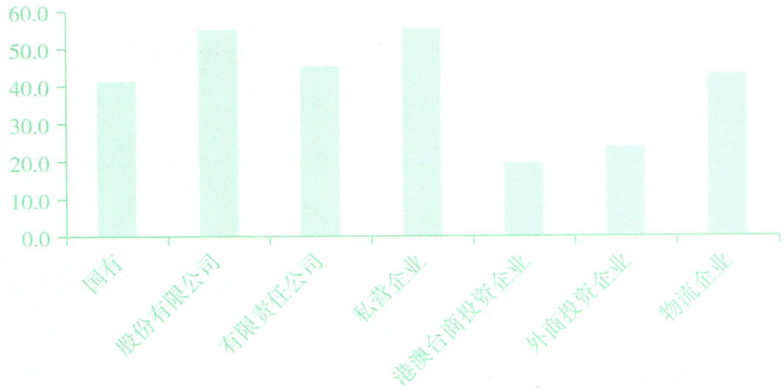

图 9－18　物流企业负债率情况（按登记注册类型分）（单位：%）

（五）物流行业盈利水平差距明显

2013 年物流企业物流业务利润额比上年增长 9.3%，收入利润率为 7.9%。

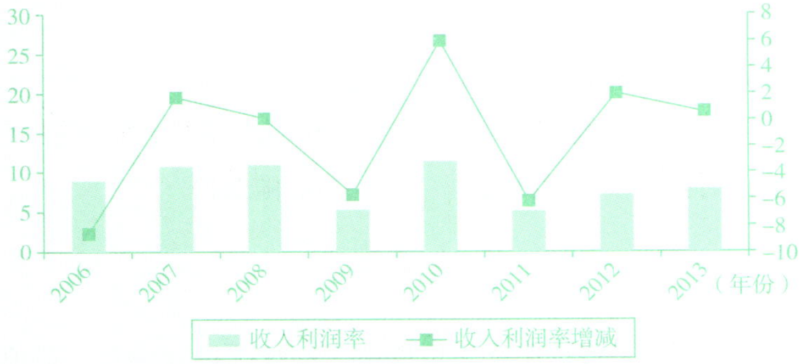

图 9－19　2006—2013 年物流企业收入利润率情况（单位：%）

从不同行业看，受铁路货物平均运价上调影响，铁路运输企业物流业务利润比上年增长 23.1%，收入利润率为 11.3%；而道路运输企业和水上运输企业物流业务利润则分别比上年增长 3.6% 和 2.1%，收入利润率仅为 5.1% 和 1.2%。（来源：中国电子商务研究中心讯，http：//www.100ec.cn）

做一做

从上述案例中，我们能得出哪些具体结论。请将它们表述出来。

关键词

标题　前言　正文　结尾　附录　确立主体　拟定提纲　选择材料　撰写报告　修改报告

技能训练与应用

1. 某班组织了一次以“同学们的环保意识”为主题的统计调查活动，假设你参加了这次活动，请按要求完成下列内容：

（1）你拟订的调查课题的名称是，理由是____________________。

你采用的统计调查方法是____________________。

你的课题研究的最终成果形式是____________________。

（2）进行一次问卷调查，请参照范例，围绕主题，再设计两道问卷调查的题目。

范例：当你吃完水果时，你会将果皮__________。

A. 无论远近都投入垃圾箱　　B. 近时投，远时不投

C. 周围有人时投，没人时乱扔　　D. 随地扔

设计①：

设计②：

（3）有一个小组对“将垃圾投入垃圾箱”的情况进行调查，整理的统计信息资料结果如表 9－1（调查对象为 100 人）：

表 9－1

项目	频数	频率
无论远近都投入垃圾箱	22	22%
近时投，远时不投	38	38%
周围有人时投，没人时乱扔	21	21%
随地扔	19	19%
合计	100	100%

上述数据所反映的现象说明了什么？

（4）调查后，如果你认为同学们的环保意识有待加强，请你提出两条具体措施。

（5）你认为组织此类调查有何意义？

（6）理顺上面所回答问题的内容，请先拟定调查提纲，然后撰写一份统计分析报告。

2. 根据统计分析报告撰写的基本方法，结合一个现实生活的实例或你所感兴趣的课题，经过一定的资料搜集、资料整理分析后，拟写出一份统计分析报告提纲，并根据提纲写出分析报告。

主要参考文献

1. 萨尔斯伯格著，叶伟文译：《统计，改变了世界》，台湾天下文化书坊，2002 年版。

2. 中国机械工业教育协会组编：《统计学与统计实务》，机械工业出版社，2001 年版。

3. 张卿主编：《实用统计学原理》，机械工业出版社，2006 年版。

4. 刘春英主编：《应用统计》，中国金融出版社，2005 年版。

5. 栗方忠主编：《统计学原理》（第二版），东北财经大学出版社，2004 年版。

6. 谢忠秋、丁兴烁编著：《应用统计学》，立信会计出版社，2005 年版。

7. 余群英主编：《现代统计技术》，机械工业出版社，2006 年版。

8. 娄庆松主编：《统计原理》（第二版），高等教育出版社，2004 年版。

9. 钟新联主编：《统计基础知识》（第四版），中国财政经济出版社，2002 年版。

10. 阮红伟主编：《统计学基础》，电子工业出版社，2005 年版。

11. 于声涛、杜树靖主编：《统计学基础》，对外经济贸易大学出版社，2005 年版。

12. 熊振南主编：《统计法基础知识》，中国统计出版社，2000 年版。

13. 黄思霞主编：《统计学原理解题思路与方法》，中山大学出版社，2000 年版。

14. 李国强、苗杰主编：《市场调查与市场分析》，中国人民大学出版社，2005 年版。

15. 于翠华主编：《市场调查与预测》，电子工业出版社，2005 年版。

16. 钟秉盛主编：《社会调查与统计知识》，中国财政经济出版社，2013 年版。